经济学基础

主　编　谢　力
副主编　杜金和

中国矿业大学出版社

内 容 提 要

本书介绍了如何用经济学的思想解释社会当前所面临的问题，以及学生身边的经济现象。全书内容包括导论、均衡价格理论、消费者行为理论、生产理论、厂商理论、分配理论、国民收入核算、简单国民收入决定、经济周期与经济增长理论、通货膨胀与失业、宏观经济政策分析与实践。

本书内容适用性、实用性、应用性较强，可作为高职院校经济学基础教材。

图书在版编目(CIP)数据

经济学基础 / 谢力主编. —徐州：中国矿业大学出版社，2017.2

ISBN 978-7-5646-3456-8

Ⅰ. ①经… Ⅱ. ①谢… Ⅲ. ①经济学—高等职业教育—教材 Ⅳ. ①F0

中国版本图书馆 CIP 数据核字(2017)第 026164 号

书　　名 经济学基础
主　　编 谢　力
责任编辑 史凤萍　陈振斌
出版发行 中国矿业大学出版社有限责任公司
(江苏省徐州市解放南路　邮编 221008)
营销热线 (0516)83885307　83884995
出版服务 (0516)83885309　83884920
网　　址 http://www.cumtp.com　**E-mail**:cumtpvip@cumtp.com
印　　刷 徐州中矿大印发科技有限公司
开　　本 787×960　1/16　**印张** 13.75　**字数** 225 千字
版次印次 2017 年 2 月第 1 版　2017 年 2 月第 1 次印刷
定　　价 33.00 元
(图书出现印装质量问题，本社负责调换)

前　言

我国市场导向的经济体制改革已经有近四十年的历程，市场机制逐步形成。在人们生产生活实践中，产生了大量鲜活的经济现象和事件，高职高专学生通过学习经济学基础知识，才能对这些“现象和事件”进行解释与说明，明确其“背后”的原因；广大学生以经济学基础理论作为指导，才能避免走“弯路”，这是“解决问题”的开始。本课程的学习和训练，可以帮助学生认识事物的本质与规律，将课堂中学习的经济学基本原理、原则，与具体的实际问题结合起来，在参加社会实践活动过程中得到锻炼，提高自身的知识、技能和素养水平，最后上升到“解决问题措施”的操作层面。

许多人以非常功利的思想学习经济学理论知识，期望用某个经济学“法则”在炒股、经商中“赚大钱”，其实这种思想本身是“不经济”的，因为先要看赚钱的目的是什么，世界上“一夜暴富”的人与事情，往往是“昙花一现”。其次，是否“赚钱”，取决于很多因素，并非谁学习了经济学，就一定能够赚钱，但是不懂得经济学基础知识，最终赚的钱还是要失去的，甚至失去的更多。赚钱也有一定的规律，就是赚“该赚的钱”、正确“赚钱”。萧伯纳说，“经济学是一门使人生活幸福的科学”，我们要通过学习经济学基础知识，指导我们的生产生活实践活动，提高生产生活质量水平。

根据目前高职高专学生的知识结构现状，也基于以上的想法，我们编写了这本适合高职高专学生的《经济学基础》教材，目的在于通过介绍与分析生产生活中有趣的“现象与事件”，启发学生观察和思考身边发生的鲜活事件，激发学生学习经济学基础理论的兴趣，指导他们将书本上的理论知识运用到实际当中去。

本书由谢力任主编，主要负责编写第一章至第七章；杜金和任副主编，主要负责编写第八章至第十一章。

本书在编写过程中，参考了国内外大量的经济学优秀教材和资料，也参考了大量的精品课程内容，在此表示真诚的感谢。本书所参考使用的案例资料和文献，都列出了出处，尽管如此，仍然可能有遗漏之处，在这里我们表示歉意。由于编者能力所限，加之时间仓促，本书难免有疏漏和不足，请广大读者批评指正。

编　者

2016年11月

目 录

第一章 概论 …… 1

第一节 明确经济学由来 …… 2

第二节 经济学的研究对象与内容 …… 9

第三节 经济学的研究方法与分析工具 …… 11

思考与练习 …… 16

第二章 均衡价格理论 …… 19

第一节 需求理论 …… 20

第二节 供给理论 …… 26

第三节 市场均衡 …… 27

第四节 价格机制与价格政策 …… 29

第五节 需求弹性理论 …… 32

思考与练习 …… 38

第三章 消费者行为理论 …… 43

第一节 消费者效用理论概述 …… 44

第二节 消费者均衡 …… 48

第三节 消费者行为理论在实际中的运用 …… 50

第四节 无差异曲线理论 …… 52

第五节 消费可能线 …… 55

第六节 收入效应与替代效应 …… 58

第七节 恩格尔定律和恩格尔系数 …… 59

思考与练习 …… 59

第四章　生产理论 …………………………………………………… 65
第一节　一种生产要素的合理投入:边际收益递减规律 ……………… 66
第二节　两种和两种以上生产要素的合理投入:规模经济 …………… 74
第三节　两种和两种以上生产要素的最佳组合 …………………… 77
思考与练习 ……………………………………………………………… 79

第五章　厂商理论 …………………………………………………… 83
第一节　完全竞争市场的厂商均衡 ……………………………………… 84
第二节　完全垄断市场的厂商均衡 ……………………………………… 92
第三节　垄断竞争市场的厂商均衡 ……………………………………… 99
第四节　寡头垄断市场的厂商均衡 ……………………………………… 101
思考与练习 ……………………………………………………………… 105

第六章　分配理论 …………………………………………………… 109
第一节　收入分配理论 ………………………………………………… 109
第二节　社会收入分配平均化与收入分配政策 ………………………… 117
思考与练习 ……………………………………………………………… 119

第七章　国民收入核算 ……………………………………………… 122
第一节　宏观经济学研究的主要内容 ………………………………… 123
第二节　国民收入核算 ………………………………………………… 124
第三节　名义 GDP 与实际 GDP ………………………………………… 131
第四节　国民收入循环及基本公式 …………………………………… 132
思考与练习 ……………………………………………………………… 134

第八章　简单国民收入决定 ………………………………………… 138
第一节　总需求、总供给的构成与部门均衡 …………………………… 139
第二节　消费函数和储蓄函数 ………………………………………… 140
第三节　投资函数 ……………………………………………………… 143
第四节　简单国民收入决定 …………………………………………… 144
第五节　乘数理论 ……………………………………………………… 146

思考与练习 …………………………………………………… 148

第九章　经济周期与经济增长理论 ………………………………… 151
第一节　经济周期理论 ………………………………………… 152
第二节　经济增长理论 ………………………………………… 157
思考与练习 …………………………………………………… 162

第十章　通货膨胀与失业 ………………………………………… 165
第一节　通货膨胀的概念与衡量 ……………………………… 166
第二节　失业及其原因分析 …………………………………… 176
第三节　失业与通货膨胀的关系 ……………………………… 180
第四节　抑制通货膨胀的政策 ………………………………… 182
思考与练习 …………………………………………………… 184

第十一章　宏观经济政策分析与实践 ……………………………… 188
第一节　经济政策目标 ………………………………………… 189
第二节　凯恩斯理论的基本框架 ……………………………… 191
第三节　中央银行与货币创造 ………………………………… 193
第四节　货币政策 ……………………………………………… 199
第五节　财政政策 ……………………………………………… 203
第六节　财政政策与货币政策的选择 ………………………… 206
思考与练习 …………………………………………………… 208

参考文献 ………………………………………………………… 211

第一章 概 论

知识目标

1. 明确经济学的由来、研究对象和内容。

2. 联系生活中事例,加深对经济学基本问题的认识与理解。

3. 掌握稀缺性与选择的概念,启发学生认清和遵循经济学基本原则与规律,解决经济生活中的基本问题。

4. 结合实际问题,理解和掌握机会成本概念。

5. 理解生产可能性概念,明确什么是生产可能性曲线。

技能要求

1. 说明微观经济学与宏观经济学的主要内容。

2. 根据实际问题,说明什么是实证分析与规范分析、边际分析与均衡分析。

3. 能够画出消费者与厂商之间的基本经济运行图形。

解析与导读

1. 本章从观察生活中的经济现象开始,通过介绍乡间公路上的一辆营运面包车上的空余座位问题,启发学生理解和思考稀缺性含义(该面包车实际代表了“稀缺性”资源),引出要解决人类社会的三大基本问题,必须根据一定的原则,将稀缺性的资源配置到最恰当的用途上。实际回答了“选择”的真正含义。

2. 关于经济学的研究对象与方法、经济学与其他学科的关系,在学习的开始阶段,要明确其含义,在此基础上,了解整个经济学全貌。学习当中要清楚什么是生产可能性曲线,经济学基本假设的含义,以及价格机制、“看得见手”与“看不见手”是什么等等,明确只有遵循经济规律,理论联系实际,具体问题具体分析,才能解决生产与生活中的问题。

3. 从如何达到供求均衡、消费行为与生产行为最优，以及总量与个量、整体与部分的关系思路，将经济学分为微观经济学与宏观经济学两个部分，说明微观经济学与宏观经济学的基本结构。最后明确微观经济学是宏观经济学的基础，宏观经济学是微观经济学的引申与拓展。

导入案例

乡间公路上的面包车

乡间公路上一辆营运面包车可载客 20 人，票价 5 元。现在车上还剩一个空座，有一位老年乘客只有 3 元要求乘车，你是让他上来，还是扬长而去。

经济学帮助我们认识和理解生活中许许多多的问题，分析和探索其中存在的规律性，谋求这些问题解决之道，遵守经济学基本原则，按经济规律办事。

萧伯纳说，"经济学是一门使人生幸福的艺术"。我们该如何理解这句话，经济学真的对我们这么重要吗？

第一节　明确经济学由来

生活生产中我们会遇到许多问题，如食品涨价、牛奶脱销；同样是钢铁，紧俏时高价，过剩时卖成"白菜价"；有的地方商品房无人问津，大量商品房闲置，商品房是不是造得太多了？通货膨胀与失业如何影响我们的生活？归结为一句话就是，要解决这些问题，我们应该生产什么、生产多少、如何进行收入分配，才能保持经济平稳向好发展。

在导入案例中，解决问题的途径虽是乘车与拒载，但该案例引申出的"一系列话题"值得思考。拒载的话有悖道德伦理，但乘车也不是免费午餐。这就提出了研究经济学的前提条件是什么、如何判断问题性质、解决问题的原则与标准等是什么等问题。例如，面包车营运商应该根据什么原则衡量乘车成本收益，除此之外还应该考虑哪些问题？进一步分析还有，该地区面包车是否"稀缺"？为什么会拒载或过度揽客？乘客需要什么样的道路交通？该交通线路应该公营，还是允许私营业主参与？

其实，我们生活的地区和所在的地球，也如同是"一辆营运面包车"。大家都希望"车好、路好",自己在车上有一个座位,秩序井然,舒舒服服。但是,如果道路有问题,或者车有问题,就会"麻烦"不断。营运的车辆少,座位就紧缺;乘客多,座位也会紧缺,"乘车难"问题就难以避免。

上面的导入案例实际涉及两个问题:① 乘客没有座位,如同"我们拥有的资源"是稀缺的;② 如何配置这些稀缺的资源。

"问题①"是目前人类社会生产生活的现实状况,即"我们拥有的资源是稀缺的"。例如,随着人口增加,经济发展,土地、石油等资源是稀缺的,连我们呼吸的空气也是稀缺的,有雾霾,污染很严重,需要净化、防污与治理;"问题②"是如何配置这些稀缺资源,即根据什么原则或者标准,将这些稀缺的资源,如何配置到最恰当的用途上去。如果是车的问题,就要解决要不要生产车,生产什么车,生产多少?如果是人的问题,就要解决什么人开车,哪些人乘车?是乘客的问题,就涉及道路交通管理等问题。例如,现在只剩一个座位,但"他"手上钱不够票价,让不让他乘车?这就需要衡量在配置资源中应该遵循什么原则,把握哪些规律,这些都是我们生活中遇到的经济问题。

经济学就是这样来源于我们生活,向我们提出了许许多多的问题。那么,我们应该怎样认识我们拥有的资源,将之配置到最恰当的地方,来解决这些问题,使我们的利益最大化呢?

一、现实生活中两个基本事实——稀缺性与选择

[案例 1-1] 公务员热说明了什么问题

2015 年 3 月,一位全国人大代表在全国两会上表示,政府大量招公务员的做法不对,政府公务人员数量应该受到绝对控制。他建议大学毕业生不要为了求稳而去考公务员,"大学生应该冒一冒险,可以去闯一闯"。

当然应该做大社会"百工诸业"这个蛋糕,那谁来为这个社会提供可供分配的蛋糕呢?公务员是蛋糕分配者,当大家都热衷去切蛋糕、分蛋糕,这些学生削尖了脑袋要往公务员队伍挤,说明大学生对公务员这个岗位存在"很强"的需求,即相对于大学生的需求,公务员岗位这种"资源"是稀缺的。但是,许多专业人才并不适合做党政工作,从整个社会人才资源合理配置看,把专业性很强的人才集中在党政部门,这样配置资源是不恰当的,在某种程度上是一种浪费,也是对人才的一种贬值。

公务员热与乡间公路上的面包车都是同一个问题,即经济学面临的两个基本的事实就是,相对于人的需求而言,人类社会拥有的所有资源都是有

限的;这种"有限的"资源如何最优配置,我们生活现实是建立在此之上。

这"两个基本的事实"构成了经济学的基石,即一方面社会的物质需求是无限或无法满足的,另一方面经济资源是有限的或稀缺的。我们如何有效、正确地使用这些资源,需要分析我们的行为、方法和措施等,选择最好的安排,这就是经济学的由来。

经济学家认为,经济学产生于稀缺性和由此产生的选择的必要,如何去有效地选择,以及人们为什么要去选择。

二、资源稀缺性与经济学基本问题的产生

(一)稀缺性与选择

[案例 1-2] 无限涌动的欲望,是人类社会发展的动力。

①"比陆地宽阔的是海洋,比海洋宽阔的是天空,比天空宽阔的是人的心灵。"无限涌动的欲望,是人类社会进步与发展的动力。

②"人有多大胆,地有多大产",这句话错在什么地方?

我们拥有的资源是稀缺的,是不是只能用来满足最当紧的要求或欲望?资源稀缺性的确切含义是什么呢?

1. 稀缺性

稀缺性是指人的欲望总是超过用于满足欲望的资源。如果离开人的欲望讲资源的多少,是没有意义的。这里"人的欲望",是指"人类正直善良、积极向上"改造世界的愿望,正是这种"欲望"引领人类社会走向美好生活。例如,洁净的空气是取之不尽用之不竭的资源,但是,随着人口、工业排放物的增加,加上乱砍滥伐,气候改变、土地沙化,目前出现的雾霾,极大地影响了我们的生活,洁净的空气也成为稀缺的资源了。所以,我们要净化、防污与治理"稀缺性"的空气了。

萨缪尔森指出:"经济生活的一个基本事实是人力资源与非人力资源的数量是有限的,使用这些资源,最好的技术知识所能生产出来的每一种物品也都有个有限的最大数量。"就是说,资源的稀缺性与人的技术知识是紧密的联系在一起,这也指出了一条"有效"配置稀缺性资源的途径。

正是人的这种欲望使得人类社会不断的进步与发展。但是,由此也使得资源进一步减少,甚至枯竭,形成资源的稀缺性。人类社会应该认真思考资源稀缺性问题的性质,对稀缺的资源进行恰当配置,使社会不断发展,人的生活品质提高。

2. 选择

我们用“某人有10万元”代表资源的稀缺性。假设可以选择用途是：开一家书店获利2万元；开一家饭店获利3万元；炒股获利3.5万元；期货投机获利4.8万元。

那么，我们根据什么进行选择——恰当的配置资源呢？

这里要首先回答一个问题，人类社会进步与发展要达到的目标是什么？要解决哪些问题？这也构成了人类社会的基本问题，也是经济学的基本问题。所谓经济学基本问题是指：① 总量既定的资源用来生产什么？② 如何生产这些物品，什么时间、地点、方式？③ 为谁生产这些物品？

其次，资源配置时必须遵循的基本原则是什么，例如某人使用这“10万元”至少要使收益与付出的成本相等，或者利益最大化，在一定的范围内达到最优。

整个经济学实际上探讨如何对稀缺的资源进行选择。归纳起来，选择的定义就是，根据一定的原则，决定用有限的资源去满足人们无限欲望中的哪些欲望，或者说，选择是指由于资源的稀缺性，为解决人类社会的基本问题，根据一定的原则对有限的资源所做出的不同安排与决定。

既然资源是稀缺的，那么人们要进行选择，这是必然的。我们要确定“先要什么，后要什么”，以及“要多少”等问题。其实，先要什么？用什么进行评价、衡量这种“要不要”？这里的“先要什么”，涉及生产某种产品来满足某种欲望时，必须放弃哪些产品的生产、放弃哪些欲望的满足，还涉及“用什么衡量”的标准或原则等，例如是不是考虑风险的成本、利润是否最大化等。

3. 机会成本

机会成本是做出某项决策时所放弃的其他可供选择的最好用途。或者机会成本是因选择而放弃的其他机会所造成的代价。理解机会成本这个概念要把握以下几个要点：

① 选择就意味放弃，所有的“选择”都是有成本的。我们的选择总是要投入一定的成本，花费的成本要达到最小。当我们的选择是将稀缺的资源生产成为计算机的时候，就不能生产成其他产品。这种“选择行为”本身是有“代价”的。

② 机会成本可以是实物衡量，也可以是货币形式衡量。例如，按照成本与收益大小衡量，开饭店的机会成本是期货投机获利4.8万元。

③ 运用机会成本概念时，要适合三个条件：资源本身要有多种用途；资源可以自由流动且不受限制；资源能够充分利用。

如果以上条件不具备，机会成本便毫无意义。其他的选择与已做出的选择是可替代、相关的，也是针对解决或决策共同的问题。这是讨论“选择”的一个重要因素。我们选择时当然要达到最优化或经济化，即收入至少弥补付出。但是，人们的收入水平限制了选择一定程度上也决定了选择。

4. 生产可能性边界

［案例 1-3］ 产量的边界

1958 年“大跃进”时期，当时的《人民日报》报道称，我国水稻亩产超过万斤，甚至有小孩子可以在稻田的稻穗上面跳舞。这当然是虚假的浮夸说法，为此我们付出了巨大代价。我国杂交水稻育种研究在 2014 年取得了令世界瞩目的“四连跳”。从 2000 年第一期目标的亩产 700 公斤、2004 年第二期的亩产 800 公斤、2011 年第三期亩产 926.6 公斤，到 2014 年的亩产 1026.7 公斤，首次水稻实验亩产突破千公斤大关。

问题：生产最大的产量（成果）有没有界限？

社会生产当然有边界，目前水稻亩产过万是不可能的。

资源的稀缺性决定了在一定社会的一定时期内，可以利用的资源是有限的，从而可以生产的产品数量也是有限的。生产可能性是指在一定的资源条件下，利用现有资源可能生产的最大产量组合。一般的，社会使用既定的生产资源所能够生产的最大组合称为生产的可能性曲线。

生产可能性曲线主要用来考察一个国家应该怎样分配其稀缺的生产资源问题。我们知道，一国可利用的资源，按用途来说，一般主要用来生产资本品和消费品。由于资源总量是一定的，因此，要多生产消费品就必须减少资本品的产量。那么，一个国家如何兼顾眼前利益和长远利益，把有限的资本分配使用于消费品和资本品的生产，这是经济学必须回答的一个重要问题，可以用生产可能性曲线来解释。

现在，假定一国现有资源用来生产两种产品 X（消费品，如蛋糕）和 Y（资本品，如电脑）。如果全部用来生产 X 产品，可生产 OA 单位；如果全部用来生产 Y 产品，可生产 OB 单位；如果同时用来生产 X 和 Y 两种产品，则可能有各种不同的 X 与 Y 的产量组合，如不同的生产组合点 C、D。将 X 和 Y 的各种不同的产量组合描绘在坐标图上，便可得到图 1-1 中的曲线 $ADCB$ 线，即生产可能性曲线，或称生产可能性边界，也可称为生产转换线。

生产可能性曲线是用来说明和描述，在一定的资源与技术条件下可能达到的最大的产量组合，它可以用来进行各种生产组合的选择。在曲线 $ADCB$ 上，点 C 沿生产可能性曲线滑向点 D，因为资源总量是一定的，蛋糕多生产了，电脑就会少生产。多生产蛋糕的数量是：$\Delta X = X_2 - X_1$，生产电脑的数量是：$\Delta Y = Y_2 - Y_1$，即要多生产蛋糕，就必须少生产电脑。用电脑转换成蛋糕的比率（转换率）是：$\Delta Y/\Delta X$，这时多生产 ΔX 的蛋糕机会成本是放弃的电脑 ΔY 。

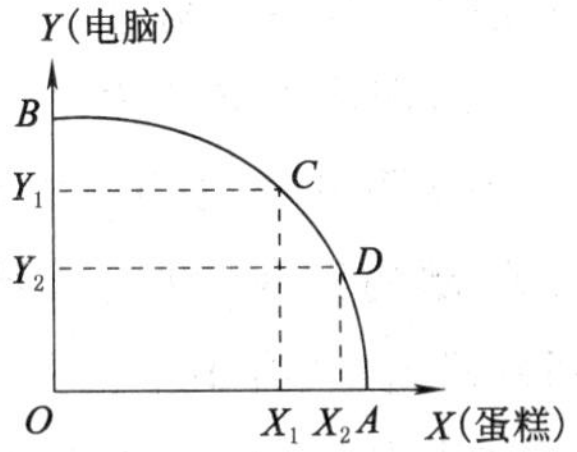

图 1-1　生产可能性曲线

生产可能性曲线还可以用来说明生产潜力与生产过度的问题。该曲线以内任何一点，表示资源未得到充分利用，即存在资源闲置；而该曲线之外任一点，则是现有资源和技术条件所达不到的。只有生产可能性曲线之上的点，才是资源配置最优点，说明了一个社会的全部资源都得到了充分利用，不存在闲置资源和失业，社会经济达到了充分就业的状态。

在资源数量和技术条件不变的条件下，一个社会现有资源可能生产的产品产量组合是既定的，但当资源数量变化和技术条件改变时，生产可能曲线会相应移动。随着资源数量的增加和技术的进步，生产可能性曲线会向外平行移动，代表着一个社会生产能力的提高。

（二）经济学基本问题

经济学是从 20 世纪 30 年代开始以来，流行于西方国家，并且成为西方国家经济政策与制度的理论指导依据，经历了重商主义、古典经济学、庸俗经济性和后庸俗经济性四个发展阶段。

如何将整个社会资源最优配置，将社会“百工诸业”的“蛋糕”做大，要解决三个问题：① 数量既定的资源用来生产什么？ ② 如何生产这些物品？

③为谁生产？即生产这些物品分配给谁？

这是经济学的三大基本问题，也称为人类社会的基本问题。

1. 问题①：生产什么？生产多少？（What，How many）

资源的稀缺性决定了生产一种产品就意味着放弃生产另一种产品。所以，生产什么和生产多少成了经济学的首要问题。例如，应该生产空调还是计算机？生产面包还是衬衫？都是这类问题。

在计划经济时期，生产什么，生产多少是由国家计划。由于涉及的产品千千万万，产品的用途、性质不一样，个人的需要各不相同，国家难以制订出恰当的计划，最终必然造成生产与需要失衡，产品积压缺货同时存在。由于计划价格的保护或限制，一方面产品花色品种少、质量低下；另一方面一些商品稀缺，存在"黑色或灰色市场"（非正常市场的总称），严重影响消费者日常生活。改革开放后，这个问题的解决，已由市场供给和消费者需求来决定。就是说靠市场调节，用价格这双"看不见的手"，对竞争性商品的供求进行调节，政府根据具体问题状况和性质，对关系国计民生的商品进行指导性、指令性的计划控制；政府起裁判员的作用，维护正当的市场竞争秩序。

2. 问题②：如何生产？（How）

每一种产品都有其生产方式，是用劳动密集型还是技术密集型方式生产，市场竞争中政府要不要干预，怎么干预，对市场竞争有怎样的影响等等问题，在经济学中要进行研究。

生产需要消费，消费更离不开生产。在生产和消费过程中，要实现生产者利益最大化和消费者效用最大化，其中存在的规律性问题，如靠什么达到最大化，两个"最大化"之间的关系等等问题需要探讨。

3. 问题③：生产的产品如何分配，即如何将产品分配给社会成员（Who）？

从图 1-2 中可以看出，我们既需要效率，也需要公平，但这两者有时难以兼顾。当生产还很落后时，可能我们"要让一部分人先富起来"，让他们取得较高的收入，适当的差距会有利于生产效率的提高。但随着经济水平的提高，人们的收入分配差距不断加大，例如，出现贫富悬殊问题，这时应该"先富带动后富，实现共同富裕"。这些问题的解决，只能通过发展生产解决，就是说我们要通过推进改革开放，解决人类社会的基本问题。

图 1-2 如何看待收入分配差距

（三）资源的合理配置和利用与经济学基本问题的解决

经济学基本问题的解决，在现实中反映在人们社会生产、生活的方方面面，如：① 什么决定人们收入？为什么会存在收入差距？人们如何选择消费与生产？技术进步对生产有何影响？② 市场的结构、政府的角色及如何提高自身的效率？③ 失业、通货膨胀的原因？为什么不同国家膨胀程度不同？④ 什么决定各国贸易的形式与数量？关税和配额对此有何影响？这些问题各种各样，一般是难以清楚地回答。因为不同的国家与地区，面临的情况是不同的，没有统一的答案。从国家的经济发展状况与阶段看，也存在共性与规律。

经济学来源于现实的经济生活，与一个国家、一个组织、一个人的痛苦、幸福、困惑和兴奋息息相关。如果我们遵循经济规律，经济就会发展，相反经济则会倒退。

第二节 经济学的研究对象与内容

一、经济学的研究对象

从本质上讲，经济学就是将稀缺性的资源进行优化配置，提高资源的利用效率。因此，经济学研究的对象当然是将稀缺性的资源如何进行优化配置的问题，那么这个“研究对象”如何具体划分呢？

经济学按研究对象划分为两个部分，一是微观经济学，二是宏观经济学或收入理论。

微观经济学是以单个经济单位为研究对象，如消费者、劳动者、厂商等，通过研究单个经济单位的经济行为和相应的经济变量单项数值的决定，来说明价格机制是如何解决社会资源配置的问题。

宏观经济学是研究国民经济总量、总体的经济行为及其规律的科学。即研究国民经济中所有商品和市场“加总”（非简单的求和）的供给与需求情况，反映的是社会总供给和社会总需求的均衡问题。如一个国家或者地区的国内生产总值（GDP）、价格上涨幅度、通货膨胀水平、失业、经济增长以及经济政策等问题。由于一个国家的国民经济，归根结底是由消费者、劳动者和厂商等无数个体行为决定的，因此，微观经济学是宏观经济学的基础，宏观经济学是微观经济学的引申与拓展，是从整个社会的角度，分析研究所有个体行为的总体表现和结果，并不是只关注某个个体或某些个体的具体行为。宏观经济学的中心问题是就业、通货膨胀和经济增长。

二、经济学的内容

（一）微观经济学的主要内容

（1）均衡价格理论，即价格理论。研究市场价格的决定与变动，对由供求均衡决定的市场价格进行说明。实际是对市场运行规则的概括，即在完全市场经济条件下，价格调节整个市场经济的运行，这是微观经济学的核心。

（2）消费者行为理论。研究决定均衡价格的需求方面的原因，即考察消费者在收入既定条件下，如何购买商品才能使自己得到最大满足。

（3）生产者行为理论。研究决定均衡价格的供给方面的原因，一是生产要素如何投入，二是分析生产成本与产量之间的关系，从而指出供给曲线背后生产者行为最优的衡量原则。

（4）市场理论。反映厂商如何在不同市场进行生产，构建市场结构理论，即研究不同市场条件下厂商的价格与产量的决定。实际是进一步反映生产者行为必须受外部环境（市场结构状况）的制约。

（5）分配理论，也称要素价格决定理论。研究生产要素价格的决定，以及收入的分配理论。

（二）宏观经济学的主要内容

（1）国民收入的核算与决定理论，研究国民收入的衡量与变动的规律，这是宏观经济学的核心内容。包括收入理论、产品与货币市场决定的总供求理论。

(2) 通货膨胀与失业理论。研究通货膨胀与失业的原因、两者之间的关系,探索解决通货膨胀与失业的政策措施。

(3) 经济增长理论与经济周期理论。探求经济增长的动力,经济如何持续增长,以及经济发展呈现周期性的波动的原因,讨论如何规避经济低迷与经济过度高涨。

(4) 宏观经济政策理论。主要研究宏观经济政策的目标与相关政策。

(三) 微观经济学与宏观经济学的联系与区别

由于一个国家的国民经济归根结底是由消费者、劳动者和厂商等无数个体行为决定的,因此,微观经济学是宏观经济学的基础,宏观经济学的微观经济学的引申与拓展。具体地说是:

(1) 微观经济学是宏观经济学的基础。微观经济学是分析单个经济主体,宏观经济学是分析整个国民经济这个总体,是个量与总量的关系,总量分析建立在个量分析基础上。

(2) 两者是相互补充的。微观经济学是假定资源总量既定的前提下,分析如何达到资源的最优配置,宏观经济学是在已实现资源最优配置的条件下,如何充分利用的问题。

(3) 两者具有相同的制度前提。两者都把社会制度既定作为研究的前提条件,不分析社会制度变化对经济的影响。

(4) 两者采用的分析方法类似。

第三节　经济学的研究方法与分析工具

从经济学研究对象和内容看,必然涉及人的行为,而人的行为是受历史、社会、文化、环境等因素的影响,从而影响到经济学的研究。因此,在经济学研究与分析中需要设立一定的经济学基本假设,这一点与自然科学不同。

一、经济学假设

经济学的研究是以一定的假设条件为前提的,就微观经济学而言,其基本假设条件包括三点:

(一) 市场出清

市场出清指供求双方该买的买到了,该卖的卖出了,能够实现供求的市场均衡。

（二）完全理性

1. 经济人假设

经济人的假设包括：① 在经济活动中，经济主体（居民户、厂商或政府）所追求的唯一目标是自身经济利益的最优化。消费者——追求最大限度满足；生产者——追求最大限度利润；要素所有者——追求自身报酬的最大化。② 经济主体所有的经济行为都是有意识的和理性的，不存在经验型的或随机的决策。因此，经济人又被称为理性人。

2. 产权明确

产权，是指由法律和伦理所确定的个人或厂商对财产的权利。产权是重要的。产权不是无限的。不同的产权界定会带来资源配置的不同效率。

3. 厂商是以利润最大化为唯一目标的个体

利润最大化是厂商的唯一目标。

（三）完全信息

经济活动的所有当事人都拥有充分的和相同的信息，而且获取信息不需要支付任何成本。在这种情况下，经济活动的所有当事人都清楚地了解所有经济活动的条件和后果，因而经济活动中不存在任何不确定性。

二、经济模型与分析工具

（一）经济主体与市场

稀缺性导致选择，生产可能性要求选择的高效。所以，经济中出现竞争与合作是必然的。

经济，实际上是指对竞争性的稀缺资源的配置机制。由经济主体和市场两个部分组成。

我们讨论的经济主体包括：居民、厂商、政府。

居民，有有限的资源和无限的欲望，有血缘、学缘、业缘关系。厂商，利用资源生产产品和劳务。政府，提供产品和服务，并进行收入和财产的再分配。

市场，分为生产要素市场和产品市场。如生产要素市场包括：劳动、土地、资本和企业家才能。

（二）经济机制的运行

1. 简单国民经济运行

居民在要素市场上提供劳动、土地、资本，以换取要素的收入：工资、租金、利息与利润，从产品市场上购买产品与服务。

厂商从要素市场上购买劳动、土地、资本，支付工资、租金、利息与利润，提供给产品市场的产品与劳务。

政府向居民和厂商提供产品和服务，并向他们征税。

居民、厂商、政府三者之间的关系如图 1-3 所示。

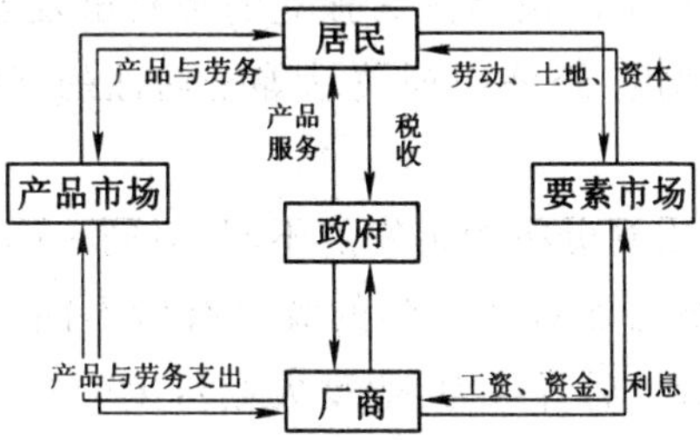

图 1-3 简单国民经济运行图

2. 经济体制

经济体制是一个社会和国家在处理资源稀缺问题时，形成的一种有关经济决策的制度及其运行方式。亚当·斯密在 1776 年的著作《国富论》中指出，家庭和企业在市场上进行交换，他们的目的是为了各自的利益，在价格这只“看不见的手”引导下，导致了社会财富的增加。就是说，市场机制是资源配置的手段，价格是传递资源流动到什么地方的信号，最终必然追求和实现整个社会财富的最大化。

3. 市场机制

市场最初被理解为商品交换的场所。市场分为有形和无形两种。有形市场是指具体的具有交换场所、交换内容和过程的市场，诸如生产资料市场、消费资料市场、物品市场、劳务市场、货币市场等；而无形市场则没有固定的交换场所，靠广告、中间商以及其他形式寻找资源和买主，沟通买卖双方，促进交易的形成。

市场机制就是市场运行的实现机制，反映市场机制体内供求、价格、竞争、风险等要素之间的互相联系及作用机理，主要包括供求机制、价格机制、竞争机制和风险机制。

（三）经济学的分析工具

1. 微观分析、宏观分析与结构分析

(1) 微观分析以单个经济主体作为考察的出发点,研究单个消费者、单个厂商、单个生产要素所有者的经济行为,并通过单个经济主体行为的叠加,研究单个行业、单个市场以及整个国民经济状况的变化。所以,微观经济分析又称个量分析。

(2) 宏观分析以整个国民经济为独立的考察出发点,研究社会就业量、物价水平、经济增长速度、经济周期波动等全局性的问题。所以,宏观分析又称总量分析。

由于微观分析与宏观分析的出发点不同,对同一问题有着不同的看法。如就业问题,微观经济与宏观经济学的观点有所不同。前者认为失业是资源浪费,市场难以出清。后者认为,适度失业对生产有益。宏观调控目标是实现充分就业。

(3) 结构分析又称部门分析或总量分解:指把国民经济总量分解为具有不同特点的部门,来进行分析。这些部门对于单个经济主体来说是总量,相对于整个国民经济来说又不是总量。结构分析常用来分析产业和地区经济。

2. 静动态分析与动态分析

按照分析经济活动是否考虑时间因素,分析方法可以分成静态分析和动态分析。

(1) 静态分析:静止孤立地分析经济现象的均衡状态以及达到均衡所需的条件。

(2) 动态分析:对经济变动的实际过程进行分析,分析均衡达到和变动的过程。

例如,在动态分析中,常常通过根据实际问题,建立经济模型,把经济理论用变量的函数关系来表示。经济模型的构成主要包括五个部分(图 1-4)。经济模型的正确与否,必须在解决实际经济问题中得到检验与修正,不断改进与优化。

3. 局部均衡分析与一般均衡分析

(1) 局部均衡分析:假定在其他条件不变的情况下,分析某一时间、某一市场的某一商品,其供给和需求达到均衡时的价格决定。

(2) 一般均衡分析:分析某种水平价格决定时,则在各种商品、生产要素

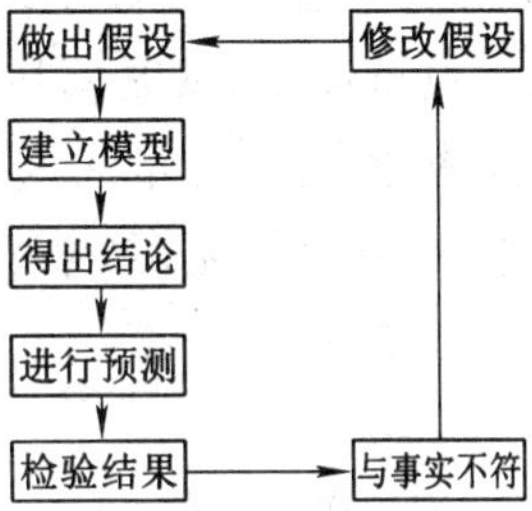

图 1-4 经济模型是什么

供给、需求、价格相互影响的条件下所有商品、要素的供给和需求同时达到均衡时，所有商品价格如何被决定。

4. 实证分析与规范分析

凯恩斯说，“经济学家和政治学家的思想，不论是在他们对或不对的时候，都比一般所设想的要有力量。”例如，一个人大代表的议案“由于基础设施的问题，家庭轿车暂缓大力发展”。如果该议案得到实施，对一个地区或者国家经济发展的影响是显著的。

在经济发展史上，对一些经济问题往往从道德或某种价值观出发进行分析和评判。这样的分析与评判，往往使得经济学好像丰富多彩与缺乏科学规范，这一点与自然科学不同。

随着历史的演进，经济科学显示出其科学性的一面，不断地摆脱道德、伦理、政治权威的束缚，逐渐成为一门科学。

(1) 实证分析。实证分析是根据实际的经济现象，描述和分析其规律性，即回答“是什么”或“怎么样”。例如，“货币发行过多引起了通货膨胀”。论证的时候是从实际经济运行的数据，指出事件的联系或因果关系。

(2) 规范分析。规范分析是根据一定的价值判断标准，对经济现象描述和分析，揭示其规律性。回答“应该是什么”或“应该怎样”的问题。例如，假设某人控制稀缺的资源，应该对他有效地监督。

5. 边际分析方法

19 世纪 70 年代的边际学派认为经济学的任务仅仅是描述和分析经济现象的规律。

“边际”这个词可以理解为“增加的”意思，“边际量”也就是“增量”的意思。研究一种可变因素的数量变动会对其他可变因素的变动产生多大影响的方法，称为边际分析方法。也可以说，就是运用导数和微分方法研究经济运行中微增量的变化，用以分析各经济变量之间的相互关系及变化过程的一种方法。例如，当人们的收入增加1元，带来的消费增加0.7元，我们认为，消费对收入的边际增量是0.7元。

思考与练习

一、名词解释

稀缺性　选择　机会成本　生产可能性曲线　经济机制

二、选择题

1. 经济学的由来是（　　）。

A. 政府对市场制度的干预

B. 企业赚取利润的活动

C. 由于资源稀缺性，解决如何有效配置资源的问题

D. 个人的生财之道

2. “资源是稀缺的”是指（　　）。

A. 资源是不可再生的

B. 资源必须留给下一代

C. 资源终将被耗费殆尽

D. 相对于需求而言，资源总是不足的

3. 失业问题在生产可能性曲线图上，表现为（　　）。

A. 生产可能性曲线内的一点

B. 生产可能性曲线上的一点

C. 生产可能性曲线以外的一点

D. 不在该平面直角坐标系上

4. 下列哪一项会导致一国生产可能性曲线的外移？（　　）

A. 股市持续走强

B. 通货膨胀

C. 有用资源被发掘或技术进步

D. 消费品生产增加，资本品生产下降

5. 一个经济体系必须做出的基本选择是（ ）。

A. 生产什么，生产多少

B. 如何生产

C. 为谁生产

D. 以上都包括

6. “富人的所得税税率比穷人高”是（ ）。

A. 规范的表述

B. 实证的表述

C. 否定的表述

D. 理论的表述

7. 厂商决策的经济学称为（ ）。

A. 宏观经济学

B. 微观经济学

C. 实证经济学

D. 规范经济学

8. 下列哪个不属于实证主义陈述？（ ）

A. 海湾战争引起石油价格上升，并导致了汽油消费的下降

B. 穷人不应该纳税

C. 提高利率阻碍经济发展

9. 下列哪些命题是规范命题？（ ）

A. 经济体制改革后，民营经济得到快速发展

B. 效率比平等更重要

C. 在通货膨胀时，政府应该提高利率水平

D. 好的经济政策应该有助于缓解经济波动

三、判断题

1. 为谁生产是资源配置在产出方面的反映，生产什么、生产多少、如何生产则是资源配置在投入方面的反映。（ ）

2. 规范方法就是抓住主要的因素，建立抽象的理论结构，赋予经常发生的经济现象一种理论上的意义，以此概括复杂的经济现象。（ ）

3. 如何生产是指产品的销售收入如何在参与生产的各部分人之间进行分配。（ ）

4. 生产可能性曲线表明一国资源总能被充分利用。( )

5. 政府采购不是市场行为。( )

6. 工资、地租、利息是要素市场的价格。( )

四、简述题

1. 为什么说稀缺性是经济学永恒的主题?

2. 经济学三大基本问题是什么?

3. 举例说明机会成本概念。

4. 经济学中完全理性假定是指哪几点?

5. 什么是市场机制?包含哪些要素?

五、计算题

假如某人每天有16小时在娱乐和工作之间分配,设娱乐时间为变量T,工作时间为变量W,请用坐标图表示工作与娱乐此消彼长的关系。

如果此人每天7小时用于工作,请在坐标图上找出选择的点及对应的娱乐时间;假定此人每天8小时用于工作,请标出新点。

如果此人减少睡眠的时间,每天18小时分配在工作和娱乐上,画出新的曲线。

第二章 均衡价格理论

知识目标

1. 理解需求、供给概念，掌握掌握供求定律。

2. 使学生明确什么是市场机制，利用供求曲线相关知识解决实际经济问题。

3. 均衡价格、均衡数量如何决定均衡点变动。

4. 理解需求弹性与供给弹性概念，能够运用弹性理论解释经济生活中一些实际问题。

技能要求

1. 结合具体事例，说明由供求关系决定的价格是如何调节经济运行的。

2. 举例说明需求量的变动与需求变动之间的区别与联系。

3. 理解供给量变动与供给变动之间的区别与联系。

4. 掌握需求价格弹性概念，利用弹性与厂商销售收入的关系，指导厂商获取更大收益。

解析与导读

1. 这是经济学中最基础、最重要的内容之一。首先要结合具体问题，明确需求与需求量如何表示；“需求表或者需求函数”是“需求及其变化规律”的量化表示；要从解释日常生活中一些经济现象开始，来掌握需求定律，理论联系实际，才能激发学习经济学的兴趣。关于“供给”一节的学习与“需求”这一节的学习类似。

2. 供求均衡必然表现在价格与数量上，供求理论内容是简单的，但在实际生活如何运用是复杂、困难的，要结合现实中的房地产、去库存、去产能等问题来理解和掌握供求规律。本章从啤酒的供求入手，解释需求与需求量两个概念的不同点，这是学习中的重点也是难点；通过是否对兰州牛肉面价格进行干预，理解什么是价格机制、价格管制与价格政策，这样能够加深理解价格作为“看得见手”与“看不见手”在市场如何发挥作用。

3. 弹性理论抽象性强，涉及许多具体的数据计算，学习中要根据具体问题，熟记需求弹性公式，在对需求弹性理解的基础上，提高运用该公式的能力。首先，要明确需求价格弹性是表示“数量变化百分百对价格变化百分百的反应程度”，例如 $E_d=3$ 意味着价格变化1%，需求量变化3%，价格变化一个点，数量有三个点的反应，即“数量对价格变化非常敏感”，属于富有需求弹性。其次，从实际事例入手理解和判断如何根据需求弹性的大小，通过价格变化，追求收益最大化（教材中是通过具体的数据计算来说明）。最后，在以上学习的基础上明确什么是“薄利多销”，什么是“谷贱伤农”等问题，并且解释其原因。

导入案例

租房广告

本人最近求租幸福路公寓一套，面积120平方米，月租金1500元。

问题：这个租房广告何处有误。

租公寓的原因可能很多，公寓造得多，公寓供给就大。若公寓供给一定，租客多，可能租金价格就高一些。租金价格如果下降，租客当然喜欢；如果租金价格上涨，租客如何思考与应对呢？上面广告中，租客对公寓需求的描述清楚吗？租客的需求是怎样的呢？

在西方有一句话，“只要教会鹦鹉说供求，就等于教会了它经济学”。

对租住公寓而言，租客是否需要，受租金价格、个人收入水平、公寓地段、公寓面积大小以及经济形势等因素影响。

第一节 需求理论

一、需求

（一）需求的概念

需求是指在其他条件不变时，某一特定时期内，消费者在各种可能的价格下，愿意而且能够购买的某种商品或劳务的数量。

“其他条件不变”是说明租用公寓的需求，总是受一系列条件(因素)的影响。如消费者的收入水平，当时租金价格，公寓质量，面积与地段等因素。

“各种可能的价格下”的意思是，需求不是在某个价格下消费者购买商品的数量，而是一系列价格与数量的对应关系。

[案例 2-1]　人的购买欲望与需求是不同的

鸦片战争后，英国商人为打开了中国这个广阔市场而欣喜若狂。当时英国棉纺织业中心曼彻斯特的商人估计，中国有 4 亿人，假如有 1 亿人晚上戴睡帽，每人每年用两顶，整个曼彻斯特的棉纺厂日夜加班也不够，何况还要做衣服。于是他们把大量睡帽和洋布运到中国。

结果与他们的想象相反，中国人没有戴睡帽的习惯，衣服也用自产的丝绸或土布，睡帽和洋布根本卖不出去。而且，大多数老百姓也买不起洋布。

从案例 2-1 可以看出，“愿意——购买欲望”与“能够——支付能力”两个条件缺一不可，否则不构成需求，当然，这必须是在一定价格水平下。

(二) 需求量的概念

需求量，是指在其他条件不变时，某一特定时期内消费者在某种价格下，愿意而且能够购买的某种商品或劳务的数量。

需求量是用一定的价格购买某种商品的数量，而实际购买量是具体的、固定的。

(三) 需求的表示

如果某家庭买番茄，如何反映他们对番茄的需求呢？当然是观察他们在目前生活水平下，消费番茄的数量。可以用一张表格表示(表 2-1)：

表 2-1　　某家庭番茄需求表

价格 P(元/斤)	3	2.5	2.3	1.5	1
需求量 Q(斤)	1	2	2.5	4	5

可以看出，这个表格反映了“一系列价格”与“一系列数量”之间的对应关系，我们称这个表格是需求表。

需求表，是指某种商品的各种价格水平与相对应的该商品需求量之间关系的数字序列表。(如表 2-1)当然，这个需求表应该补充说明，是何时何地番茄的价格。

（四）需求曲线

稍作观察，番茄价格 P 与对应的需求量 Q 之间，是有一定关系的。根据表 2-1，将番茄的价格 P 与需求量 Q，在坐标平面上表示出来（图 2-1）。这里，习惯上纵坐标表示价格 P，横坐标表示需求量 Q。

一般情况下，需求曲线是曲线（如图 2-1），特殊情况下是直线，并且是向右下方倾斜。（如图 2-2）

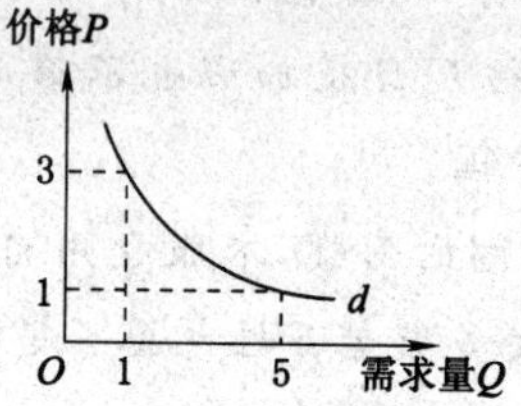

图 2-1　番茄的需求曲线

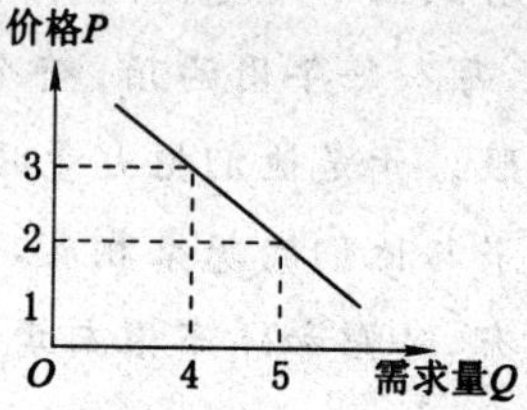

图 2-2　橘子的需求曲线

［例题 2-1］　某人对橘子的需求如表 2-2 所示：

表 2-2　　某人橘子需求表

价格 P（元/斤）	5	4	3	2	1
需求量 Q（斤）	2	3	4	5	6

将表 2-2 上的价格 P 与对应的需求量 Q 在平面上表示出来，得到橘子的需求曲线（图 2-2）。可以看出，此时橘子的需求曲线是一条直线，价格 P 每下降 1 元，需求量 Q 增加 1 斤。

二、需求规律

一般地说，需求规律是指，如果其他条件不变，商品价格越高，需求量越小；价格越低，需求量越大。

［案例 2-2］　格力与美的"飙"价格

上周五（2014 年 9 月 26 日），格力突然对外发出一则公布称："格力电器 20 年首次将发动价格战，斥资百亿回馈全国消费者。国庆期间优惠力度空前。如因此触及到您的利益，我们深表歉意。"

据悉，美的空调已经启动9月22日至10月8日期间的“美的狂飙”促销计划，期间美的变频空调柜机直降4500元，全直流变频空调柜机更是低至6折起，1匹变频挂机直降到2399元，1匹冷暖挂机为1899元等等。无论降价促销还是买赠都力度空前。

（资料来源　中国家电网 http://www.ce.cn/cysc/zgjd/kx/201409/28/t20140928_3614585.shtm）

从图形来看，在平面上需求规律表示的是一条向右下方倾斜的曲线。这是针对某种正常商品商品说的，即正常商品的需求曲线是向右下方倾斜的。所谓正常商品，是指降价的话，消费者就可能倾向多买的商品，涨价的话，消费者就可能少买。但针对非正常商品讲，需求规律是有例外的。例如，劣质品价格下降，消费者仍然减少购买，或者不去购买。

另外，一些炫耀、时尚的商品，虽然是正常商品，但是该商品价格下降，消费者可能不仅不会多买，反而可能不去购买，并不遵守需求定律。吉芬商品亦是这种情况。英国经济学家吉芬发现，爱尔兰发生饥荒时，土豆价格上升了，土豆的销售量反而增加了。所谓吉芬商品，就是在其他因素不改变的情况下，当商品价格上升时，需求量增加；价格下降时，需求量减少。

需求曲线还有两种特殊情况：一是垂直于横轴。例如，一个人如果要透析，每次对治疗药物的需求量是固定的。二是平行于横轴。例如，战时征用战略物资、研究经费的支出等。

三、影响需求的主要因素与需求函数

（一）影响需求的主要因素

前面在解释需求概念时，为什么要“假设其他条件不变”呢？原因是除价格因素外，价格与需求量之间的关系受“其他条件”影响，如果这些“其他条件”发生变化，需求也会变化。那么，这些“其他条件”是指哪些主要因素呢？

举一个例子：如果影星成龙到张市举行一演唱会，除了票价这个因素，哪些因素影响你观看成龙演出的需求呢？

（1）收入水平。一般来讲，收入水平高，观看演出的可能性大，即收入水平是影响需求的因素之一。

（2）相关品价格，包括互补品价格与替代品价格。互补品，是指必须结合起来使用的物品；替代品，是指两种物品在功能上可以相互替代。如果某

种物品的相关品价格发生变化，会影响该物品的需求。例如，如果新到一位大牌歌星（实际是成龙演出的替代品），会影响原来观看成龙演出的观众人数。一般来讲，如果某种物品的替代品价格下降，则该种物品的需求量会减少，反之则增加。

可以看出，一种商品的需求量与它的替代品的价格是同方向变化的；同样，一种商品的需求量与它的互补品的价格是反方向变化。

（3）对商品的偏好程度。偏好用来表示消费者对商品的喜好程度，对商品的需求有影响。例如，某人的偏好改变，就可能影响他现在对同样商品的购买决策。

（4）对商品的价格预期。预期是消费者根据现在的条件对未来状况做出的估计。

对未来商品价格预期、对未来收入水平预期、对商品未来的供给状况的预期等，它们都会对消费者当前的消费决策产生影响。例如，消费者如果预期未来价格水平会显著提高，他往往会增加当前购买；如果认为，未来商品的供给会更多样化、品质会更好，他也可能会推迟现期的消费，因此当前的需求量就可能下降。

（二）需求函数

某个人或家庭的需求，可以用个人需求表或个人需求函数来表示。如果把影响需求量的各因素作为自变量，把商品的需求量作为因变量，那么，可以得出某一特定时期内，某个体对某种商品的各种需求量与影响因素之间的函数关系。

需求函数用来反映影响需求的因素与需求量之间的关系，可表示为：

$$Q_d = f(P, M, P_r, H, N, \cdots)$$

其中，Q_d表示个人需求量，P是商品自身价格，M表示收入水平，P_r表示相关商品的价格，H表示消费者偏好，N表示消费者对价格的预期，f则规定了Q_d与P、M、P_r、H、N等因素之间的特定关系。显然，这是一个多元函数，如果假定价格以外的因素都保持不变，这时，多元函数就变成一元函数了，即$Q_d = f(P)$。

四、需求量的变动与需求的变动

请注意：我们用某种物品一系列价格与其对应的需求量之间的关系，来说明我们的需求，是有前提的，就是假定“其他条件不变”，如果这些“其他条件”发生变化，那么就产生了新的需求。

例如，如果仅仅价格变动(其他的条件不变)，如图 2-3，番茄单价由 3 元降到 1 元，消费者对番茄的需求量，由 1 斤增加到 5 斤。在图形上表现为，点 A 沿需求曲线 d 滑动到点 B。即，需求量变化在图形上表现为，点沿着需求曲线 d 滑动，而需求曲线 d 并没有移动。

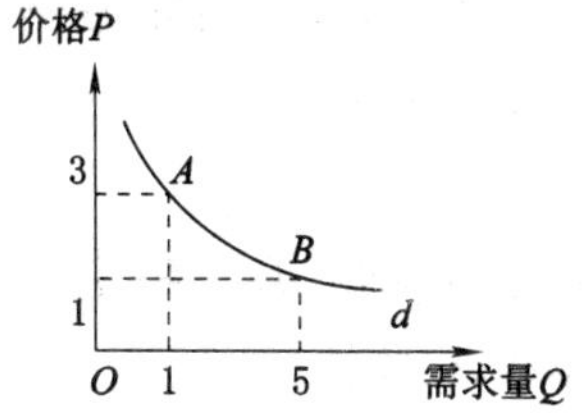

图 2-3 番茄的需求量

但是，如果“其他条件”变动，例如，听到别人讲，吃番茄增加免疫力、防癌，即消费者的偏好变了，这时番茄单价 3 元时，你可能会多买。原来是买 1 斤，现在假设买了 4 斤。这时，你有了新的需求量 4 斤，有新的点 A^*(图 2-4)。实际上，在其他单价下，你也会多买，即有相应新的需求量，将这些新的单价与新的需求量组合点连接起来，于是有了新的需求曲线 D(图 2-4)。显然，新需求曲线 D 与原来的需求曲线 d 不一样。

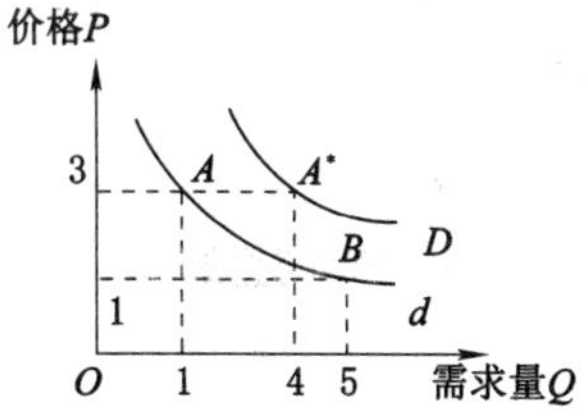

图 2-4 番茄需求变动

弄清楚了需求量与需求概念，你会知道，“花 360 元买一双皮鞋，价格下降到 100 元时，你买了 3 双”与“成龙也喜欢这种款式的皮鞋，你买了 3 双”是不一样的，前者在图形上是点沿需求曲线滑动，你的需求并没有改变，只不过是你的需求量增加了；后者是需求曲线位置移动，表明你需求改变了，产生了新的需求。

第二节 供给理论

一、供给的概念

商品的供给一般是生产者提供的。

供给，是指在其他条件不变时，某一特定时期内，生产者在各种可能的价格下愿意而且能够提供的该产品的数量。

二、供给量的概念

供给量，是指在其他条件不变时，某一特定时期内，生产者在某种价格下愿意而且能够提供的该产品的数量。

供给是反映在一定条件下，生产者的不同供给量与相应市场价格之间的整个关系。供给量是反映生产者在某一市场价格下与产品数量之间的关系。

三、供给规律

在其他条件不变的情况下，商品的价格越高，生产者的供给量越大；反之，商品的价格越低，供给量越小。

供给规律也有例外情况，如商品的数量固定时，价格不断升高，供给曲线垂直于横轴。如图 2-5(a)，土地的供给就是这样。劳动的供给达到一定程度，供给量反而随工资(价格)增加而减少，如图 2-5(b)。自来水在既定价格下，供给量接近无限，如图 2-5(c)。

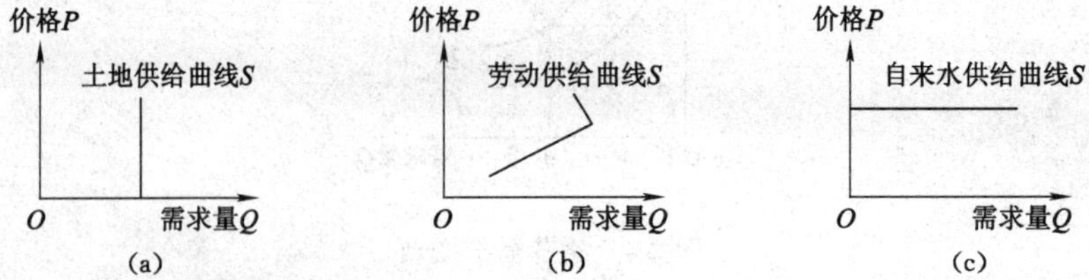

图 2-5 供给曲线的例外情况图例

四、影响供给的主要因素

影响商品供给的主要因素除了商品本身的价格外，经常起作用的因素有：

(1) 生产要素的价格。生产要素的价格高,意味着生产的成本高,在产品价格不变的情况下,一般供给量会随之减少。

(2) 技术进步水平。技术进步会降低成本,产品价格不变,则厂商倾向于增加供给量。

(3) 生产者对未来的预期。如果预期未来生产成本下降,一般现在会减少供给量。

(4) 相关产品的价格。如果生产者生产的产品价格不变,但相关产品的价格提高了,或者生产者生产的产品价格有所提高,但赶不上其他产品价格提高的幅度,那么,生产者就会转而生产其他产品,生产者原来生产的产品的供给量就会减少。反之,生产者原来生产的产品的供给量就会增加。

五、供给变动与供给量变动

仅仅是价格变动,则引起供给量变动,供给曲线位置不变;如果是价格以外的因素发生变化,则供给发生变化,供给曲线发生移动。如生产技术水平、相关产品价格、生产要素价格与生产者对未来价格的预期等因素发生变化,会引起供给变化。

第三节 市场均衡

均衡是指经济事务中,有关的变量在一定条件下相互作用,达到的一种相对的、相互静止的状态。由于需求与供给双方相互影响与制约,价格上升或者下降,不会使需求量或者供给量一味的减少或者增加。

[案例 2-3] 歌星高收入是否合理

歌星的高收入是由歌星的供给和公众的需求决定的,这是市场机制作用的结果。既然对歌星的需求如此之大,而供给方又稀缺,也就是说在市场上少数著名歌星有完全垄断地位,因此他们的高收入也不难理解。大多数歌星都是竞争出来的。当看到一夜走红的歌星收入高于十年寒窗苦读的教授许多时,难免有不平衡之感,但理性的来看,歌星的高收入是市场决定的。

价格上升固然导致需求量的减少,但需求是存在的,厂商看到有利可图,会增加供给,这样会抑制价格的上升。

如图 2-6,如果市场上的需求量等于供给量时,则市场处于均衡状态。此时均衡是暂时的,供求双方的任一方发生变化,均衡就会被打破。点 E 是市场的均衡点，表明在均衡价格 P_e 下，Q_e 既是需求量，也是供给量。即均衡价格 P_e 是指该种商品的市场需求量和市场供给量相等时候的价格。均衡数量 Q_e 就是指均衡价格水平下相应的供求数量。

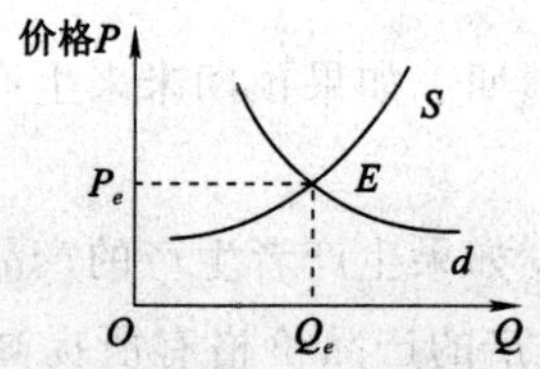

图 2-6　均衡价格

一、需求变动对均衡市场的影响

在图 2-7 中，当供给不变时，需求增加，需求曲线向右移动，均衡价格上升，均衡数量增加。如果需求减少，需求曲线向左平移，均衡价格下降，均衡数量减少。

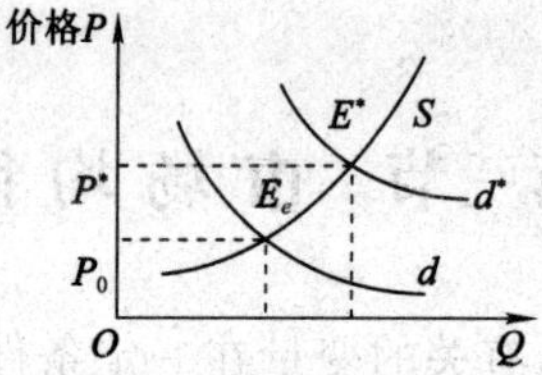

图 2-7　需求变动影响均衡价格

二、供给变动对均衡市场的影响

根据图 2-8，当需求不变，供给曲线向右移动，均衡价格下降，均衡数量增加；供给曲线向左移动，均衡价格上升，均衡数量减少。

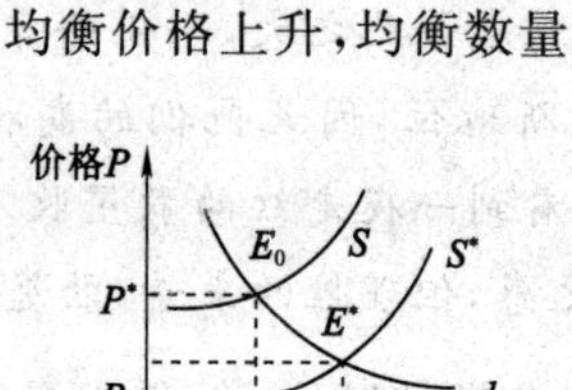

图 2-8　供给变动影响均衡价格

根据上面两种情况，总结出供求规律的内容是：

在供给不变时，需求增加使均衡价格提高，均衡数量增加；需求减少使均衡价格下降，均衡数量减少。

在需求不变时，供给增加使均衡价格下降，均衡数量增加；供给减少使均衡价格提高，均衡数量减少。

［例题 2-2］ 如图 2-9，啤酒市场的需求曲线 d 与供给曲线 S 决定的啤酒的均衡价格是 P_0，当以下情况发生时，啤酒的市场价格如何变化？

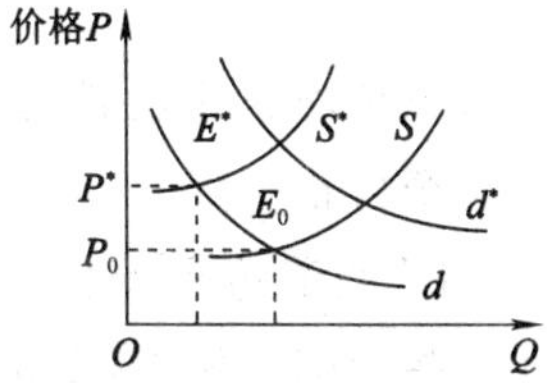

图 2-9　啤酒市场的供求曲线

(1) 啤酒原料价格上涨。

(2) 消费者收入普遍提高。

如果仅仅是啤酒的原材料价格上涨，则啤酒的供应商倾向减少供给，供给曲线 S 向左移动到 S^*，消费者对啤酒的需求，在短期内一般并不因为啤酒的原材料价格上涨而改变，这时新的啤酒均衡价格 P^* 高于原市场均衡价格 P_0，即 $P^*>P_0$，均衡数量减少。

当"消费者收入普遍增加"时，消费者一般会增加对啤酒的需求，啤酒的供给在短期内来不及变动，这时啤酒的均衡价格会上升，均衡数量增加。当然，啤酒供应商如果认为，在长期中消费者收入普遍提高，则会增加啤酒的供给，这时曲线 d 会右移动到曲线 d^*，曲线 S 也有一定程度的右移。曲线 S 的右移，会延缓啤酒价格的上升。一般情况下，消费者的反应更加快一些、直接一些，当然也要看啤酒供求双方的博弈等情况，比较多的情况是啤酒的交易量增加，均衡价格提高。

第四节　价格机制与价格政策

［案例 2-4］ 兰州市牛肉面最高限价事件

2006年6月，兰州市紧急出台了牛肉面最高限价。7月7日，国家发改委人士公开表示："即使牛肉面经营者确实存在串通涨价行为，政府部门用行政手段去干预本应当由市场调节商品价格的做法，也不符合市场经济发展规律，略欠妥当"。7月9日，兰州市物价局官员回应称："这是由于(国家发改委)不了解牛肉面对兰州市民的重要性所致。"

问题：你怎么看兰州市物价局干预牛肉面价格？

(资料来源 《兰州发布牛肉面限价令引发争议》,《浙江日报》2007年7月17日)

一、价格机制

价格机制是指价格作为调节市场供求的信号与手段，需求大于供给时，使市场均衡价格提高；相反，均衡价格下降。

利用价格这只"看不见的手"调节市场的供求，可以使社会资源得到最优配置。但价格机制也存在一些缺陷。例如，案例2-4中，牛肉面的供求，如果完全由市场价格调节，由于兰州市民对牛肉面的需求是比较稳定的，短期内牛肉面的供应一般难以增加，因此，牛肉面就可能"涨价"，于是市民抱怨牛肉面价格太高了，影响生活。如果牛肉面经营者确实存在串通涨价行为，兰州物价局通过最高限价，人为干预牛肉面价格，实际上是用"看得见的手"调节牛肉面的供求，这时又可能出现类似牛肉少了或者面少等"劣质商品"问题。这就提出了一个问题，如何认识和规避价格机制的缺陷。

二、限制价格与支持价格

(一) 限制价格

限制价格也称最高价格，它是政府所规定的某种产品的最高价格，该价格一般低于市场均衡价格。

如图2-10，点E是市场均衡点。如果认为某种商品均衡价格P_e太高了，损害了消费者的利益，需要对该种商品价格进行限制，制定低于均衡价格的限制价格P_1作为商品的价格(如图2-11)，此时必然出现，需求量$OQ_2>$供给量OQ_1，造成该商品供不应求。Q_1Q_2是市场短缺量，是实行限制价格策略的结果。

限制价格弊端主要是：这时由于供不应求，会出现商品短缺，一部分消费者买不到想要的商品。为了解决这个问题，配给制就应运而生，也为黑市交易、搭售行为，以及劣质产品的产生提高了可能性。尤其是限制价格会向消费者和生产者提供错误市场信息，影响生产者投资、生产和赢利。

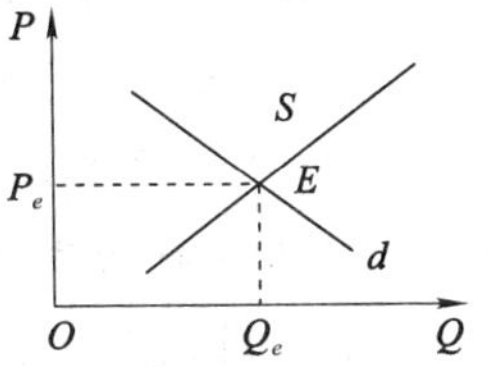

图 2-10　均衡价格

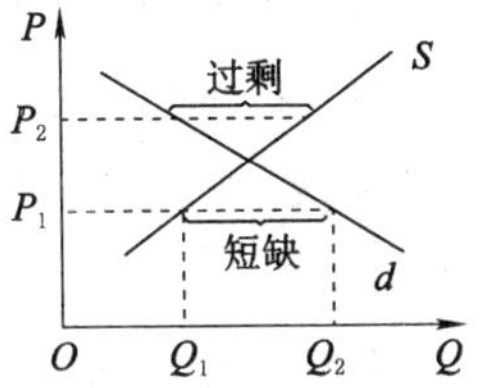

图 2-11　限制与支持价格

案例 2-4 中，牛肉面作为一种竞争性商品，可以让“看不见的手”调节其供求，让牛肉面市场充分竞争，避免限制价格的弊端产生。至于牛肉面是关系市民生活的重要产品，政府作为社会管理部门应该思考：牛肉面是什么性质的商品，到底该不该干预其价格？为什么牛肉面价格上涨？是牛肉、面粉与黄豆调料的问题，还是这些东西背后的交通问题、养牛的问题？背后有没有更深层的问题？例如，耕地减少，草场沙化；养牛不赚钱，打工更赚钱，使养牛的人少了；或者有没有道路交通管理中的滥收费，使牛肉等商品成本上升，交通物流系统基础设施是否滞后；等等。当然，从牛肉面的供给考虑，可以鼓励支持指导下岗失业人员再就业，通过提供其他品种的早餐饮食产品，丰富兰州市民的饮食供应。

[案例 2-5]　目前张市居民用自来水价格是 2.35/吨，涨价 0.25 元后，自来水的价格是 2.6 元/吨，自来水价格能不能由价格机制自发调节？

自来水的特殊性决定由政府管制其供给。居民总的用水量很大，涉及千家万户的利益。政府规定的自来水价格是实行限制价格策略，该价格往往低于其均衡价格。由于各地普遍存在水资源的短缺现象，如果自来水价格过低，不利于节约用水，也不利于提高自来水公司生产的积极性。目前关于自来水价格，政府采取召开价格听证会，注意听取居民意见。

（二）支持价格

支持价格也称为最低限价，是指政府为了支持某一行业的生产而规定的高于均衡价格的最低价格。

由于实行支持价格策略，必然造成：供给量＞需求量，市场出现供过于求，即形成产品过剩现象。

[案例 2-6]　为什么对水稻种植进行价格补贴

根据2014年10月27日召开的苏州市粮油行业协会扩大会议精神，按照"市场定价、保护农民利益、优质优价、适时调整"原则，该市今年秋粮收购开秤指导价定为：中等质量晚粳稻每50公斤142元，价外补贴订单合同收购的粳稻，补贴每50公斤8元。在秋粮收购期间，一旦市场行情发生较大变化，该市将根据苏州市粮油行业协会提出的指导意见，及时调整。

一般讲，支持价格政策可能会造成：产品剩余或积压商品；保护经营不善的企业，不能优胜劣汰，使消费者利益受损；向供求双方提供错误信息，扰乱了市场。

因为粮食是关系国计民生的重要商品，我国对粮食种植实行价格补贴，通过支持价格政策，保护农民种粮的积极性，为粮食丰收奠定了基础。针对粮食生产而言，由于在丰收的年份里，粮食供给增加了，但人们日常生活中对粮食的需求往往比较固定，所以可能出现粮食供过于求，即粮价有下降"倾向"。如果粮食价格下降，农民的收入将减少，"谷贱伤农"，影响农民来年种粮积极性。因此，各国对粮食种植一般实行保护价格政策。当粮食丰收了，出现粮食供给"过剩"，国家收购剩余粮食，避免粮价下降，伤害农民利益。

对粮食实行价格补贴政策的另一个原因，是因为农副产品是缺乏需求弹性的物品。

第五节　需求弹性理论

[案例2-7]　许多商家为什么要"薄利多销"，运用这种销售策略是不是总能增加收益？又例如，在夏季西瓜由2元降到1元，你可能多买一些，但如果这种西瓜是从9元降到8元，你可能无动于衷，为什么降价幅度都是1元，消费者的购买行为却不同呢？

一、需求的价格弹性

弹性是指一函数中自变量相对变化，所引起的因变量的相对变动程度，用因变量的变化率与自变量的变化率之比表示。

如果因变量的变化对自变量的变化反应非常敏感，例如，某产品削价10%，它的销售量增加40%，则表明需求的弹性较大；如果只引起销售量增加5%，则说明该产品需求弹性小。弹性的大小通常可以用弹性系数来表示。

（一）弹性是百分比之比

需求价格弹性是指，在一定时期，某种物品的需求量变动百分比对价格变动百分比的反映程度，简称需求弹性。用字母 E_d 表示需求弹性的大小，计算公式是：

$$E_d=\frac{\text{需求量}\,Q\,\text{变化的百分比}}{\text{价格}\,P\,\text{变化的百分比}}=\frac{\frac{\Delta Q}{Q}}{\frac{\Delta P}{P}}=\frac{P}{Q}\cdot\frac{\Delta Q}{\Delta P} \tag{2-1}$$

这里 Q 是需求量，ΔQ 代表需求变动的绝对量，$\Delta Q/Q$ 是需求变动的百分比，代表需求变动的相对量；P 是价格，ΔP 代表价格变动的绝对量，$\Delta P/P$ 是价格变动的百分比，也是相对量。

（二）弹性的非负性

由于价格 P 与需求量 Q 是反方向关系，按照上面计算 E_d 的公式，需求价格弹性为负值，即 $E_d<0$。例如，如果 $E_d=-5$，则意味着价格 P 百分比变化"一个点(1%)"，需求量 Q 百分比，朝相反的方向变化"五个点"(−5%)，尽管此时弹性为负值，实际需求量 Q 对价格 P 反映非常敏感，即弹性 E_d 很大。为了方便说明起见，我们需要对 E_d 取绝对值，保证需求弹性 E_d 的值为正数，便于比较不同物品需求弹性的大小。一句话，由于价格变动与需求量变动成反方向，一般取 E_d 的绝对值。

（三）点弹性计算

需求曲线上某点的弹性的计算方法是：当价格的变化量 ΔP 充分小时，看 ΔQ 相应如何调整，即 $\Delta P\to 0$ 时，求出 E_d 的极限。

$$E_d=\lim_{\Delta p\to 0}\frac{P}{Q}\cdot\frac{\Delta Q}{\Delta P}=\frac{P}{Q}\lim_{\Delta p\to 0}\frac{\Delta Q}{\Delta P}=\frac{P}{Q}\cdot\frac{\mathrm{d}Q}{\mathrm{d}P} \tag{2-2}$$

［例题 2-3］ 已知一需求函数为 $Q=200-20P$，求当价格 $P=2$ 时，需求价格弹性系数。

解：当 $P=2$ 时，$Q=200-20P=200-40=160$。

$E_d=\frac{P}{Q}\cdot\frac{\mathrm{d}Q}{\mathrm{d}P}=\frac{2}{160}\cdot(-20)=-0.25$，取绝对值，$E_d=0.25$。

（四）弧弹性的计算

在需求曲线：$Q=2400-400P$ 上有两点 $A(400,5)$、$B(800,4)$，如图 2-12：

如果是降价，价格 P 由 5 降到 4，点 A 滑动到点 B，$\Delta Q/Q=1$，$\Delta P/P=-0.2$，$E_d=5$。

如果是涨价，价格 P 由 4 涨到 5，点 B 滑动到点 A，$\Delta Q/Q=-0.5$，$\Delta P/P=0.25$，$E_d=2$。

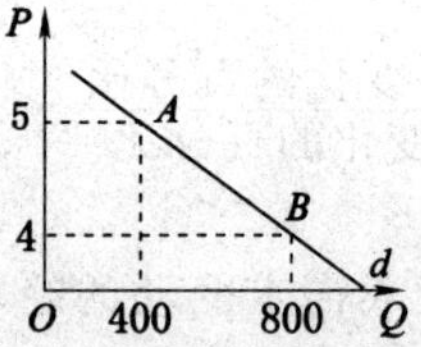

图 2-12　弧弹性计算

这时我们用原来计算价格弹性公式计算出的 E_d 结果不同。为什么两个点的位置没有变化，而计算的需求弹性不同？要解决这个问题，需要将原来计算需求弹性的公式进行改变。

我们将需求曲线上 A、B 两点之间平均弹性，称为弧弹性，计算方法如下：

如图 2-13，点 A、B 在需求曲线 d 上，两点的坐标是 $A(Q_1, P_1)$、$B(Q_2, P_2)$，令 $P=(P_1+P_2)/2$，$Q=(Q_1+Q_2)/2$，不管是涨价，还是降价，运用下面的弧弹性公式，可以计算出 A、B 两点之间的平均弹性 E_d 的大小。

$$E_d=\frac{P}{Q}\cdot\frac{\Delta Q}{\Delta P}=\frac{\frac{P_1+P_2}{2}}{\frac{Q_1+Q_2}{2}}\cdot\frac{\Delta Q}{\Delta P}=\frac{P_1+P_2}{Q_1+Q_2}\cdot\frac{\Delta Q}{\Delta P} \tag{2-3}$$

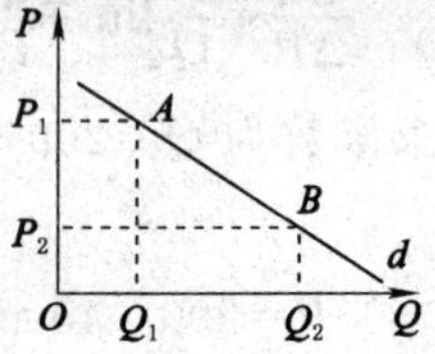

图 2-13　弧弹性计算公式

图 2-12 中，点 $A(400,5)$、$B(800,4)$ 的弧弹性是 $E_d=\frac{4+5}{800+400}\times(-400)=-3$，取绝对值后，弧弹性 $E_d=3$。

（五）需求弹性分类与影响需求弹性的因素

1. 需求弹性分类

取绝对值后，需求弹性 $E_d \geqslant 0$。① 如果某种物品的 $E_d = 0$，称该物品完全无弹性或没有弹性。例如，不管价格如何变化，我们对假冒伪劣品的需求弹性应该为零。② 如果某种物品的 $E_d = 1$，称物品的需求弹性为单位弹性。③ 如果某种物品的 $E_d > 1$，称该种物品富有弹性。一些奢侈品，如妆品、汽车、珠宝等，往往需求量 Q 变化对价格 P 的变化非常敏感，使得 $E_d > 1$。④ 如果某种物品的 $E_d < 1$，称该种物品缺乏弹性。如农产品、生活必需品的需求弹性往往小于1。⑤ 如果某种物品的 $E_d = \infty$ 时，称该种物品完全弹性或无限弹性。

值得指出的是，现实生活中，一种商品并不是在所有的价格区间上都富有弹性或缺乏弹性，许多商品在较高的价格区间上富有弹性，在较低的价格区间上缺乏弹性，有些商品却恰恰相反。那么需求弹性 E_d 的大小主要受哪些因素影响呢？

2. 影响需求弹性的主要因素

需求弹性是衡量需求量 Q 变动百分比对价格 P 变动百分比的反映程度，是对价格与需求量之间变化快慢的一种度量。如果价格 P 快速变化，引起需求量 Q 更加快速的变化，这种物品一般是富有弹性的。设想一位歌星来演出，由于票价高，你不打算去观看他的演出，但如果票价下降比较多，你很可能会观看他的演出。就是说，在降低价格时，需求量反应程度很大，该歌星"演出"这种产品此时富有弹性。一般来讲，物品的需求弹性往往取决于以下因素：

（1）个人偏好。如果对某种物品的个人偏好大，价格变动，会使消费者的需求量发生较大的变动。

（2）商品的替代程度。如果某物品的替代性强，价格的变化，会使消费者马上选择它的替代品，而使这种物品的需求量发生较大的变化。所以这种物品的需求弹性大。

（3）商品用途的广泛性。物品用途广泛，则其需求弹性大，例如，如果该物品要涨价，因为涉及各种用途，使这种物品的需求量发生巨大的变化。

（4）对消费者的生活重要程度。涉及消费者基本生活需要的物品，如粮食、饮用水等生活必需品，属于缺乏弹性的物品，其弹性小；涉及消费者的奢侈需要，或者高级一些需求的物品，弹性大一些。如像零食、化妆品这样的物品，一般是富有弹性的商品，其弹性较大。

(5) 商品的消费支出占消费者总预算支出的比例。显然某种商品的消费支出占消费者收入的比例越大，这种商品的弹性当然越大。

(六) 需求弹性与收益

用 TR 代表总收益，它是价格 P 与销售量 Q 的乘积。

$$TR=P\times Q$$

某种商品的价格变动时，由于不同商品的需求弹性不同，价格 P 变动引起销售量 Q 的变动不同，从而总收益 TR 的变动也不相同。如果知道某种商品的需求弹性，就可以根据弹性理论，通过调整价格增加收益。

(1) 当商品需求富有弹性时，提高价格可以减少该商品的收益，降低价格会增加该商品的收益。这时价格与收益异向变动。

[例题 2-4] 现在空调仍然是富有弹性的商品。假设空调的 $E_d=3$，当价格为 4000 元/台，销售量为 1000 台。如果空调的价格下降 10%，空调销售商的收益怎样变化?

这时总收益 $TR_1=P\times Q=4000\times 1000$ 元 $=4000000$ 元。现假定空调价格下降 10%，即价格从 4000 元下降为 3600 元时，由于 $E_d=3$，所以销售量增加 30%，即销售量上升为 1300 台，这时的总收益 $TR_2=P\times Q=3600\times 1300=4680000$(元)。

$TR_2-TR_1=4680000-4000000=680000$(元)。

这表明，每台洗衣机的价格虽然下降了，但总收益却增加了 680000 元。这就是厂商“走量”，进行“薄利多销”的原因，必须是该商品的需求富有弹性。

(2) 当需求缺乏弹性时，提高价格可以增加收益，降低价格会减少收益。这时价格与收益同向变动。

将上面的空调换成水面，因为水面是生活必需品，缺乏弹性。假定 $E_d=0.5$，其价格为 2.80 元/斤，销售量为 100 斤时，总收益 $TR_1=2.80\times 100=280$(元)。

如果水面价格下降 10%，即价格由 2.80 元/斤，下降为 2.52 元/斤。由于 $E_d=0.5$，则销售量由 100 斤上升为 105 斤，这时总收益 $TR_2=2.52\times 105=264.6$(元)。

$TR_2-TR_1=264.6-280=-15.4$(元)。

显然,上面的价格下降了,总收益并没有增加,反而减少了 2.52 元。其实,对于缺乏弹性的商品,要增加收益,应该提高价格。例如,如果将水面的价格提高 10%,即水面价格涨到 3.08/斤时,销售量当然会减少,因为 $E_d=0.5$,即销售量减少 5%,变成 95 斤,这时总收益 $TR_2=95\times3.08=292.6$(元)。

$TR_2-TR_1=292.6-280=12.6$(元)。

可见,涨价后,总收益反而增加了。

综合起来考虑,我们得到的结论是:缺乏弹性的商品,适当提高价格,总收益会增加;富有弹性的商品,适当降低价格,总收益会增加。

二、需求收入弹性、交叉弹性与供给弹性

(一) 需求收入弹性

需求收入弹性是表示,某商品需求量 Q 变动的百分比对消费者收入 Y 变动百分比的反映程度,用 E_m 表示。计算 E_m 的公式是:

$$E_m=\frac{\Delta Q/Q}{\Delta Y/Y}=\frac{Y}{Q}\cdot\frac{\Delta Q}{\Delta Y} \tag{2-4}$$

例如,如果有三种物品:大米、小商品市场上的旅游鞋、台湾水果。请你判断它们的收入弹性。大米是生活必需品,缺乏收入弹性;小商品市场出售的旅游鞋属于低档商品,随人们收入水平提高,会减少购买这种商品,即其收入弹性小于零;台湾水果一定程度上属于奢侈品,收入弹性较大,即富有收入弹性。

针对通常的商品而言,一般有以下结论:

(1) 正常商品的收入弹性 $E_m>0$。正常商品是随着人们收入水平的提高,对这种商品的需求量是不断增加的。这时 $\Delta Y/Y$ 与 $\Delta Q/Q$ 同向变化,即 $E_m>0$。

(2) 对于生活必需品而言,其收入弹性在 0 与 1 之间,即 $0<E_m<1$。

(3) 奢侈品的收入弹性大于 1,即 $E_m>1$。

(4) 低档商品的收入弹性小于 0,即 $E_m<0$。

(二) 需求交叉弹性

需求交叉弹性是指一种物品价格变动百分比对另一种物品需求量变动百分比的反映程度。用 X 与 Y 表示这两种物品,E_{XY} 表示 Y 物品对 X 物品的需求交叉弹性。

$$E_{XY}=\frac{Y\text{ 物品的需求量变动百分比}}{X\text{ 物品价格变动百分比}}=\frac{\Delta Q_Y/Q_Y}{\Delta P_X/P_X}$$

(1) 如果物品 X 与 Y 是相互替代关系，则 X 物品价格变动方向与 Y 物品需求的变动方向是同向的，其交叉弹性 $E_{XY}>0$，该弹性值越大，表示替代性越强；

(2) 如果物品 X 与 Y 是互补品，则交叉弹性 $E_{XY}<0$。

（三）供给价格弹性

供给价格弹性简称供给弹性。与需求弹性类似，供给弹性是指在一定时期内，商品的供给量 Q 变动的百分比对其价格 P 变动百分比反映程度，用 E_s 表示。

$$E_s=\frac{\text{供给量 }Q\text{ 变动的百分比}}{\text{价格 }P\text{ 变动的百分比}}=\frac{\Delta Q/Q}{\Delta P/P}$$

供给弹性的讨论与需求弹性类似。由于商品的供给量与价格是同方向变化的，所以供给弹性系数 E_s 为正值。不同商品有不同的供给弹性，即使同一商品，在不同的价格水平下其供给弹性也不同。① 如果 $E_s>1$，则称供给富有弹性；② 如果 $E_s=1$，则称供给单位弹性；③ 如果 $E_s<1$，则称供给缺乏弹性；④ 如果 $E_s=0$，则称供给完全缺乏弹性；⑤ 如果 E_s 趋于无穷大，则称供给弹性无穷大，或称供给完全富有弹性。

影响供给弹性的主要因素是：① 时间因素。当商品的价格发生变化时，厂商对产量的调整需要一定的时间。这是一个很重要的因素。② 厂商进入或退出某一行业的难易程度。③ 生产成本的变化、产品生产周期的长短也是影响供给弹性的重要因素。

思考与练习

一、选择题

1. 茶叶价格上升一般会导致(　　)。

A. 茶叶需求曲线右移

B. 茶叶互补品需求增加

C. 咖啡等茶叶替代品需求减少

D. 咖啡等茶叶替代品需求增加

2. 下列哪种情况不可能引起小麦的需求曲线移动(　　)。

A. 消费者收入增加

B. 小麦价格上升

C. 玉米供给量锐减

D. 玉米价格上升

3. 某商品价格下降导致其互补品的(　　)。

A. 需求曲线向左移动

B. 需求曲线向右移动

C. 供给曲线向右移动

D. 价格上升

4. 成功的商品宣传会(　　)。

A. 使该商品需求曲线左移

B. 使该商品需求量沿着需求曲线增加

C. 使该商品需求曲线右移

D. 使该商品需求量沿着需求曲线减少

5. 猪肉需求曲线左移的原因可能是(　　)。

A. 猪肉价格上涨

B. 猪肉预期价格上涨

C. 鸡蛋价格上涨

D. 鸡蛋预期价格上涨

6. 若商品价格不变,消费者收入的增加,将导致(　　)。

A. 需求的增加

B. 需求量的增加

C. 需求的减少

D. 需求量的减少

7. 若两种商品的需求交叉弹性小于零,则表明这两种商品是(　　)。

A. 替代商品

B. 补充商品

C. 既非替代又非补充

D. 正常商品

8. 如果甲产品价格下降引起乙产品需求曲线向左移动,那么(　　)。

A. 甲和乙产品是互替商品

B. 甲和乙产品是互补商品

C. 甲为低档商品，乙为高档商品

D. 甲为高档商品，乙为低档商品

9. 某类电影现行平均票价为 4 元，对该类电影需求的价格弹性为－1.5，经常出现许多观众买不起票的现象，这些观众大约占可买到票的观众的 15%，采取以下何种方法，可以使所有想看电影又能买得起票的观众都买到票？（　　）

A. 电影票降价 10%

B. 提价 15%

C. 提价 10%

D. 降价 15%

E. 以上方法都不行

二、判断题

1. 消费者实际收入增加，会带来商品需求的普遍上升。（　）

2. 消费者预期某商品的未来价格要下降，则会减少对该商品当前的需求。（　　）

3. 一般说来，生活必需品的需求价格弹性比奢侈品的需求价格弹性要小。（　　）

4. 当需求富有弹性时，降低价格可以增加利润。（　）

5. 为某商品做广告旨在使对该商品的需求沿着需求曲线向上移动。（　　）

6. 当某种商品的价格上升时，其互补商品的需求将上升。（　）

7. 如果两种商品的需求交叉弹性为负数，则这两种商品为替代品。（　　）

三、简答题

1. 人们对汽车的需求弹性受哪些因素的影响？

2. 饮料生产中，可以用砂糖和玉米糖浆达到同样的甜度。以前是用砂糖，但近年砂糖的价格上升，饮料生产转而使用玉米糖浆。用图形说明砂糖价格对玉米糖浆市场的影响。均衡价格和交易量会发生什么变化？

3. 为什么一些邪恶的东西如卖淫、吸毒难以根除？

4. 如果考虑提高生产者的收入，那么对农产品、电视机应该采取提价还是降价的办法？为什么？

5. 图 2-14 是啤酒市场的需求曲线和供给曲线。当以下情况发生时，说明啤酒的市场均衡价格 P_e 如何变化？

① 啤酒原料价格上涨。② 消费者收入普遍提高。③ 啤酒同行进行大规模的广告促销。④ 市场上流行喝啤酒。⑤ 凉夏。

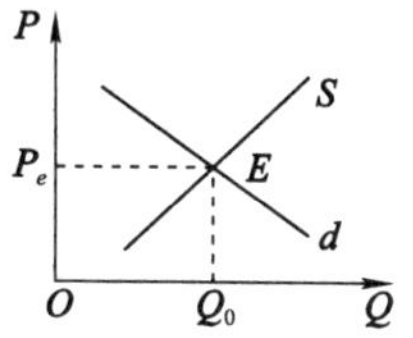

图 2-14　啤酒均衡价格变动

6. 分析汽油价格的上涨对汽车销售的影响。

7. 有人说，气候不好对农民不利，因为农业要歉收。但有人说，气候不好对农民有利，因为农业歉收以后谷物要涨价，收入会增加。对这两种议论你怎样评价？

四、计算题

1. 已知某一时期内某商品的需求函数为 $Q=50-5P$，供给函数为 $Q=5P-10$。求均衡价格 P 和均衡数量 Q，并作出几何图形。

2. 设汽油的需求价格弹性为 0.5，其价格现为每加仑 0.58 美元，试问汽油价格上涨多少才能使其消费量减少 10%？

3. 若某商品的价格变动 10%，其产量将变动 30%，求这种商品的供给弹性。

4. 某电脑公司生产的芯片的需求弹性为 −2，软盘驱动器的弹性为 −1，如果公司将两种产品都提价 2%，那么这些产品的销售将会怎样变化？

五、案例题

[案例 2-8]　弹性理论在航空公司的应用

弄清楚弹性，航空公司可以增加十亿美元的收入。因为他们可以采取向商务旅客要求尽可能高的票价，向休闲的旅客提供尽可能低价的座位，问题是需要区分不同顾客的不同弹性。

他们采取的做法是进行“价格歧视”。例如，如果你要出差，对不起，飞机票价较高，不会打折。但是，如果你是休闲旅游，告诉你可以拿到打折的机票，只不过是要求你提前预订。

问题：为什么航空公司对顾客实施价格歧视能够增加收益？

第三章 消费者行为理论

知识目标

1. 掌握效用、边际效用概念。
2. 理解掌握边际效用递减规律。
3. 明确什么是消费者的均衡。
4. 明确无差异曲线概念。
5. 理解商品的替代效应和收入效应。

技能要求

1. 运用效用与边际效用理论,解释生活中的经济现象。
2. 根据实际生活经验,体会在经济生活中运用等边际原则获得最优消费行为。
3. 探讨运用边际效用递减规律解决生活中的问题,如节约用水、用电等。
4. 引导学生思考厂商应该怎样追求“厂商的效用”最大化。

解析与导读

1. 本章学习的线索是:“效用—等边际原则—消费者均衡”。

通过说明什么是效用,效用如何用大小(基数)衡量,引出经济学中重要的概念——边际效用。用生活中遇到的实际问题,说明什么是边际效用递减规律,以及如何抵消边际效用递减规律对实际生活的负影响,优化生活中消费行为,这样自然引出消费者均衡概念。

2. 接下来要达到消费者均衡,就要根据一定的原则——等边际原则,来判断是否达到消费者均衡,这个“原则”的应用十分重要,教材中用胡厂长以“等边际原则”为指导,取得了当时条件下的“最优”考核成绩,提高了管理水平。

3. 尝试对等边际原则给出解释说明与证明是本章学习中的一个难点,

关键在于对边际效用及边际效用递减规律的理解与运用;运用等边际原则,可以优化消费行为,当然可以推理,如何运用等边际原则指导生产中的"消费"行为,即厂商如何追求最多利润。

4. 从效用序数论入手,将用无差异曲线表示消费行为,用数量从直观上反映了个体的消费行为。通过无差异曲线,运用边际效用有关理论,将边际替代率、切线、斜率等概念联系起来,同样论证了等边际原则的正确性。

导入案例

为什么煮水面比番茄鸡蛋面便宜

一家三口的晚饭是准备煮番茄鸡蛋面。他们须买一斤番茄,两个鸡蛋和八两水面。番茄 3.5 元/斤,鸡蛋 10 元/斤(一斤平均 8 个鸡蛋),水面 2.8 元/斤。八两水面 2.24 元,番茄 3.5 元,鸡蛋 2.5 元。一共约花 8.24 元。晚饭只吃一斤番茄和两个鸡蛋显然吃不饱,而只煮八两水面可以饱腹,显然水面比番茄和鸡蛋更有效用。为什么"非常有用的东西"(如水面)比"不太有用的东西"(如番茄鸡蛋)便宜得多呢?

人的消费行为产生是有原因的,因为这种物品能够满足人的欲望,人们总是希望能够得到最好的满足。从生活中的经验看,这种满足程度有时是按大小来区分的,有时是按照人的偏好划分的。因此,至少存在两个主要问题:用什么衡量这种满足的程度?怎样才能够使人的消费行为最优。

第一节　消费者效用理论概述

效用,是指一个人消费某种物品或劳务中得到的满足程度。如何衡量效用呢?

[案例 3-1]　青草、鱼和桃子

兔子和猫争论一个问题:世界上什么东西最好吃。兔子说:"最好吃的东西就是青草,那清香味儿,远胜过萝卜。特别是春天的青草,吃起来甜滋滋的"。

猫不同意,说:"我认为没有比鱼更好吃的东西了。你想想,那鲜嫩的肉,嚼起来可口,只有最幸福的动物,才懂得鱼是世界上的好东西。"

他们都坚持自己的意见，争了好久，得不到解决，只好去找猴子评理。

猴子说："你们都是傻瓜，我告诉你们，世界上最好吃的东西是桃子。那个甜蜜味儿，谁吃了谁都会高兴得唱歌！"

（资料来源　http://www.mofangge.com/html）

案例 3-1 提出了一个问题，效用既然反映的是一种满足程度，那么应该用什么来衡量呢？

人们对某种物品的消费是按照自己满足程度来衡量的，认为某种物品比另外的物品满足欲望的程度好一些，可以有两种度量的依据：一是，按照大小衡量，例如认为蛋糕比馒头好吃，即认为蛋糕的效用比馒头的效用大；二是，按照顺序衡量，例如，有人吃辣椒过敏，根本不吃辣椒，而喜欢吃甜椒，那不能说甜椒效用大，因为辣椒对他讲，根本无效用。就是说，人们衡量自身消费满足程度时，是按照偏好对这些物品进行排序的。

一、效用的度量

（一）效用基数论

效用基数论认为，效用是可以加总的，即效用的大小可以 1、2 等基数来表示。例如，人口渴时，感觉第一口水比第二口的解渴一些，认为第一口水的效用要大一些。

（二）效用序数论

效用的序数论是说，效用是一种心理现象，不能用大小衡量，只能用顺序和高低来表示。如第一、第二、第三反映一种偏好。

例如，野外生存训练中，"指南针、饮用水、食品"这三样物品都非常有用。不能认为指南针比饮用水、食品效用大。但是，不同的探险环境中，训练者会对指南针、水、食品进行偏好排序，渴的时候，认为饮用水最重要；饿的时候，食品最重要；迷路时，或者需要辨别方向时，可能觉得指南针最有用。

二、边际效用分析

从效用基数论出发，引出总效用与边际效用概念，可以解释生活中许多现象。边际效用概念也是经济学最重要、最基础的概念之一。

（一）总效用（Total Utility）

总效用是一个人消费某种物品或劳务，从中得到满足程度的总和，用 TU 表示，简称效用。但这个 TU 不是"从天上掉下来的"，是人在每一次消费中累积起来的。以面包为例，我们当然关心总的吃了几个，好不好吃，花多少钱，即我们关心“总效用 TU”，说明我们总是用效用基数论来衡量消费某种物品时，我们得到的总的满足程度。但我们应该更关心“每一次消费”，即更关心每一个、每一口面包是否可口。这“每一个、每一口面包”，实际上就是我们消费面包时的边际效用。

（二）边际效用（Marginal Utility）

边际效用是指，某种物品消费量增加一个单位所引起的总效用变化量，用 MU 表示。

经济学中，这个“边际”概念非常重要，边际分析方法是经济学的一个基本分析方法。假定消费面包的数量是 X，将总效用 TU 与边际效用 MU 分别用函数形式表示：

$TU=U(X)$，X 表示自变量，X 的函数是 $U(X)$；

$MU=\dfrac{\Delta TU}{\Delta X}$，表示“增加一个面包消费时，增加的总效用”，一般称为“增加单位数量引起总效用的变化”。

通过表 3-1，观察随面包消费数量 X 的变化，总效用 TU 和边际效用 MU 的变化情况。

表 3-1　　某人消费面包情况

消费数量 X	0	1	2	3	4	5	6	7	8	9
总效用 TU	0	15	25	28	30	31	31	29	20	6
边际效用 MU		15	10	3	2	1	0	−1	−9	…

将表 3-1 中数据表示在坐标平面上，说明 TU 与 MU 如何变化及两者的关系。如图 3-1，这里横轴表示物品数量 X，纵轴表示总效用 TU，边际效用 MU。研究 TU 与 MU 的变化，可以发现：

在 $MU=\dfrac{\Delta TU}{\Delta X}$中，当 $\Delta X\to 0$ 时，$MU=\lim\limits_{\Delta X\to 0}\dfrac{\Delta TU}{\Delta X}=\dfrac{\mathrm{d}TU}{\mathrm{d}X}$

观察图 3-1 与表 3-1，可以看出 TU 与 MU 的关系包括：

(1) 总效用先快速增加，然后缓慢增加，达到最大后开始下降。

(2) 随着消费量增加，边际效用不断减少。边际效用为正，总效用增加；边际效用为负，总效用减少。

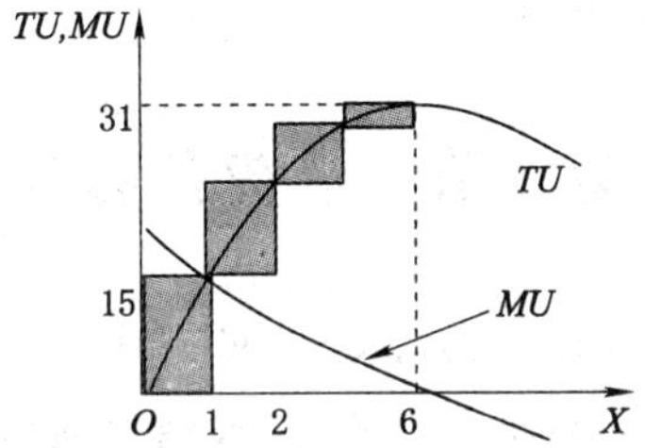

图 3-1　总效用与边际效用

(3) 当 $MU>0$ 时，MU 较大，TU 增加得快一些；当 MU 较小，TU 增加得慢一些。当边际效用 $MU=0$，总效用 TU 达到最大。

可以看出，我们消费面包获得的总效用 TU，是所有面包边际效用 MU 累积起来的。

(三) 边际效用递减规律

为什么总效用曲线呈倒"U"形？根本原因是边际效用在整个消费过程中是递减的。

在消费初期，边际效用贡献较大，例如，小孩子玩积木，开始兴趣大，就是玩积木的边际效用大，不愿意停下来，他的总效用也快速增加；随着他的"消费"持续，会感到玩积木有些"腻了"，实际是他的边际效用递减；当边际效用为零时，即一点也不想玩时，整个玩积木游戏"到此结束"，他的总效用这时达到最大；如果继续要求小孩子"玩"，他会"抵制"或"不愿意"，即他的边际效用为负，积木会被"玩得"到处都是，甚至被损坏。这反映了人在消费过程中的一种普遍规律，称为边际效用递减规律，其内容是：

在一定时间内，在其他商品消费数量不变的条件下，随着消费者对某种物品消费数量的增加，消费者每增加一消费单位中所增加的效用(即边际效用)是逐步递减的。

边际效用递减规律体现在人们生活与工作中，我们要正确认识和利用这个规律，理性消费，善于控制和调节消费数量，优化消费行为。例如，要合理安排加班工作，不能长时间或超期加班，因为人的精力是有限的，边际效用递减规律的作用，不仅必然影响工作质量的保证，而且还可能导致生产事故的发生。

边际效用递减规律也存在许多反例，例如，人的一些兴趣爱好、人与人之间的关爱往往是随“消费”持续递增的。

第二节　消费者均衡

衡量面包的总效用 TU 与边际效用 MU 时，其实消费者也关心自己花多少钱。因为消费者收入总是一定的，花钱消费面包，当然要求获得最大的效用 TU，如果达到这种要求，称为消费者均衡。

所谓消费者均衡，是指在一定收入和价格下，消费者购买一定数量的商品所得到的最大效用状态。

[案例 3-2]　李明是否达到最满意的消费

夏季炎热，李明打算花 100 元买西瓜和凉茶。西瓜、凉茶的价格分别是 2 元/斤、3 元/听。怎样才能判断李明是否达到最满意的消费，即达到消费者均衡呢？

西瓜与凉茶的边际效用分别是 $MU_{西}$ 与 $MU_{凉}$，价格分别是 $P_{西}=2$ 元/斤，$P_{凉}=3$ 元/听。李明达到消费者均衡时，可以比较李明每一元钱上西瓜与凉茶的边际效用：

西瓜每一块钱上的边际效用是 $\frac{MU_{西}}{2}$，凉茶每一块钱上的边际效用是 $\frac{MU_{凉}}{3}$。这时有两种情况：两者相等与两者不相等。如果两者不相等，例如 $\frac{MU_{西}}{2}>\frac{MU_{凉}}{3}$，此时李明认为西瓜在一块钱上的边际效用比凉茶大，即认为西瓜比凉茶更解暑、满足度更高，他当然多吃西瓜。即李明达到消费者均衡时，会调整西瓜与凉茶的购买数量，多买西瓜，少买凉茶。随着西瓜数量增加(西瓜的边际效用递减)，买凉茶的钱少了，凉茶购买数量必然减少(凉茶的边际效用递增)，即 $MU_{西}$ 递减，$MU_{凉}$ 递增，于是 $\frac{MU_{西}}{2}$ 与 $\frac{MU_{凉}}{3}$ 这两者越来越接近。只有当两者相等的时候，李明才不会调整西瓜与凉茶的购买数量，即此时李明达到最大满意状态——消费者均衡。

对一般物品而言，假定物品 1、物品 2 的价格分别是 P_1、P_2，消费者花费一定的收入 M 购买这两种物品，数量分别为 x、y，即 $xP_1+yP_2=M$，物品 1

与物品 2 每一块钱的边际效用分别是：$\frac{MU_1}{P_1}$与$\frac{MU_2}{P_2}$，根据上面的讨论知道：当$\frac{MU_1}{P_1}=\frac{MU_2}{P_2}$时，达到消费者均衡，此时，其总效用函数 $TU(x,y)$达到最大值。我们称这个结论为效用的等边际原则。

令$\frac{MU_1}{P_1}=\frac{MU_2}{P_2}=\lambda$，可以看出，这个比值 λ 就是一元钱的效用，即如果未发生通货膨胀，一元钱的效用就是比值 λ。

将上面的结论推广到购买 n 种物品。假设物品 1，物品 2，…，物品 n 的价格分别是 $P_1,P_2,\cdots,P_n$，消费者花费一定的收入 M 购买这 n 种物品的数量分别是：$x_1,x_2,\cdots,x_n$，边际效用分别是 $MU_1,MU_2,\cdots,MU_n$，这时：$x_1P_1+x_2P_2+\cdots+x_nP_n=M$。

当满足$\frac{MU_1}{P_1}=\frac{MU_2}{P_2}=\cdots=\frac{MU_n}{P_n}$时，消费者均衡。就是说，当消费者购买多种物品，只有每种物品在一元钱上的边际效用都相等时，或者每种物品与最后一元钱上的效用相等时，则该消费者达到最佳消费状态。

[例题 3-1]　李明花 120 元购买物品 1 和物品 2，他的总效用函数为 $TU=xy$，物品 1、物品 2 的价格分别是 2 元、3 元。请指出李明的最佳消费组合点。

解：$M=120$，$P_1=2$，$P_2=3$，假定李明的最佳消费组合点是(x,y)。

显然，由 $xP+yP=M$，知道：

$$2x+3y=120 \tag{3-1}$$

$MU_1=\frac{\partial TU}{\partial x}=y$，$MU_2=\frac{\partial TU}{\partial y}=x$，李明在最佳消费组合点处消费者均衡，即：

$$\frac{MU_1}{P_1}=\frac{MU_2}{P_2}$$

即：

$$\frac{y}{2}=\frac{x}{3} \tag{3-2}$$

联合式(3-1)、式(3-2)组成方程组，解出：$x=30$，$y=20$，即李明的最佳消费组合是购买 30 单位的物品 1 和 20 单位的物品 2。

第三节　消费者行为理论在实际中的运用

一、了解消费者剩余

消费者剩余是指消费者在购买一定数量的某种商品时，愿意支付的总价格和实际支付的总价格之间的差额。P_0是消费者实际支付的价格；需求曲线上各点反映了消费者购买不同数量商品，愿意支付的价格 P；P_0与 P 之间的差额，即图 3-2 中的阴影部分面积，就是消费者剩余。

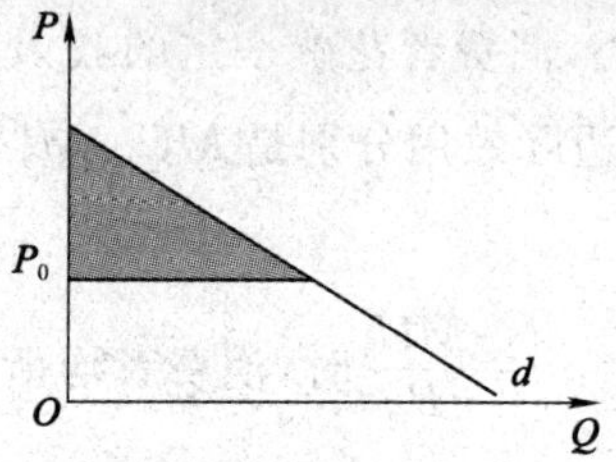

图 3-2　消费者剩余

消费者愿意支付的价格 P 是自己对商品效用大小的主观判断，随着购买商品数量增加，其边际效用递减，他是按照最后一个单位商品的效用来支付货币，这样消费者便从每个商品的购买中获得消费者剩余。

例如，表 3-2 是消费者购买苹果的情况，以此说明消费者剩余是多少。

表 3-2　　消费者购买苹果消费情况

愿意支付的价格 P(元/斤)	消费数量(斤)	实际支付价格 P_0(元/斤)	消费者剩余
8	2	5	3
7	3	5	2
6	4	5	1
5	5	5	0
合　计			6

值得说明的是，消费者剩余是消费者的一种心理感受，并非得到某种货币收入。

二、推导出需求曲线

消费者在消费过程中总是追求最佳状态。例如，需求曲线揭示的是，商品价格下降，消费者增加购买数量。根据效用基数论，商品的边际效用大，消费者愿意付出的价格就高。商品的价格取决于商品的边际效用。

因此，根据边际效用递减规律，某种商品消费数量增加，其边际效用递减，即 $Q\nearrow \Rightarrow MU\searrow$，商品的边际效用 MU 与价格 P 是同向变动，即 $MU\searrow \Rightarrow P\searrow$。

所以 $Q\nearrow \Rightarrow P\searrow$，即商品消费数量增加，必然引起价格下降。需求曲线是向右下方倾斜的。

同理可以推出，商品的需求量下降，其价格上升。

三、正确认识和运用边际效用递减规律

1. 认识边际效用递减规律的客观性

边际效用递减规律是人们生活中的普遍规律。日常生活中，消费者要理性消费，正确控制消费数量，不能一味的靠增加消费数量来增加总效用，要正确认识到边际效用递减规律，追求消费者均衡。

2. 积极创新，增加物品的边际效用，以提高物品的总效用

正确控制消费数量的同时，要进行产品创新，增加产品的新功能、新用途、多规格与多品种等措施，延缓甚至抵消边际效用递减。

[案例 3-3]　怎样节约用自来水

居民生活用水包括纯居民生活用水、各类学校教学用水、民政福利院和敬老院用水。江苏张市，自来水的价格由现行价 2.35 元/吨调至 2.60 元/吨；非居民生活用水包括工业、商业、服务业、医疗业、行政事业单位和部队等用水，价格由现行价 2.55 元/吨涨至 3.10 元/吨；特种用水包括洗浴、洗车、建筑业、啤酒饮料纯净水生产等用水，价格由现行价 4.07 元/吨上涨至 4.50 元/吨。

问题：讨论节约用水应采取哪些措施?

分析：自然界水非常多，水的边际效用很小。人们在生活中要消费大量的水。根据边际效用递减规律，节约用水，可从两个途径入手：

(1) 以增加水的边际效用来节约用水。有人不爱惜，甚至浪费水是因为水的边际效用小。治理的办法是：

① 进行节约用水宣传与教育，使人们认识到我们拥有的水资源实际上

十分匮乏，几乎世界上每一个地区都存在用水危机，要节约用水。

② 提高水的价格，水的边际效用马上增大，该办法效果最有效，但负面影响明显。

③ 用提高水的重复利用率，增加水的边际效用。如淘米的水，洗碗、洗肉，然后浇花等。

(2) 直接控制用水数量。例如，使用先进的节水设施设备；实行用水配给制（定量或定时供水等）；根据家庭人口数量，规定基本用水量，超出该量，实行阶梯水价等措施。

第四节　无差异曲线理论

根据效用基数论，我们用效用和边际效用概念，说明了何时达到消费者均衡。但是生活中一个实际的现象是，许多物品的效用无法用大小衡量，但我们能否在消费过程中找到最佳满足状态呢？

效用的序数论，说明物品或者物品的组合，即使效用相同，我们也有不同的偏好。

一、消费者偏好的三个基本假定

(一) 偏好的完全性

作为一名消费者，总会对商品或者商品组合做出自己的判断，要么 $A>B$，要么 $B>A$，要么 $B=A$，这三者只能选其中的一个。这保证了商品之间的可比性。

(二) 偏好的可传递性

对于三个商品组合 A、B、C，如果 $A>B$，$B>C$，那么我们就可以知道 $A>C$。

(三) 偏好的非饱和性

如果两个商品组合的区别仅在于其中一种商品上的数量不同，那么消费者总是偏好于含有这种商品数量较多的那个商品组合。多多益善！

消费者偏好假设，说明了人们消费过程中的普遍特性。但具体的人消费是不同的，描述这种“不同”，解释人的消费规律就十分重要。

二、无差异曲线的概念与特点

(一) 无差异曲线的概念

无差异曲线是指，其上各点对应的物品数量组合不同，但给消费者来的满足程度相同。或者说，无差异曲线就是能使消费者得到同等满足程度的两种商品各种点的组合。

[案例 3-4] 李明宴请朋友时，常喝一些葡萄酒和白酒。葡萄酒多饮一点的话，白酒就喝得少；白酒多饮一点，葡萄酒就喝得少。有时候两种酒都喝。他认为自己并不嗜酒，每次喝酒的时候自己的感受差不多。

如图 3-3 所示，李明喝酒的状况可以用无差异曲线 I_1 来说明。a、b、c 三点表示李明饮酒的不同状况，曲线 I_1 表示李明饮用葡萄酒与白酒过程中获得的效用。例如，a 表示葡萄酒多饮一点的话，白酒就喝得少，c 点表示葡萄酒喝得比白酒少。a，b，c 三点虽然坐标不同（消费组合不同），但三点在同一条无差异曲线上，效用相同。每个人都有自己的消费感受，即每个人的无差异曲线各不相同，说明平面上有无数条无差异曲线。

用曲线 I_1 表示低档酒，曲线 I_2、I_3 位置较高一些，表示中档、高档酒。就是说，无差异曲线位置越高，表示的效用水平越高。

没有两条不同的无差异曲线相交。因为如果相交的话，说明两个人有相同的消费组合，必然效用相同，这就相互矛盾。

葡萄酒与白酒有一定的替代性。花费一定的话，饮葡萄酒多，就意味着白酒要少饮，即无差异曲线向右下方倾斜。从原点看，无差异曲线是凸向原点的。

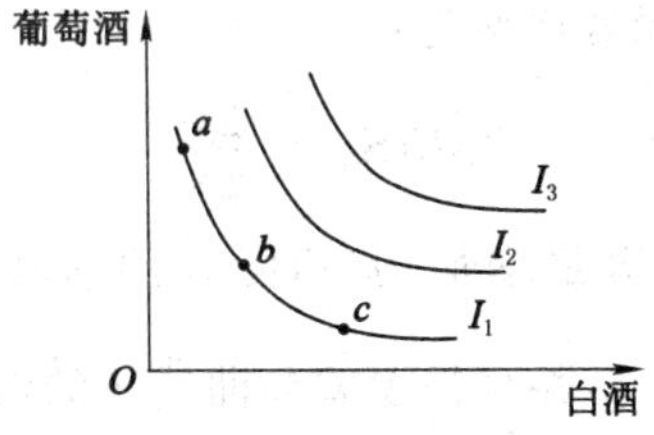

图 3-3　无差异曲线

（二）无差异曲线的特点

总结以上葡萄酒与白酒的消费，无差异曲线的特点是：

(1) 离原点越远，满足程度越高；从图形上看，离原点越远，纵坐标和横坐标的数值就越大。实际中经济学给出的解释是，由于消费者偏好的非饱和性，如果商品的数量大，消费者当然是尽量如此选择。

(2) 不相交,即不同无差异曲线不相交。

(3) 无差异曲线向右下方倾斜,斜率是负数。

(4) 无差异曲线凸向原点。

三、边际替代率与边际替代率递减规律

(一) 边际替代率概念

如图 3-4,无差异曲线 I 的每一点效用相同,A、B 是无差异曲线 I 上两点。从点 A 变化到点 B,X 商品数量增加 Δx,替代 Y 商品数量减少 Δy,即 X 商品的增加代替了 Y 商品的数量的减少。

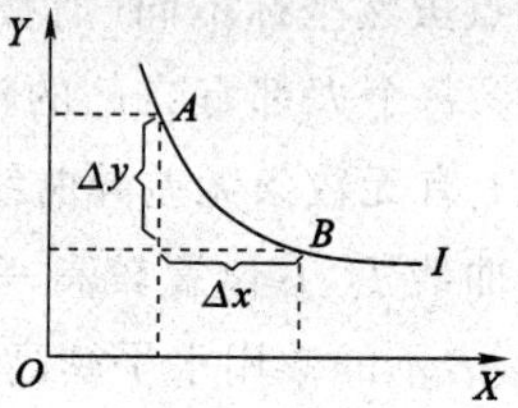

图 3-4 边际替代率

在保持消费者的效用不变的前提下,X 商品每增加一个单位数量时,所放弃 Y 商品的数量,称 X 对 Y 的边际替代率,记为 MRS_{XY}(Marginal Rate of Substitution)。

显然,X 对 Y 的边际替代率为:

$$MRS_{XY}=\frac{\Delta y}{\Delta x}$$

随着消费商品 X 的数量增加,其边际效用递减,Y 的消费数量减少,Y 的边际效用上升。$\frac{\Delta y}{\Delta x}<0$,并且是无差异曲线 I 的斜率。

(二) 边际替代率递减规律

在保持消费者效用不变前提下,一种商品的消费数量每增加一个单位,替代的另一种商品的消费数量是递减的。这就是边际替代率递减规律。

这个规律从数量相互关系说明对两种商品的消费规律。与边际效用递减规律比较,边际替代率递减规律实际上是从不同层面说明消费行为中的普遍规律。

四、无差异曲线的形状

图3-5列出了三种不同的无差异曲线形状。在图3-5(a)中是完全替代，MRS是常数，如大面包与小面包；在图3-5(b)中是不完全替代，MRS是变量，如空调与电风扇；在图3-5(c)中是完全不替代，$MRS=0$或∞，如左脚鞋与右脚鞋。

(1) 两种物品完全代替。如大面包与小面包是完全代替的。假设一个大面包抵六个小面包，直线I_1上所有点，都表示与一个大面包效用相等时所有消费组合。例如，直线的中点是半个大面包与三个小面包的消费组合，这与吃一个大面包或者六个小面包效用是相同的。

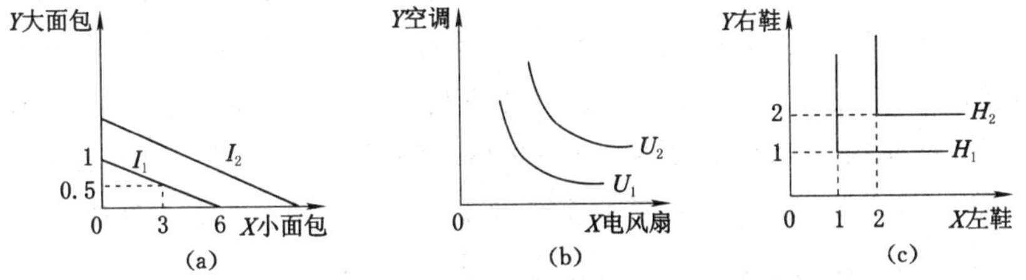

图3-5　无差异曲线形状

(2) 两种商品完全互补，如完全一样的左右鞋，构成一双鞋。折线H_1表示一双鞋的效用，折线H_2表示两双鞋的效用。

(3) 两种商品既不是完全替代，也非完全互补，如汽油与柴油、苹果与面包等商品。无差异曲线的形状应该是介于直线与折线之间的曲线，如无差异曲线U_1、U_2。

第五节　消费可能线

消费受到预算的约束，假定收入为M，购买X、Y两种商品，P_X、P_Y是X、Y的价格。

一、消费可能线

消费可能线，也称消费者预算约束线或等支出线。消费可能线是在消费者收入和商品价格既定的条件下，消费者所能购买的商品数量的最大组合。以X、Y两种商品为例来说明(图3-6)。

消费可能线 $L: XP_X + YP_Y = M$(M 是常数)。

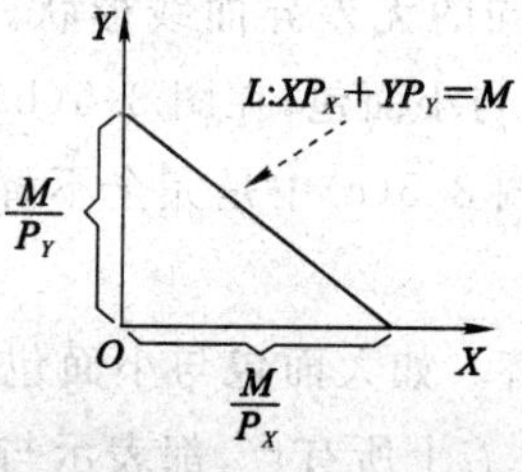

图 3-6 消费可能线

考察消费可能线 L 的方程。直线 L 上所有点满足:$XP_X + YP_Y = M$,表示收入 M 全部花掉,用来购买商品 X、Y,并且是表示购买商品 X、Y 的各种最大各种组合。直线 L 下面的各点坐标满足:$XP_X + YP_Y < M$,表示收入 M 没有花完,不是这种"最大组合";直线 L 上面的各点满足:$XP_X + YP_Y > M$,表示这时购买商品 X、Y 的话,收入 M 是不够的,即此时超出了消费者收入能力。

将消费可能线方程改写成截距式:$\frac{X}{\left(\frac{M}{P_X}\right)} + \frac{Y}{\left(\frac{M}{P_Y}\right)} = 1$,可以看出:

(1) 如果商品的价格 P_X、P_Y 不变,则 X、Y 轴上的截距随收入 M 等比例的变化。如图 3-7 中,图形上表现为 L 平行移动:收入 M 增加,直线 L 向上平行移动为 L_2;收入 M 减少,直线 L 向下平行移动为 L_1。

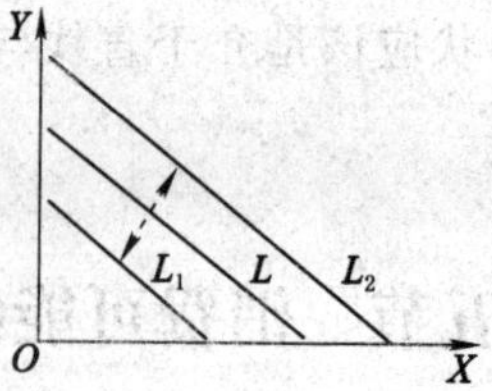

图 3-7 消费可能线变动(1)

(2) 如果收入 M 与商品 Y 的价格 P_Y 不变,消费可能线在 Y 轴上截距 M/P_Y 不变,这时 X 轴上截距 M/P_X 变化。例如,图 3-8 中,表示商品 X 价格上升,截距 M/P_X 减少,如点 a 的情况。当然,如果商品 X 价格下降,点 a 就沿横轴移动到点 b 的右边。

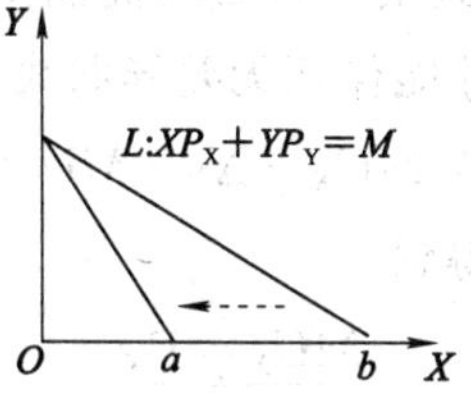

图 3-8　消费可能线变动(2)

(3) 如果收入 M 与商品 X 的价格不变,消费可能线在 X 轴上截距 M/P_X不变,则在 Y 轴上截距 M/P_Y变化。结论与图 3-8 类似(只不过点 a、b 是在 Y 轴上移动)。

二、消费者均衡的条件

每一个消费者在一定的收入水平下,有不同效用的无差异曲线,该曲线与消费可能线的位置关系有三种情况:相切、相离与相交。(如图 3-9)

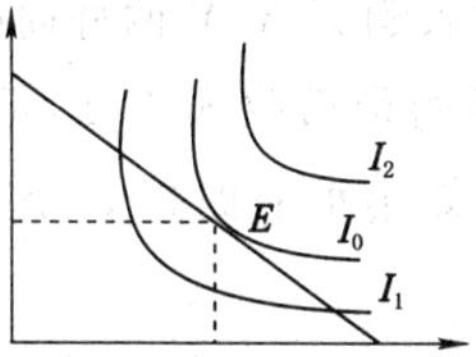

图 3-9　消费者均衡

显然,无差异曲线 I_2的效用水平最高,但与消费可能线 L 相离,说明以目前收入无法满足这样的消费;无差异曲线 I_1与消费可能线 L 相交,但除了两个交点在 L 上,其他各消费组合点都无法实现目前收入预算(要么收入 M 不够花,要么花不掉);无差异曲线 I_0与消费可能线 L 相切,切点 E 处的商品数量组合满足目前消费水平,效用水平最高。是否切点 E 处,消费者均衡呢?

可以看出,切点 E 处,消费可能线 L 为无差异曲线 I_0的切线,L 的斜率为 P_Y/P_X,就是无差异曲线 I_0边际替代率 $MRS_{XY}=\frac{\Delta y}{\Delta x}$的相反数,即:

$$-\frac{\Delta y}{\Delta x}=\frac{P_Y}{P_X} \tag{3-3}$$

另一方面看，商品 X 的数量增加 Δx，商品 Y 的数量减少 Δy，相应增减的效用应该相互抵消，这样才能保证无差异曲线上各点的效用不变。即：

$$\Delta x \times MU_X + \Delta y \times MU_Y = 0 \tag{3-4}$$

比较(3-3)、(3-4)两式得到：

$$\frac{MU_X}{MU_Y} = \frac{P_X}{P_Y}$$

即：

$$\frac{MU_X}{P_X} = \frac{MU_Y}{P_Y}$$

显然，这个结论与效用基数论中，判断消费者均衡的等边际原则是一致的。

第六节　收入效应与替代效应

假定消费者用一定的收入购买 X、Y 两种商品。如果一种商品（如 X 商品）的价格下降，虽然消费者的货币收入不变，但他用一定的收入买了更多的商品，实际购买力增强了，效用水平提高了，这是收入提高带来的，称为收入效应。

另一方面，相对于价格没有变化的商品（如 Y 商品）而言，降价商品需求量增加，这时消费者少买了价格未变化的 Y 商品，效用仍然是原来水平，并没有考虑到收入有变化。即效用维持不变，只不过多买 X 商品而已，代价是 Y 商品少买了。这时消费者效用不变，商品价格变动，带来需求量变动，称替代效应。

综合起来说，商品价格变动引起商品需求量变动的总效应，是收入效应和替代效应的总和，即：

总效应＝收入效应＋替代效应

为什么有些商品降价我们多买，有些商品降价我们并不理会，关键在于收入效应与替代效应的关系。

如果是奢侈品降价，收入效应与替代效为正，而且收入效应比替代效大，所以消费者往往增加奢侈品购买数量，这样效用水平提高了。

如果是生活必需品，或者低档品降价情况相反，我们一般不会因为生活必需品降价了，就买好多，即这种生活必需品的替代效应小。例如上一章中提到的吉芬商品，为什么涨价时吉芬商品的需求量增加，其原因就是收入效应增加了，而且比替代效应大。

第七节 恩格尔定律和恩格尔系数

［**案例 3-5**］ 我国恩格尔系数的变化

恩格尔系数 60%以上为贫穷，60%～50%为温饱，50%～30%为小康，30%以下是富裕。当前世界上的发展中国家，其恩格尔系数在 0.5 以上，而发达国家的恩格尔系数大多在 0.2 左右。

我国城市居民的恩格尔系数由 1978 年的 57%下降到 2000 年的 39.4%，到了 2001 年下降为 37.9%，到了 2002 年下降到 37.7%，预计到 2020 年，我国城市居民的恩格尔将下降到 30%以下。

农村居民的恩格尔系数由 1980 年的 61.8%下降到 2000 年的 49.1%，到了 2001 年降至 47.7%，到了 2002 年下降到 46.2%，年均下降 0.6 个百分点左右，预计 2020 年农村恩格尔系数将下降到 40%以下。

恩格尔根据统计资料分析人们的收入水平与其消费结构，发现收入水平越低的家庭用于购买食品的支出占全部消费支出的比例就越大，随着人们收入水平的提高，人们用于食品的支出在全部消费支出中的比例会逐步下降，这种情况就被称之为恩格尔定律。

用于购买食品的支出占全部消费支出的比例被称之为恩格尔系数。

$$\text{恩格尔系数}=\frac{\text{用于食品的支出}}{\text{全部消费支出}}$$

我们可以根据恩格尔系数来判断一个国家的贫富。一般来说，恩格尔系数高的家庭或国家相对比较贫穷。

思考与练习

一、选择题

1. 已知消费者的收入是 100 元，商品 X 的价格是 10 元，商品 Y 的价格是 3 元，假定他打算购买 7 单位 X，10 单位 Y，这时商品 X 和 Y 的边际效用是 50 和 18,如要获得最大效用,他应该(　　)。

A. 停止购买

B. 增加 X,减少 Y

C. 增加 Y,减少 X

D. 同时增购 X,Y

2. 预算线的位置和斜率取决于(　　)。

A. 消费者的收入水平

B. 消费者的收入和商品价格

C. 消费者偏好

D. 消费者的偏好、收入和商品价格

3. 随着收入和价格的变化,消费者的均衡也发生变化,假如在新均衡下,各种商品的边际效用均低于原均衡状态的边际效用。这意味着(　　)。

A. 消费者生活状况有了改善

B. 消费者生活状况恶化了

C. 消费者生活状况没有变化

D. 无法判断

4. 若 $MRS=0$,则无差异曲线的形状为(　　)。

A. 平行于横轴的直线

B. 平行于纵轴的直线

C. 直角线

D. 单元弹性为零的曲线

5. 若需求函数为 $Q=400-2P$,当价格为 150 美元时的消费者剩余是(　　)。

A. 2500 单位

B. 5000 单位

C. 7500 单位

D. 17500 单位

6. 消费者行为的"均衡状态"可表述为:(　　)。

A. 在该状态下,价格既定,消费者为了达到更高的满足水平需要更多的收入

B. 消费者实际上总是处于该状态下

C. 如果消费者有足够的收入，会希望调整到这种状态

D. 在该状态下，消费者不愿意拥有更多的任何商品

7. 消费者剩余的概念反映这样的事实：(　　)。

A. 在某些购买量下，消费者从购买中所获利益超过生产者从销售中所得到的利益

B. 对消费者来讲，许多商品的购买非常便宜，如果必要的话，为得到这些商品，他们愿意支付的价格远远大于他们实际支付的价格

C. 当消费者收入增加或者他们必须支付的该商品价格下降时，总效用增加

D. 当需求价格弹性缺乏时，较少的货币支出可使消费者获得更多的商品

8. 如果消费者消费的 X、Y 商品的价格之比是 1.25，它们的边际效用之比是 2，为达到最大效用，消费者应(　　)。

A. 增加购买 X 和减少购买 Y

B. 增加购买 Y 和减少购买 X

C. 同时增加购买 X 和 Y

D. 同时减少购买 X 和 Y

9. 无差异曲线上的任意一点的商品 X 和商品 Y 的边际替代率等于它们的(　　)。

A. 价格之比

B. 数量之比

C. 边际效用之比

D. 边际成本之比

10. 无差异曲线为一条斜率为负的直线，这表示两种商品是(　　)。

A. 以固定比例替代的

B. 完全替代的

C. 互补的

D. 互不相关的

11. 造成一般劣质商品的需求量与价格成反向关系的原因是(　　)。

A. 替代效应大于收入效应

B. 替代效应等于收入效应

C. 替代效应与收入效应的同向变动

D. 价格效应出现特例

二、判断题

1. 将高收入者的收入转移给低收入者，能增加全社会的总效用。（　　）

2. 无差异曲线越接近于直线，说明两种商品之间的替代性就越大。（　　）

3. 如果在新的消费者均衡状态下，各种商品的边际效用低于原均衡状态，则意味着消费者的生活状况恶化了。（　　）

4. 如果边际效用递减，总效用相应下降。（　　）

5. 无差异曲线表示不同消费者选择商品的不同组合所得到的效用是相同的。（　　）

6. 在同一条预算线上，货币收入是不变的。（　　）

7. 达到消费者均衡时，各种商品提供给消费者的边际效用相等。（　　）

三、讨论题

1. 针对生活中的实例，说明抵消边际效用递减规律的作用，你有哪些办法？

2. 为什么“吃饭要七分饱”才好？

3. 若消费者张某的收入为 55 元，全部用于购买食品（F）和衣服（C），食品和衣服的价格分别为 5 元和 10 元。已知两类商品对张某的边际效用值如表 3-3 所示，试求张某购买食品和衣服各多少？

表 3-3　　张某购买食品和衣服消费情况

消费量	消费食品的边际效用 MU_F	消费衣服的边际效用 MU_C
1	25	40
2	23	35
3	20	30
4	18	25
5	15	20
6	10	15

4. 用经济学中的效用理论来解释，为什么在大城市，有人收购各种旧的生活用品，然后运到偏僻的地区以几倍的价格卖出？

四、计算题

1. 某大学生只有 6 天时间准备期末考试。该生要考数学、经济学、英语三门课。他的目标是要得三门课尽可能高的总成绩。他每门课的成绩依赖于他分配在每门课上的复习时间。根据时间的安排，每门课成绩最佳估计分数见表 3-4，你认为应该如何分配复习时间？

表 3-4　　复习时间分配表

经济学		英语		数学	
复习时（天）	边际成绩	复习时间（天）	边际成绩	复习时（天）	边际成绩
1	25	1	12	1	10
2	20	2	10	2	5
3	10	3	9	3	2
4	8	4	7	4	1
5	7	5	5	5	0
6	2	6	3	6	0

2. 若甲购买两种商品，效用函数为 $U=XY$，收入 120 元，X、Y 的价格分别是 2 元、3 元。甲的最佳消费组合点是什么？

3. 乙为购买第一件商品愿付 10 元，第二件愿付 9 元，……，第十件付 1 元，第十一件就不愿付钱。问每件商品实际支付 3 元，乙买几件？他的消费者剩余是多少？

五、案例分析

[案例 3-6] 为什么水便宜，钻石昂贵

亚当·斯密在《国富论》中的论述："没有什么能比水更有用。然而水却很少能交换到任何东西。相反，钻石似乎没有任何使用价值，但却经常可交换到大量的其他物品。"

请用所学理论给出解释。

[案例 3-7] 公车制度改革

据资料显示，2004 年，中国至少有公车 400 万辆，公车消费财政资源

4085亿元，大约占全国财政收入的13%以上。

假设公车数量为$Q=400$万辆，消费支出4085亿元，相应的支出成本在AB线，公车效用为U_1(如图3-10)。改革公车使用制度，公车使用数量大大减少，这样可以增加其他消费，总的消费并未减少，消费约束线仍然是直线AB，但效用水平上升为U_2。如果节约使用公车造成公车闲置，并没有增加其他消费，这样国家花费成本更高。如果将公车拍卖，对于原来使用公车的公务人员，发给一定的补贴，新的消费约束线为CD。显然CD在AB的下方。这样公务人员可以选择在消费者均衡点E处消费，例如，使用租赁公司车辆，使用公共交通车辆等。

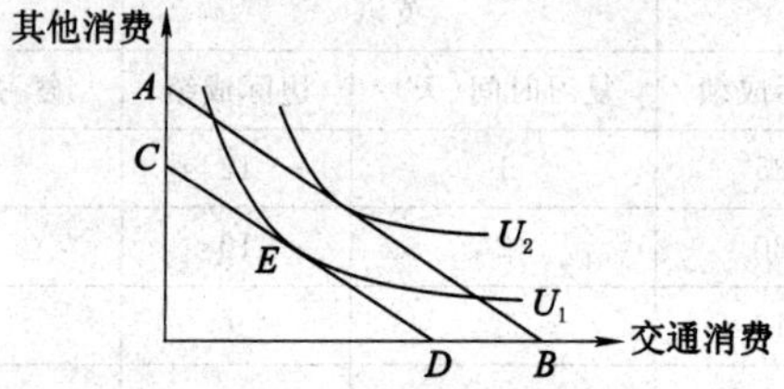

图3-10　公车效用

问题：你能不能测算整个公车改革的效益？

（资料来源　《公车消费公款吃喝一年高达6000亿　改革迫在眉睫》，人民网2006年3月17日）

第四章　生产理论

知识目标

1. 理解生产函数的含义和表达式。

2. 理解掌握边际报酬递减规律，能够运用该规律解释生产中相关问题。

3. 明确一种可变生产要素生产函数的合理生产投入区域。

4. 理解等产量曲线、边际技术替代率含义。

5. 明确厂商的最优要素组合和成本曲线的关系。

技能要求

1. 能够画出总产量、平均产量与边际产量曲线之间关系图。

2. 能够运用边际报酬递减规律，边际技术替代率递减规律解释实际生活中的问题。

3. 理解最优要素组合方法，掌握收益最大化原则，指导厂商获得最大利润。

4. 能够画出各种成本曲线。

5. 选择生产的合理投入区域和最优的生产要素投入组合。

解析与导读

1. 首先要明确生产函数的含义，投入的生产要素是哪些？要点是投入的各种生产要素之间有一定关系，这种关系是由生产的“技术特性”决定的。生产函数反映了投入的各种生产要素与最大产出之间的关系。

2. 至少有一种生产要素是固定的生产期间称为短期；如果所有的生产要素都可以调整的生产期间称为长期。这个概念要思考清楚。

3. 在经济学中一般认为，投入资本与劳动两种生产要素，可以得到任何产品。这样的话，短期中假定资本是固定的（也可以假定劳动是固定的），讨论关于劳动总产量曲线、劳动的平均产量曲线、劳动的边际产量曲线等三种曲线之间的关系。

第一个重要规律是，边际报酬(收益)递减规律。这个规律说明，不能一味的增加投入的生产要素的数量，要注意生产要素之间的比例关系，学习当中要根据实际生产生活中的问题，加深对这个规律的理解；讨论各种产量曲线之间的关系，划分生产的三个期间，这样可以明确什么是合理的生产区间。

4. 由第三章当中的“等边际原则”推知，要达到生产者“行为”最优，也应该有类似的“等边际原则”，通过论证，这个结论是正确的。

5. 在短期当中，总成本是由固定成本与可变成本构成的，相应地，平均成本是由平均固定成本与平均可变成本构成的。由于边际收益递减，其原因在于边际成本递增，运用利润最大化原则，根据 $MR=MC^2$ 确定最优生产问题。

长期中，所有成本都是可变的，就没有固定成本了。明确厂商的总成本曲线的图形特征，思考厂商什么时候“出利润”。

导入案例

一张家乐福的订单

很多供应商说，家乐福跟供应商谈判的时候，把供应商“逼到墙角”后，再给供应商一点“甜头”。

我们接到一个非常有挑战的订单，是给家乐福提供婴儿推车。家乐福要求进价 6 美元/辆，他们在卖场准备卖 9.90 美元。这个 6 美元进价低于我们的原材料成本价格。我们觉得这不可思议。但是家乐福告诉我们，如果接单的话，订单不低于一百万辆。我们算了一下，本来一年才生产 2 万辆，如果接单，就意味着我们要扩建厂房、购买机器设备、招收培训工人、寻找更大的新供应商。

问题：你认为到底接不接这个订单？

第一节　一种生产要素的合理投入：边际收益递减规律

一、生产函数

生产要素一般被划分为劳动、土地、资本和企业家才能这四种类型。

劳动指人类在生产过程中提供的体力和智力的总和；土地指土地本身，还包括地上和地下的一切自然资源，如森林、江河、湖泊、海洋和矿藏等；资本表现为实物形态或货币形态。资本实物形态又称为资本品或投资品，如厂房、机器设备、动力燃料、原材料等。货币形态资本称为货币资本；企业家才能是指企业家组织、建立和经营管理企业的才能。企业家才能也是生产要素。

运用生产要素，厂商可以提供各种实物产品，如房屋、食品、机器、日用品等，也可以提供各种无形产品即劳务，如理发、医疗、金融服务、旅游服务等。

导入案例中，如果供应商决定接受家乐福的订单，就意味着从年生产 2 万辆童车，跃升到 100 万辆。就是说，要重新投入生产要素，创造新的投入量和产品的产出量之间的关系，即创造出新的生产函数。

所谓生产函数，是指在一定时期内，在技术水平不变的情况下，生产中所使用的各种生产要素的数量与所能生产的最大产量之间的关系。

任何生产函数都以一定时期内的生产技术水平为前提，技术进步能够创造出新的生产函数。一旦生产技术水平发生变化，原有的生产函数就会发生变化，新的生产函数就"诞生"了。当然，新生产函数可能是以相同的生产要素投入量，生产出更多或更少的产量，也可能是投入新的生产要素进行生产。

为了简化分析，经济学中通常假定，生产中使用劳动和资本这两种生产要素，可以得到任何产品。若以 L 表示劳动投入数量，以 K 表示资本投入数量，以 Q 表示产出，则生产函数写为：

$$Q=f(L,K)$$

生产函数表示生产中的投入量和产出量之间的依存关系，这种关系普遍存在于各种生产过程之中。任何一家工厂总是有自身的生产函数，不管是饭店、学校或医院都有各自的生产函数。投入一定数量的生产要素 L 与 K 后，我们通常的经验是，产出 Q 先是比较快的增加，然后趋于缓慢增加，最后达到最大产出，因为产出总有最大值的限制，如果达到 Q 最大值，仍然继续投入生产要素，产出 Q 会减少。那么，L 与 K 到底通过怎样的关系与结构，能够使产出 Q 更大呢？估算和研究生产函数，在理论和生产实践上都十分有意义，这也是很多经济学家和统计学家对生产函数感兴趣的原因。

柯布—道格拉斯(Cobb-Dauglas)生产函数是由数学家柯布和经济学家道格拉斯于20世纪30年代一起提出来的。该生产函数被认为是一种很有用的生产函数,因为其简单的形式描述了经济学家所关心的一些性质,它在经济理论分析和实证研究中都具有一定意义。该生产函数的一般形式为:

$$Q = AL^{\alpha}K^{\beta}$$

式中,Q为产量;L和K分别为劳动力和资本投入量;A、α和β为三个参数,$0<\alpha,\beta<1$。

柯布—道格拉斯生产函数中的参数α和β的经济含义是:当$\alpha+\beta=1$时,α和β分别表示劳动和资本在生产过程中的相对重要性。α为劳动所得在总产量中所占的份额,β为资本所得在总产量中所占的份额。根据柯布和道格拉斯两人对美国1899~1922年期间有关经济资料的分析和估算,$\alpha=0.75$,$\beta=0.25$。这说明在这一期间总产量中,劳动所得的相对份额为75%,资本所得的相对份额为25%,即该生产期间内,与投入的资本数量相比较,劳动更加密集一些。

二、一种可变生产要素的生产函数

(一)短期与长期

分析上面的引例,如果家乐福的订单比较小,是2.6万辆,为完成这个订单,供应商只需运用原来机器设备、厂房、人工等生产要素,加班加点生产即可,没有必要扩建厂房、购买新的机器设备与招收培训新的工人等。

我们将这种没有调整全部生产要素,至少有一种生产要素数量是固定不变的时间期间称为短期。

显然,在短期生产阶段,厂商至少有一种生产要素是固定的,厂商来不及调整全部生产要素的数量。

与"短期"概念相对应,长期是指生产者可以调整全部生产要素数量的时间期间。例如,要完成100万元的订单,童车供应商面临的生产期间就是在长期,需要重新考虑和调整几乎所有生产要素的投入数量。

有了经济学中"短期与长期"概念,生产要素的投入就可以区分为:不变要素投入和可变要素投入。

生产者在短期内无法对不变要素投入进行数量调整。例如,短期中,无法确定是否建厂房、购买机器设备等不变要素,只能够对可变要素投入进行数量调整。例如,增加作业时间和燃料、采购新原材料等。

总之，在短期中，厂商不能改变固定要素的投入来进行生产。在长期中恰好相反，厂商改变或者调整全部要素的投入数量。例如，根据企业的经营状况，厂商可以缩小或扩大生产规模，甚至还可以进入或退出某个行业。由于在长期中所有的要素投入量都是可变的，因而也就不存在可变要素投入与不变要素投入的区分问题。

（二）一种可变生产要素生产函数的表达式

将资本 K 和劳动 L 结合起来，可以构建一种生产函数 $Q=f(L,K)$，如果这个生产函数是柯布—道格拉斯函数，根据前面介绍，则 $Q=f(L,K)=AL^{\alpha}K^{\beta}$。

在短期，因为总有不变要素存在，通常我们假定资本不变，用 $\overline{K}$ 表示这种不变资本，因为劳动 L 投入量是可变的，因此，就有一种要素的生产函数，可以写成：

$$Q=f(L,\overline{K})$$

同样，如果劳动的投入数量不变，就记为 $\overline{L}$，例如，当前生产中大量用机器换人，就是这种情形。这是资本密集的生产函数：$Q=f(\overline{L},K)$。

（三）劳动的总产量、劳动的平均产量和劳动的边际产量

1. 劳动的总产量

生产函数 $Q=(L,\overline{K})$ 表示，在资本投入量 K 固定时，最大产量 Q 的变化由劳动投入量 L 的变化所决定。由此，我们可以得到劳动的总产量（Total Product）、劳动的平均产量（Average Product）和劳动的边际产量（Marginal Product）这三个概念，分别记为劳动的总产量 TP_L、平均产量 AP_L 和边际产量 MP_L。

劳动的总产量 TP_L，是指一定的可变生产要素劳动投入量带来的最大产量。其公式是：

$$TP_L=f(L,\overline{K})$$

劳动的平均产量 AP_L，是指平均每一单位可变要素劳动投入量所生产的产量。其公式是：

$$AP_L=\frac{TP_L(L,\overline{K})}{L}$$

劳动的边际产量 MP_L，是指增加一单位可变要素劳动投入量所增加的产量。其公式是：

$$MP_L=\frac{\Delta TP(L,\overline{K})}{\Delta L}\text{或者}MP_L=\frac{\mathrm{d}Q}{\mathrm{d}L}$$

类似地,生产函数 $Q=(\overline{L},K)$ 与上面类似,也有相应的资本的总产量 TP_K、资本的平均产量 AP_K 和资本的边际产量 MP_K 的定义和公式。

[例题 4-1] 请指出生产函数 $Q=10L^{0.75}K^{0.25}$ 中劳动的边际产出 MP_L。

解:视资本 K 固定。由 $Q=10L^{0.75}K^{0.25}$,得到

$$MP_L=\mathrm{d}Q/\mathrm{d}L=7.5L^{-0.25}K^{0.25}=7.5(K/L)^{0.25}$$

根据以上公式,可以编制一张关于一种可变生产要素生产函数的总量、平均产量和边际产量的表列。因为资本 K 的数量不变,可以不表示(表 4-1)。

表 4-1　劳动的总产量、平均产量和边际产量表

劳动投入量 L	劳动的总产量 TP_L	劳动的平均产量 AP_L	劳动的边际产量 MP_L
0	0	0	
1	3	3	3
2	8	3	5
3	12	4	4
4	15	4	3
5	17	3	2
6	17	2	0
7	16	2	−1
8	13	1	−3

2. 劳动的总产量曲线、平均产量曲线和边际产量曲线

根据表 4-1 绘制产量曲线图。图 4-1 中的横轴表示可变生产要素劳动的投入数量 L,纵轴表示产量 Q,TP_L、AP_L 和 MP_L 等三条曲线依次表示劳动的总产量曲线、劳动的平均产量曲线和劳动的边际产量曲线。这三条曲线都是先呈上升趋势,而后达到各自的最大值以后,再呈下降趋势。

三、边际收益递减规律

[案例 4-1] 三季稻不如两季稻

在 1958 年"大跃进"年代,时髦的口号是"人有多大胆,地有多高产"。一些地方把传统的两季稻改为三季稻,结果总产量反而减少了。这是什么原因呢?

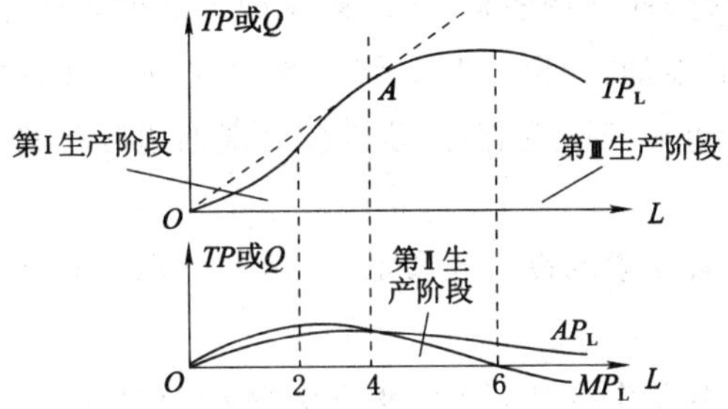

图 4-1 总产量、平均产量和边际产量曲线与生产阶段划分

(一) 边际报酬递减规律

在技术水平不变的条件下,连续等量地把某一种可变生产要素增加到其他一种或几种数量不变生产要素上的过程中,当这种可变生产要素的投入量小于某一特定值时,增加该要素投入量所带来的产量增加量是递增的;当这种可变生产要素的投入量连续增加并超过这个特定值时,增加该要素投入所带来的产量增加量是递减的,这就是边际报酬递减规律。

例如,两季稻是农民在长期生产实践中的经验总结,它行之有效,说明在传统农业技术下,固定生产要素,如土地得到了充分利用。改为三季稻之后,土地的过度使用,引起肥力下降。其他的要素,如设备、肥料、水利资源等由两次使用改为三次使用,每次使用的数量既存在不足又有过度使用等问题。这样造成生产要素数量之间比例组合失调,产量的增加量不会增加,反而会大大减少,导致三季稻的总产量低于两季稻的总产量。群众总结的经验是,“三三见九,不如二五一十”。

从理论上讲,边际报酬递减规律成立的原因在于:对于任何产品的短期生产来说,可变要素和固定要素投入量之间都存在着一个最佳的数量比例组合,这种“数量比例组合”由生产的技术特性决定。在开始时,由于不变要素投入量固定,可变要素投入量为零,因此,生产要素之间投入量比例远远没有达到最佳组合比例。随着可变要素投入量的逐渐增加,生产要素的投入量之间比例逐步接近最佳组合比例,相应的可变要素的边际产量呈现出递增的趋势。一旦生产要素的投入量之间达到最佳的组合比例时,可变要素的边际产量达到最大值。在这一点之后,如果继续追加可变要素投入量,这种可变要素的边际产量便呈现出递减的趋势。

边际报酬递减规律强调的是：在任何一种产品的短期生产中，随着一种可变要素投入量的增加，边际产量最终必然会呈现出递减的特征。这就提醒人们，要看到在边际产量递增后，必然会出现的边际产量递减对总产量增加的影响。

也就是说，随着要素的投入的增加，产出是增加是有条件的。这里有几个要点需要说明：

① 技术条件不发生变化，否则就不清楚产出增加是什么要素变化带来的；

② 要素之间存在内在的比例关系，这是由生产的技术特性决定的；

③ 因为边际产出递减，产出增加到一定的程度会下降，所以不能盲目追加生产要素的投入。

如图 4-1 中，① 总产量的变化是先快速上升达到最大以后下降；② 根据劳动的平均产量 AP_L 定义，切点 A 的横坐标与纵坐标的商就是平均产量 AP_L，这个“商”也是射线 OA 正切值，所以在劳动的总产量曲线上，切点 A 处的平均产量 AP_L 值最大。

（二）劳动的总产量、劳动的平均产量与劳动的边际产量的关系

(1) 边际产量是在总产量的下方，开始边际产量上升，到总产量曲线的第一个拐点时，达到最大值，原因是什么呢？

因为边际产量累积起来是总产量，所以边际产量是在总产量的下方。

在生产的开始阶段，由于劳动的组织水平会随着要素的投入增加，发挥巨大的作用，边际产量增加快，所以总产量曲线快速上升。但这种作用不能一直持续下去，因为劳动的组织程度、生产要素之间的比例关系的限制，边际产量使产量快速增加的速度减慢。相应的，边际产量就下降了。

(2) 边际产量的最大值是先于平均产量的最大值的，且边际产量曲线通过平均产量曲线的顶点。

原因是第一个拐点在先。也可以解释为，边际产量最大时，平均产量肯定是处于上升最快阶段，边际产量达到最大后，随着要素投入量的增加，边际产量递减，即 MP_L 一下降，平均产量上升的势头必然减缓，如果边际产量 MP_L 再继续降下去，平均产量上升的势头进一步减缓。所以，边际产量曲线就“自然通过”平均产量曲线的顶点，此时劳动的平均产量达到最大值。当然边际产量 MP_L 再继续降下去，劳动的平均产量就大于劳动的边际产量。

(3) 当总产量达到最大时,边际产量为零。边际产量大于零,总产量增加,如果边际产量为零,即没有对总产量没有贡献,这个时候当然总产量达到最大值了。

(三) 合理生产的阶段划分

显然,如果边际产量为零,或者边际产量小于零,厂商就没有必要继续增加投入,这样的生产阶段是不合理的。

1. 第Ⅰ生产阶段——不合理生产阶段

在第Ⅰ生产阶段,平均产量 AP_L 从 0 上升到最大值,例如,在图 4-1 中,此时 $L<4$。主要特征是:① 劳动的平均产量始终是上升的,且达到最大值;② 劳动的边际产量上升达最大值,然后开始下降,且劳动的边际产量始终大于劳动的平均产量;③ 劳动的总产量始终是增加的。

这说明,在该阶段生产者增加可变要素劳动的投入量是有利的。或者说,生产者只要增加可变要素劳动的投入量,就可以较大幅度地增加总产量。任何理性的生产者都不会在这一阶段停止生产,即该生产阶段是不合理的,应该连续增加可变要素劳动的投入量,增加总产量,将生产扩大到下一个阶段,即第Ⅱ阶段。

2. 第Ⅲ生产阶段——不合理生产阶段

第Ⅲ生产阶段特征为:劳动的平均产量继续下降,劳动的边际产量降为负值,劳动的总产量也呈下降趋势。在图 4-1 中,$L>6$。

在这一阶段,边际产量 $MP_L<0$,说明可变要素劳动的投入量不仅相对过多,而且是对总产出负面贡献,造成总产出下降。这时生产者减少可变要素劳动的投入量是有利的。因此,这时要通过减少劳动投入量来增加总产量,摆脱劳动的边际产量为负值和总产量下降的局面,退回到第Ⅱ阶段。

3. 生产的第Ⅱ阶段——合理生产阶段

任何理性的生产者既不会将生产停留在第Ⅰ阶段,也不会将生产扩张到第Ⅲ阶段。由此可见,生产只能在第Ⅱ阶段进行。如图 4-1 中,$4<L<6$ 即第Ⅱ生产阶段。

在生产的第Ⅱ阶段,生产者可以得到由第Ⅰ阶段增加可变要素投入所带来的全部好处,又可以避免可变要素投入增加到第Ⅲ阶段带来的不利影响。因此,第Ⅱ阶段是生产者进行短期生产的决策区间。在第Ⅱ阶段的起点处,劳动的平均产量曲线和劳动的边际产量曲线相交,即劳动的平均产量

AP_L达最大值。在第Ⅱ阶段的终点处，劳动的边际产量曲线与水平轴相交，即劳动的边际产量 $MP_L=0$。至于在生产的第Ⅱ阶段，生产者所应选择的利润最大化的最佳投入数量究竟在哪一点，还有待于以后结合成本、收益和利润进行深入的分析。

［**例题 4-2**］ 厂商的生产函数 $Q=10L-3L^2$，指出厂商如何确定雇佣人工 L 的合理区间。

解：求出劳动人数的合理区间，首先要确定当 $AP_L=MP_L$ 时的劳动人数，其次求出什么时候劳动的边际产量 MP_L 为零。所以有：

$AP_L=(10L-3L^2)/L=10-3L$，$MP_L=10-6L$，令 $AP_L=MP_L$，得到：$10-3L=10-6L$，即 $L=0$，再令 $MP_L=0$，即 $10-6L=0$，得到 $L=5/3$。

所以，该厂商雇佣合理的人工数区间是［0，5/3］，即最好雇佣一个人工，不能多于两个人工。

第二节　两种和两种以上生产要素的合理投入：规模经济

一、边际技术替代率

假设采用现在的技术，投入两种可变的生产要素资本 K 和劳动 L，保证一定的产量水平，生产要素 L 与 K 如何配置。

（一）等产量曲线

在一定的技术水平条件下，生产一定产量的所有资本数量和劳动数量的组合点的集合是等产量曲线。该曲线类似于无差异曲线。

如图 4-2，有三条等产量曲线 Q_0、Q_1、Q_2。① 其中等产量曲线 Q_2 位置最高，相应投入的劳动与资本数量也比产量 Q_0、Q_1 多一些，所以其产量最高。一般理性的生产者在产量固定时，不会同时继续增加两种要素的投入数量。② 等产量曲线的斜率为负值，因为在实际中，投入总量总是受成本、产量等因素的限制，投入劳动增加后，就必然要减少资本的投入，所以等产量曲线凸向原点。③ 由于产量的连续变化，同一个平面有无数条等产量曲线，而且不同的等产量曲线不会相交，因为如果不同的等产量曲线有交点，就意味着他们的产量相同。

如图 4-3 中，要获得一定的产量 Q，是采取劳动密集方式生产，还是采取

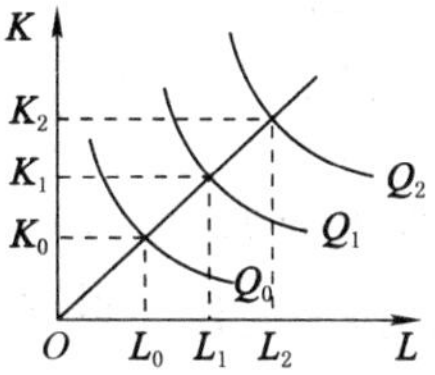

图 4-2　等产量曲线

资本密集的方式生产，即投入劳动多少数量 L 与投入资本 K，才能够保证产量 Q 最大？这是生产者最关心的问题。

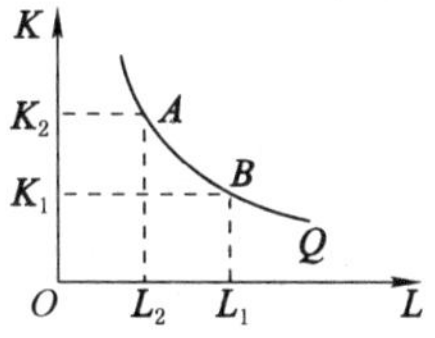

图 4-3　边际技术递减替代率

（二）边际技术替代率

从图 4-3 可以看出，点 A 沿等产量曲线 Q 滑动到点 B，显然是劳动投入增加了 ΔL，资本投入减少了 ΔK，即用增加劳动替代资本，但整个产量水平不变。这种替代程度取决于生产的技术水平，与实际的生产状况是不是符合呢？例如，实际中，如果劳动资源丰富，对生产有利，技术上又允许，当然采取劳动密集生产方式。选择哪一种生产方式，要考虑与衡量生产要素相互替代的程度，即建立边际技术替代率这一概念。

所谓边际技术替代率，是指维持产量水平不变的条件下，增加一个单位的某种要素投入量时所减少的另一种要素的投入数量，被称为边际技术替代率。其用 $MRTS_{LK}$ 表示，表示式是：

$$MRTS_{LK}=\frac{\Delta K}{\Delta L}$$

在同一条等产量曲线上，各点劳动与资本的数量组合虽然不同，但产出是相同的。如果劳动增加 ΔL，而资本减少 ΔK。显然，ΔL 会带来的产量改变是 $MP_L \cdot \Delta L$，ΔK 会带来的产量改变是 $MP_K \cdot \Delta K$。为了保持与原来相同的产量，应该有：$MP_L \cdot \Delta L + MP_K \cdot \Delta K = 0$，即：

$$\frac{\Delta K}{\Delta L} = -\frac{\Delta MP_L}{\Delta MP_K} \tag{4-1}$$

等产量曲线与无差异曲线非常类似，不过是将家庭预算线变成了成本限制线，考察花费的成本相同时，如何使产量（收益）最大。

二、规模经济

企业的生产规模报酬（收益）所研究的问题是，当生产要素投入量都按照某一比例增加时，其产出按照什么比例增加。企业的规模报酬变化可以分为规模报酬递增、规模报酬不变和规模报酬递减三种情况。

（一）规模报酬递增

当产量增加的比例大于各种生产要素增加的比例，称之为规模报酬递增。

例如，当全部的生产要素劳动和资本都增加100%时，产量的增加大于150%。产生规模报酬递增的主要原因是由于企业生产规模扩大所带来的生产效率提高。

对 $Q=f(L,K)$ 来讲，如果 $f(\lambda L,\lambda K)>\lambda f(L,K)$，其中，常数 $\lambda>0$，则该生产函数具有规模报酬递增的性质。

生产规模扩大以后，企业能够利用更先进的技术和机器设备等生产要素，而较小规模的企业可能无法利用这样的技术和生产要素。随着对较多的人力和机器的使用，使得劳动与资本之间的组合更加合理、先进，企业内部的生产分工能够更合理和专业化。此外，人数较多的技术培训和具有一定规模的生产经营管理，也都可以节省成本。所以此时规模收益递增。

（二）规模报酬不变

产量增加的比例等于各种生产要素增加的比例，称之为规模报酬不变。

如果 $f(\lambda L,\lambda K)=\lambda f(L,K)$，其中，常数 $\lambda>0$，则称生产函数 $Q=f(L,K)$具有规模报酬不变的性质。

例如，当全部生产要素劳动和资本都增加100%时，产量也增加100%。一般可以预计两个相同的工人使用两台相同的机器所生产的产量，是一个这样的工人使用一台这样的机器所生产的产量的两倍。这就是规模报酬不变的情况。

（三）规模报酬递减

产量增加的比例小于各种生产要素增加的比例，称之为规模报酬递减。

如果 $f(\lambda L,\lambda K)<\lambda f(L,K)$，其中，常数 $\lambda>0$，则称生产函数 $Q=f(L,K)$具有规模报酬递减的性质。

例如，当全部生产要素劳动和资本都增加 100%时，产量的增加小于100%。产生规模报酬递减的主要原因是由于企业生产规模过大，使得生产的各个方面难以得到协调，从而降低了生产效率。它可以表现为企业内部合理分工的破坏，生产有效运行的障碍，获取生产决策所需的各种信息的不易，等等。

第三节　两种和两种以上生产要素的最佳组合

在生产要素市场上，厂商的生产成本是购买生产要素的花费。成本一定时，追求利润最大化是所有厂商必须考虑的一个问题。

一、等成本线

生产理论中的等成本线是一个与效用论中的预算线非常相似的分析工具。

等成本线是在既定的成本和既定生产要素价格条件下，生产者可以购买到的两种生产要素的各种不同数量组合的轨迹。

假定要素市场上既定的劳动价格为 P_L，即工资率；既定的资本价格 P_K，即利息率，厂商既定的成本支出为 C，则等成本线方程为：

$$LP_L+KP_K=C$$

例如，厂商如果打算支出的成本 $C=10000$，劳动的工资率 $P_L=3000$，资本的利息率 $P_K=4000$，则：$3000L+4000K=10000$，进一步整理为：$3L+4K=10$。

因此，平面上等成本线：$LP_L+KP_K=C$，其上各点（即劳动与资本的不同组合点）的成本相等，即为等成本线（图 4-4）。

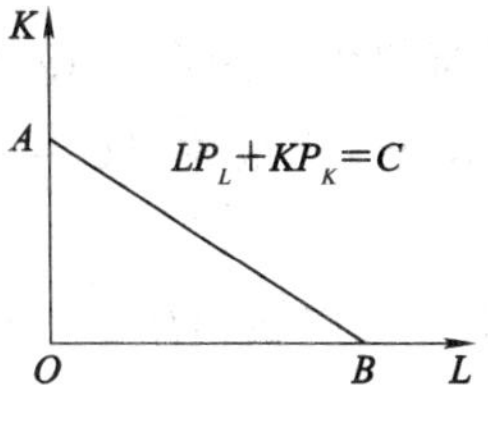

图 4-4　等成本线

二、最优生产要素组合

在长期中，所有生产要素的投入数量都是可变的，任何一个理性的生产者都会选择在最优的生产要素组合点进行生产。将等产量曲线和等成本线结合在一起，研究生产者如何选择最优的生产要素组合，实现既定成本条件下的最大产量，或者实现既定产量条件下的最小成本。

在图 4-5 中，在两要素的边际技术替代率和两要素的价格比例相等时，生产者才能实现生产的均衡。原因在于，此时等成本线 AB 和等产量曲线 Q_1 相切于点 E 处，等成本线的斜率 $-P_L/P_K$，就是该点的边际技术替代率 $MRTS_{LK}$，即在切点 E 处，厂商花费一定的成本 C 时，获得最大产量 Q_{max}。具体证明如下：

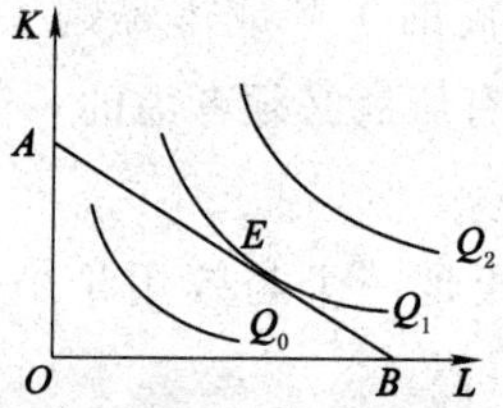

图 4-5　最佳生产要素组合点

整理 $LP_L+KP_K=C$，可得出：$K=-(P_L/P_K)L+C/P_K$，所以有：

$$MRTS_{LK}=-P_L/P_K \tag{4-2}$$

比较式(4-1)与式(4-2)，得到：

$$-\frac{\Delta MP_L}{\Delta MP_K}=-\frac{P_L}{P_K}\text{，即}\frac{\Delta MP_L}{P_L}=\frac{\Delta MP_K}{P_K}$$

可以看出，当 $LP_L+KP_K=C$ 时，有“生产要素的等边际原则”：当 $\frac{\Delta MP_L}{P_L}=\frac{\Delta MP_K}{P_K}$ 时，厂商获得最大产量 Q_{max}（收益）。

[例题 4-3]　已知某厂商的生产函数为 $Q=100L^{0.25}K^{0.75}$，劳动与资本 L、K 的价格为 $P_L=4$，$P_K=3$，求：当成本 $TC=80$ 时，为使利润最大化该厂商应投入 L 和 K 的数量。

解：因为 $Q=100L^{0.25}K^{0.75}$，所以 $MP_L=25(K/L)^{0.75}$，$MP_K=75(L/K)^{0.25}$。

根据要素的等边际原则，有：$MP_L/4=MP_K/3$ 即：

$$\frac{\Delta MP_L}{4}=\frac{\Delta MP_K}{3}\Rightarrow\frac{25\ (K/L)^{0.75}}{4}=\frac{75\ (L/K)^{0.25}}{3}\Rightarrow K=4L\text{，即 }3K=12L\text{。}$$

又：$4L+3K=80$，得 $L=5$，这时 $K=20$。

所以，厂商利润最大时投入的劳动与资本分别是 $L=5$，$K=20$。

思考与练习

一、选择题

1. 如果要素投入的比例是固定的，那么这些要素的边际产量的数值所受影响为（　　）。

A. MP 必定等于零

B. MP 会大于比例不固定的情况

C. MP 与比例不固定的情况没有什么不同

D. 投入要素的 MP 必定相等，但不等于零

2. 当劳动（L）的总产量下降时，（　　）。

A. AP_L 是递增的

B. AP_L 为零

C. MP_L 为零

D. MP_L 为负

3. 对于图 4-6 所示的等产量曲线，下列说法错误的是（　　）。

A. 规模报酬不变

B. 固定比例生产函数

C. L 与 K 之间完全可以替代

D. L 与 K 的边际技术替代率为零

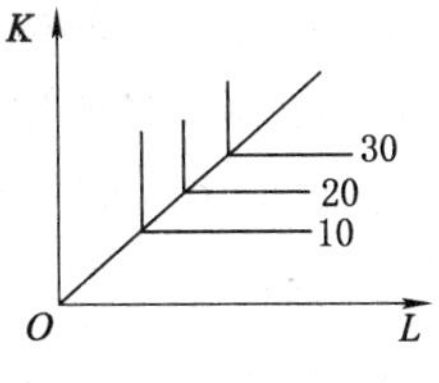

图 4-6　等产量曲线

4. 如果连续地增加某种生产要素，在总产量达到最大值时，边际产量曲线与（　　）相交。

A. 平均产量曲线

B. 纵轴

C. 横轴

D. 总产量曲线

5. $Q=3L^{0.2}K^{0.8}M^{0.2}$，则其规模报酬（　　）。

A. 递增

B. 递减

C. 不变

D. 不确定

6. 规模报酬递减是在下述情况下发生的（　　）。

A. 按比例连续增加各种生产要素

B. 不按比例连续增加各种生产要素

C. 连续地投入某种生产要素而保持其他生产要素不变

D. 上述都正确

7. 下面关于平均成本和边际成本的说法中正确的是（　　）。

A. 如果平均成本上升，边际成本可能上升或下降

B. 在边际成本的最低点，边际成本等于平均成本

C. 如果边际成本上升，则平均成本一定上升

D. 在平均成本曲线的最低点，边际成本等于平均成本。

8. 已知产量为 500 单位时，平均成本是 2 元，产量增加到 550 单位时，平均成本等于 2.50 元，在这个产量变化范围内，边际成本（　　）。

A. 随着产量的增加而上升，并在数值上大于平均成本

B. 随着产量的增加而上升，并在数值上小于平均成本

C. 随着产量的增加而下降，并在数值上小于平均成本

D. 随着产量的增加而下降，并在数值上大于平均成本

9. 短期内边际产量最高点对应于（　　）。

A. 边际成本最低点

B. 平均成本最低点

C. 平均可变成本最低点

D. 平均产量最高点

10. 当劳动的边际产量为负值时，生产处于（　　）。

A. 劳动投入的Ⅰ阶段

B. 资本投入的Ⅲ阶段

C. 劳动投入的Ⅱ阶段

D. 上述都不是

二、判断题

1. 如果生产函数规模报酬不变，那么各要素间的边际技术替代率也不变。(　　)

2. 规模报酬递增的厂商不可能也会面临要素报酬递减的现象。(　　)

3. 假定生产某产品要用两种要素，如果这两种要素价格相等，则该生产者最好要用同等数量的这两种要素投入。(　　)

4. 生产要素的边际技术替代率递减是规模收益递减造成的。(　　)

5. 如果边际成本曲线上升，则对应的平均成本曲线一定上升。(　　)

6. 边际产量总是小于平均产量。(　　)

7. 随着生产技术水平的变化，生产函数也会发生变化。(　　)

8. 随着某生产要素投入的增加，边际产量和平均产量增加到一定程度后，将同时下降。(　　)

9. 生产要素的边际技术替代率递减是边际收益递减规律造成的。(　　)

10. 如果两种投入要素的价格相等，当产出一定时，最低成本支出的要素投入组合将取决于等产量曲线切线斜率为－1的点。(　　)

三、问答题

1. 要素报酬递减法则的内容和前提是什么？

2. 说明生产三个阶段的划分标准。

3. 说明总产量、边际产量和平均产量三条曲线的特点及其相互关系。

4. 说明各种规模报酬的类型及其原因。

5. 企业主在考虑雇佣一个工人时，在劳动的平均产量和边际产量中他更关注哪一个？为什么？

6. 分析为何平均成本的最低点一定在平均可变成本的最低点的右边？

四、计算题

1. 生产函数为 $Q=LK-0.5L^2+0.08K^2$，现令 $K=10$，求出 AP_L 和 MP_L。

2. 某企业短期总成本函数为 $STC=1000+240Q-4Q^2+(1/3)q^3$。① 当边际成本 SMC 达到最小值时的产量是多少？② 当平均可变成本 AVC 达到最小值时的产量是多少？

3. 已知生产函数为 $Q=f(K,L)=10KL/(K+L)$，求解：① 劳动的边

际产量及平均产量函数;② 劳动边际产量的增减性。

4. 某企业使用资本和劳动生产一种小器具,在短期中,资本固定,劳动可变,短期生产函数为 $X=-L^3+24L^2+240L$, 其中,X 是小器具的每周生产量,L 是雇佣工人的数量,每个工人一周工作 40 小时,工资率为 12 元/小时。

计算企业在下列情况下 L 的取值范围:① 第一阶段;② 第二阶段;③ 第三阶段。

5. 假设某产品生产的边际成本函数是 $MC=3Q^2-8Q+100$,若生产 5 单位产品时总成本是 595,求总成本函数、平均成本函数、总可变成本函数及平均可变成本函数。

6. 已知厂商的生产函数为 $Q=L^{3/8}K^{5/8}$,又设 $P_L=4$ 元, $P_K=5$ 元,求该厂商生产 200 单位产品时,应使用多少单位的 L 和 K 才能使成本降至最低?

第五章 厂商理论

知识目标

1. 掌握不同市场结构的特点、厂商短期均衡的条件和种类。

2. 能够对完全竞争市场中厂商短期与长期中获利情况进行判断。

3. 理解垄断市场形成的原因、完全垄断厂商的价格歧视政策。

4. 对不同市场类型进行评价。

技能要求

1. 运用市场理论的有关内容,说明不同类型市场的竞争状况与效率。

2. 能够运用不同类型市场中的厂商均衡模型进行厂商收益、利润的判断与衡量。

3. 对照生产经营中实际问题与案例,了解各种非价格竞争和产量决定方式。

解析与导读

通过前面分析知道,消费者在追求最优的消费行为过程中形成需求;同样,生产者在追求最优生产行为过程中形成供给。由此,供求双方相互作用形成市场,作用力量的不同性质与类型,必然形成不同性质、类型市场结构。

按照消费者、厂商对市场的控制程度,厂商的多寡,厂商对价格的控制程度,产品的差别化程度、进退障碍,厂商对市场信息掌握程度等变量,将市场分为:完全竞争市场、垄断市场、垄断竞争市场与寡头市场等类型。

接下来,就分别研究这四个市场在什么样的条件下获得最大利润,即获得市场均衡。

首先是讨论完全竞争市场如何均衡,其他三个类型的市场均衡问题讨论方法类似。

1. 确定完全竞争市场的定义和特征。针对完全竞争市场来讲,有三个特征，即是否满足 $MR=AR=P$。

2. 按照 $MR=MC$，完全竞争厂商获得利润的不同情况，确定完全竞争厂商如何达到市场均衡：① 获得超额利润；② 利润为零；③ 虽亏损，可以继续生产，即可以将可变成本赚回来，多余的部分用来弥补固定成本损失；④ 停止生产，收益不能抵补可变成本。

其次是完全垄断市场如何均衡。

学习中要注意与完全竞争市场对比，针对完全垄断厂商的需求就是整个市场的需求，完全垄断竞争厂商的边际收益小于市场价格（$MR<P$），即完全垄断厂商的边际收益曲线在市场需求曲线的下方。这样就可以根据 $MR=MC$ 来判断完全垄断厂商的均衡情况。

最后是垄断竞争与寡头市场均衡。

主要是明确寡头通过什么方式方法控制市场价格。

导入案例

养鸡场由政府来经营一定亏损吗

在农村每家大概都养鸡，一般是散养。这样的鸡（包括鸡蛋）称为“土鸡”。大规模集中起来机械化养鸡，鸡的生长周期缩短，而且鸡的“个头”大，我们称这样的养鸡厂养的是“洋鸡”。“土鸡”与“洋鸡”相比，当然还是土鸡的味道好，因此土鸡的价格高。如果由政府建养鸡场，大量养鸡，政府来经营，养鸡场很难盈利，一般会亏损，这其中的原因你知道吗？所有土鸡（包括鸡蛋）的买卖关系与其中的规则构成一个独特的市场，“洋鸡”也同样会构成一个市场，这两个市场一样吗，如何判断呢？

第一节　完全竞争市场的厂商均衡

一、市场分类

我们见过各种各样的市场，可能最熟悉的是社区菜市场。但是，这个市场与钢材市场不一样。那么，是不是可以认为，市场就是指从事物品买卖的交易场所或接洽点。显然，这种认识是不够的，应该探讨为什么会出现市场，它的本质是什么，市场中厂商、消费者，包括政府扮演什么角色，起什么作用，厂商之间如何竞争，如何判断亏损，何时进入或者退出市场，以及怎样评价市场,等等。

（一）市场的概念

从本质上讲,市场是指从事物品买卖双方相互作用,而决定其交易价格和交易数量的一种组织形式或制度安排。

任何一种交易物品都有一个市场。经济体系中有多少种交易物品,就相应地有多少个市场。例如,有大米市场、自行车市场、钢材市场,等等。

[案例 5-1] 大米市场简介

由成千上万农户种植水稻组成的大米市场有自身的显著特点:每个农户的大米只占总产量很小的一个比例,每户的大米基本上是一样的,即产品同质化;每户因为份额很小,不能影响大米的价格,只要按市场的价格就能够卖出自己的大米;另外大米的价格、品质、产量、哪些人购买与销售等市场信息是公开的,农户种植水稻的门槛低,如果长期种植水稻亏损,农户就会改种其他品种的作物。

在经济分析中,根据不同市场结构的特征,将市场划分为完全竞争市场、垄断竞争市场、寡头市场和垄断市场四种类型。

（二）决定市场类型的主要因素

划分市场类型的主要因素有:① 市场上厂商的数目;② 厂商所生产的产品的差别程度;③ 单个厂商对市场价格的控制程度;④ 厂商进入或退出一个行业的难易程度。

可以看出,前两个因素是最基本的决定因素,第三个因素是前两个因素的必然结果,最后一个因素是第一个因素的延伸。

由此现实中存在不同的市场结构:完全竞争市场、垄断竞争市场、寡头市场和垄断市场。其划分及其相应的特征用表 5-1 来概括。

表 5-1　　市场类型的划分和特征

市场类型	厂商数目	产品差别程度	对价格控制的程度	进出一个行业的难易程度	接近哪种商品市场
完全竞争	很多	完全无差别	没有	很容易	一些农业品
垄断竞争	很多	有差别	有一些	比较容易	一些轻工产品零售业

续表 5-1

市场类型	厂商数目	产品差别程度	对价格控制的程度	进出一个行业的难易程度	接近哪种商品市场
寡头	几个	有差别或无差别	相当程度	比较困难	
垄断	唯一	唯一的产品，且无相近的替代品	很大程度，但经常受到管制	很困难，几乎不可能	公用事业，如水、电

二、完全竞争市场的特征

如果行业中有很多企业，每个企业所占份额很小，这个企业只能接受价格，而不能改变市场的价格，同时：

① 行业中企业出售的产品无差别；

② 市场上有众多买卖者；

③ 行业中信息畅通；

④ 不存在任何进退障碍；

⑤ 行业中原有企业不比新加入者有任何优势。

符合以上条件的市场，称为完全竞争市场。这些条件是十分苛刻的，现实中没有完全符合这些条件的市场，但十分“接近”这些条件要求的市场是存在的，例如，农贸市场、小商品市场都类似于完全竞争市场。

大家可能要问，我们为什么要首先研究这个市场呢？这个问题涉及应该用哪些要素评价和衡量一个市场的作用和效率。

讨论完全竞争市场，首先要回答，什么条件下厂商均衡，即厂商如何决定价格与产量才能获得最大利润，市场的供求曲线是怎样的，什么条件下进入或者退出市场等问题。

三、完全竞争厂商的需求曲线

如图 5-1 就是农贸市场的猪肉供求情况。P_e是该市场的均衡价格。如果整个行业发生变化，如技术进步或者消费者收入增加等因素，市场的均衡价格 P_e会变动。

完全竞争市场中整个行业的需求曲线（如曲线 D）是向右下方倾斜的，供给曲线（如曲线 S）向右上方倾斜。

但对具体的单个厂商来讲，由于他的市场份额很小，他的信息畅通，产品不会卖不出去，也不会过剩，他没有必要去改变整个市场的价格 P_e，并且只能被动地接受这个价格 P_e，因为完全竞争厂商按照均衡价格 P_e 可以售完自己所有的产品。

因此，这时厂商的需求曲线是一条平行线 d，即厂商的需求曲线方程是：$P=P_e$（图 5-2）。

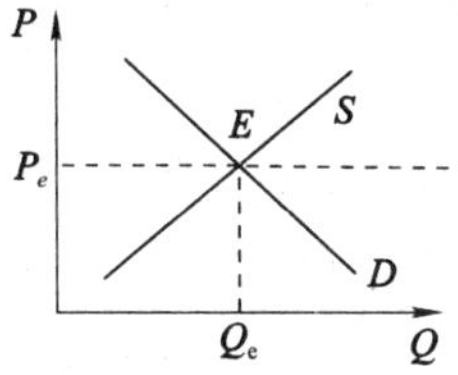

图 5-1　完全竞争市场的供求曲线

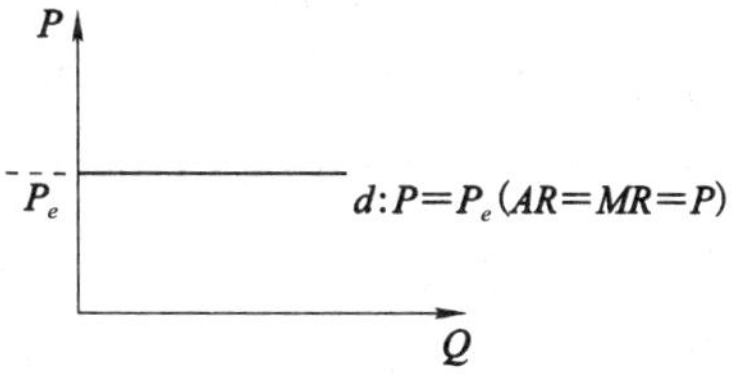

图 5-2　完全竞争厂商的需求曲线

例如，春节期间消费者购买力强，猪肉的需求旺盛，假如整个市场的均衡价格 P_e 由 12 元/斤涨到 18 元/斤，单个厂商只能按照 18 元/斤的价格出售自己的猪肉，厂商的需求曲线是水平的，该“平行线”的方程是：$P=18$。

四、完全竞争厂商的收益曲线

厂商的价格是固定不变的，他每销售一个产品，获得一个 P，即厂商的边际收益 $MR=P$。

厂商的平均收益 AR 是平均每出售一个产品的收益，因为价格 P 不变，这个收益仍然是价格 P 本身，即 $AR=P$，所以，必有 $AR=MR=P$，这也是完全竞争市场基本特征的数量反映。

由于产品价格保持不变，总收益 TR 随着销售量增加，$TR=PQ$。

综合起来可以看出，完全竞争厂商的平均收益 AR 曲线、边际收益 MR 曲线和需求曲线 d 三条线重叠，这是完全竞争市场基本特征在图形上的反映。

关于这些结论，也可以用公式说明：

$$AR=\frac{TR}{Q}=\frac{PQ}{Q}=P\ ,\ MR=\frac{\mathrm{d}(TR)}{\mathrm{d}Q}=\frac{\mathrm{d}(PQ)}{\mathrm{d}Q}=P$$

五、完全竞争厂商的短期均衡

短期是指厂商投入的生产要素形成固定成本与变动成本，或者是指厂商至少有一种成本是不变的。在完全竞争市场中，厂商面临的市场价格是不变的，而且，生产中不变要素的投入量无法变动，即厂商的生产规模也是固定的。因此，在短期，厂商是在固定的生产规模下，通过调整产量，实现市场均衡，即“$MR=MC$”是厂商利润最大化条件，这时厂商达到市场均衡。

1. 厂商短期均衡的各种情况

我们知道，当厂商实现 $MR=SMC$ 时，有可能获得利润，也可能亏损，把各种可能的情况都考虑在内，完全竞争厂商的短期均衡可以具体表现为五种情况。

在图 5-3 中，点 E 处，$MR=SMC$（MR 曲线和 SMC 曲线的交点），这时利润最大化，完全竞争厂商均衡，均衡点为 E，均衡产量为 Q_0，即，厂商在 Q_0 的产量规模上，平均收益为 $AR=EQ_0$，平均成本为 FQ_0。此时平均收益大于平均成本，即 $P>SAC$，厂商获得超额利润。但是这种情况是短暂的，因为完全竞争市场上信息畅通、厂商份额小、接受整个市场价格。

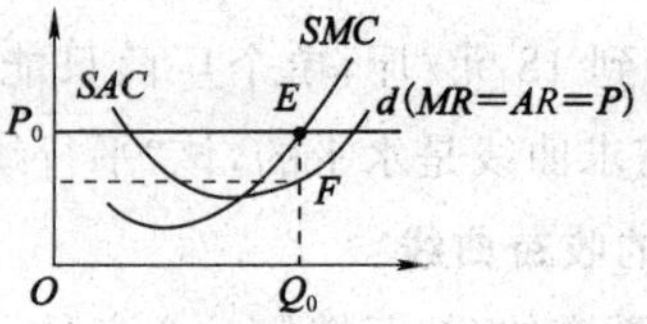

图 5-3　完全竞争厂商获得超额利润

图 5-4 中，厂商的需求曲线 d 与短期平均成本曲线 SAC 的最低点相切，切点 E 处，恰好 $MR=SMC$（曲线 MC 越过曲线 SAC 的最低点），即完全竞争厂商此时均衡，只不过这时完全竞争厂商的利润为零。由于在点 E（厂商均衡点），厂商既无利润，也无亏损，所以，该均衡点（对应的生产规模是 Q_0）也被称为完全竞争厂商的收支相抵点。

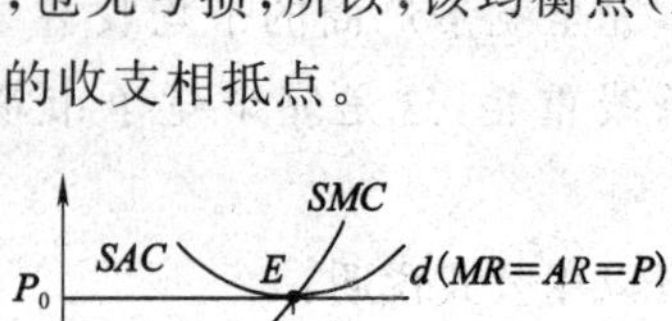

图 5-4　完全竞争厂商利润为零

［**案例 5-2**］　销售决策的失误

某设备零件公司以每只 35 元的价格将生产的 KX-10 零件出售给某电器公司。经试用一段时期后，电器公司提出订货 10000 只，但只肯出价 29.00 元。设备零件公司销售部经向生产管理部和财务部了解后，得知这种零件平均每只成本为 31.50 元，认为售价低于平均成本，显然得不偿失。因此，在取得公司同意后，在谈判中采取了强硬态度，要求每只零件售价不得低于 32.50 元。这样，谈判未能使双方达成销售协议。

事过半年后，公司的控股公司来财务核查，得到有关这种零件生产的几个成本指标数据，即每只零件平均成本为 31.50 元，其中，平均固定成本为 15.20 元，平均可变成本为 16.30 元，再了解到前述的谈判内容后，认为设备零件公司是明显的决策失误。

由于没有接受这批订货，设备零件公司闲置了一部分生产能力。如果当初接受了这批订货，由于 $P<AC$，损失＝(31.50－29.00)×10000＝25000(元)。但由于 $P>AVC$，不仅可以收回全部的可变成本，还可以收回一部分固定成本，收回部分为：(29.00－16.30)×10000＝127000(元)，这就是说，零件公司的决策失误使本可收回的 127000 元化为泡影。

在图 5-5 中，由均衡点 E 和均衡产量 Q_0 可知，厂商的平均收益 AR(＝MR＝P_0)小于平均成本 AC，厂商是亏损的。但由于是 Q_0 产量规模，厂商的 $AR>AVC$，虽然亏损，但仍继续生产，可以弥补一定的固定成本。例如，上面案例中 KX-10 零件的销售决策就是这种情形。该零件生产厂商的，如厂房、设备、办公工具等固定成本的折旧等费用，不管是否生产，总是要“沉没”的。如果签订这份生产合同，厂商用全部收益 127000 元，弥补全部可变成本以后还有剩余，可以弥补一部分不变成本，在这种亏损情况下，生产要比不生产强。

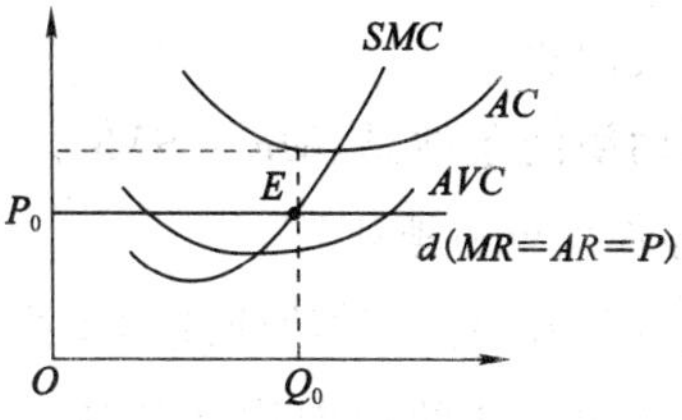

图 5-5　完全竞争厂商亏损，仍可继续生产

在图 5-6 中，厂商的需求曲线 d 相切于 AVC 曲线的最低点，这一点是 AVC 曲线和 SMC 曲线的交点。这一点恰好也是 $MR=SMC$ 的利润最大化的均衡点。在均衡产量 Q_0 上，厂商是亏损的。此时，厂商的平均收益 AR 等于平均可变成本 AVC，厂商可以继续生产，也可以不生产，也就是说，厂商生产或不生产的结果都是一样的。这是因为，如果厂商生产的话，则全部收益只能弥补全部的可变成本，不变成本得不到任何弥补。如果厂商不生产的话，厂商虽然不必支付可变成本，但是全部不变成本仍然存在。由于在这一均衡点上，厂商处于关闭企业的临界点，所以，该均衡点也被称作停止营业点或关闭点。

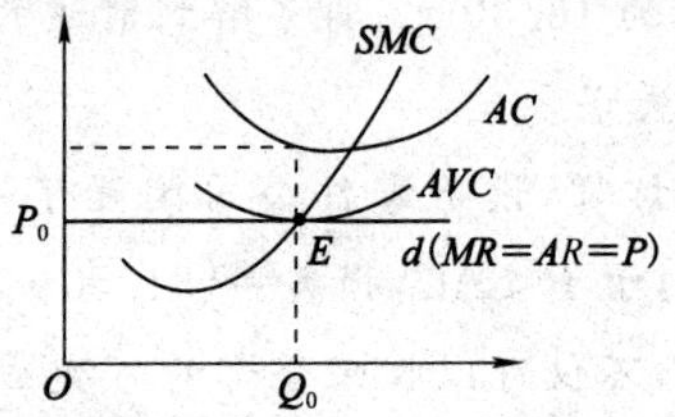

图 5-6　完全竞争厂商亏损，停止生产

如果厂商的平均收益 AR 小于平均可变成本 AVC，厂商将停止生产。因为，在这种亏损情况下，如果厂商还继续生产，则全部收益连可变成本都无法全部弥补，就更谈不上对不变成本的弥补了。而事实上只要厂商停止生产，可变成本就可以降为零。显然，此时不生产要比生产强。

2. 完全竞争厂商短期均衡条件

以上分析可知，在完全竞争市场上，厂商的价格是由市场决定。短期内，单个厂商不能改变厂房设备和生产技术条件，成本曲线也是既定的。由边际成本曲线和边际收益曲线的交点相对于平均成本曲线位置来决定厂商是盈利、亏损、还是停产关门更好。

完全竞争厂商短期均衡的条件是：$MR=SMC$。

3. 完全竞争厂商的短期供给曲线

在完全竞争市场上，厂商的短期供给曲线是怎样的形状呢？

因为 $P=MR$，完全竞争厂商的短期均衡条件又可以写成 $P=MC(Q)$，即在每一个给定的价格水平 P，完全竞争厂商选择最优的产量 Q，实现最大的利润。

在图 5-7(a)中，我们给出了厂商短期均衡中，当 $MR=MC$ 时的四种情况下价格、数量组合：① 点 $E_1(Q_1, P_1)$获得超额利润；② 点 $E_2(Q_2, P_2)$利润为零；③ 点 $E_3(Q_3, P_3)$亏损，可以忍受继续生产；④ 点 $E_4(Q_4, P_4)$处亏损，停止生产点。将"①～④"四种情况的价格与数量组合，即点 E_1、E_2、E_3、E_4 在平面连接起来，就是完全竞争厂商的供给曲线，如图 5-7(b)所示。实际上，就是短期边际成本曲线 SMC。由图 5-7(b)可见，完全竞争厂商的短期供给曲线是向右上方倾斜的，表示商品价格和供给量之间同方向变化的关系。更重要的是，完全竞争厂商的短期供给曲线表示厂商在每一个价格水平的供给量都是能够给他带来最大利润或最小亏损的最优产量。

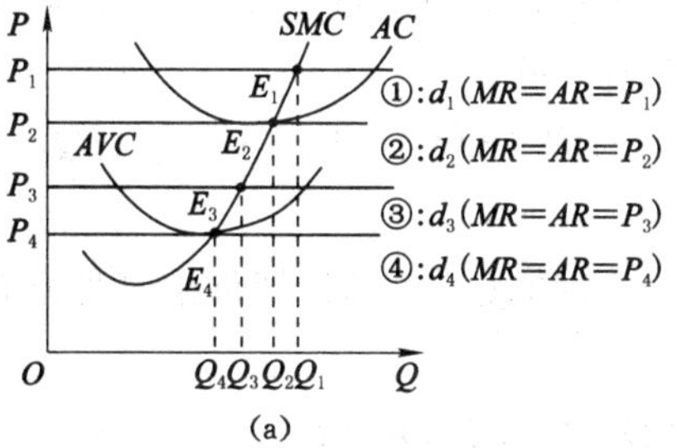

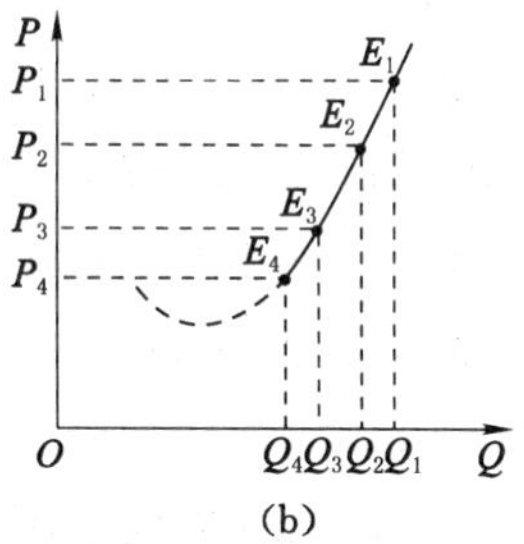

图 5-7 完全竞争厂商的短期供给曲线

六、完全竞争厂商的长期均衡

在完全竞争厂商的长期生产中，所有的生产要素都是可变的，厂商有畅通的信息，通过对全部生产要素的调整，使得在某处的 $SMC=LMC=MR$，并且 $SMC=LMC=SAC$ 来实现利润最大化。在完全竞争市场价格给定的条件下，厂商在长期生产中对全部生产要素的调整可以表现为，一方面对最优生产规模的选择，另一方面进入或退出一个行业，追求长期均衡。

所以，完全竞争厂商的长期均衡条件是：$MR=LMC=SMC=LAC=SAC$，此时 $MR=AR=P$，单个厂商的利润为零。

七、完全竞争市场的特点

完全竞争市场是一种条件极为苛刻的市场结构，厂商可以在长期平均成本的最低点生产，实现了 $MR=AR=P=LMC=LAC$。

① $P=LMC=LAC$，意味着消费者以最低成本的价格购买到所需要的

产品，消费者的福利最大化；

② 厂商获取正常利润；

③ $MR=AR=P=LMC=LAC$，也意味着最后一个产品的收益与它的市场价值相等，数值等于长期平均成本，所以要素实现了最优配置；

④ 厂商可以按市场价格提供市场相应的产品，并出售全部产品，不必做广告。

完全竞争市场是一种理想状态下的市场结构，每一个厂商的份额都很小，使厂商的规模小，不能也没有必要利用新技术，这样不利于技术进步，消费者难以获得差别化产品和服务。

[例题 5-1] 设某完全竞争行业有 100 个相同的厂商，每个厂商的成本函数为：$STC=0.1Q^2+Q+10$ 求：(1) 市场供给函数；(2) 假设市场需求函数为 $Q=4000-400P$，求市场均衡价格和产量。

解：(1) 厂商的成本函数为 $STC=0.1Q^2+Q+10$，则 $TVC=0.1Q^2+Q$，所以 $AVC=0.1Q+1$，$MC=0.2Q+1$。

显然，当产量 Q 大于 0 时，则 $MC>AVC$，故厂商的短期供给曲线为 $P=MC$。

即厂商的短期供给函数为 $P=0.2Q+1$，或者 $Q=5P-5$。

因为该行业有 100 个相同的厂商，行业的供给曲线是各个厂商的供给曲线水平方向加总成的，故行业的供给函数为：$Q=100(5P-5)=500P-500$。

(2) 已知市场需求函数为 $Q=4000-400P$，行业的供给函数为 $Q=500P-500$。

所以，市场均衡时：$4000-400P=500P-500$，解得 $P=5$，均衡产量为 $Q=4000-400\times5=2000$。

第二节　完全垄断市场的厂商均衡

[案例 5-3]　为什么降压仪价高量少

现在患心脑血管疾病的人多。祝强降压仪是一个治疗高血压的专利产品，疗效好，但市场价格比较高，每台 368 元，这个价格大大超过其成本，而且能够使用这种商品的人比较少。为什么这么好的产品，不进行大规模的市场推广，扩大销售量呢？

一、完全垄断市场的基本特征

完全垄断市场是指某种产品的生产和销售完全由一家厂商控制的市场结构。整个市场只有一个厂商,这个厂商就是市场。其主要特征是:

① 独家经营,厂商就代表整个行业;

② 产品不能替代;

③ 独自决定价格;

④ 其他厂商进入该行业极为困难或者不可能。

这里需要指出,完全垄断厂商因为拥有独家垄断的产品,所以具有完全的"话语权",即行业中自己说了算;但"独自决定价格"也是相对的,虽然"产品不能替代",但这是相对的,没有绝对"独一无二"的产品。例如,祝强降压仪尽管好,如果产品价格定得过高,顾客难以承受,顾客会选择其他的降压产品,这样的话,其利润就不能实现了。

二、完全垄断市场形成的原因

完全垄断形成的原因主要包括:原材料控制;自然垄断;技术专利;特许经营权。例如,某个厂商如果控制了某种原材料的生产与销售,他就可以在这个产业的上游的原材料市场抬高价格,在下游终端的产品市场压低价格,使其他厂商在"高进低出"的经营环境中"败下阵来",最终达到控制这个产业的目的。自然垄断,一般是通过规模经济,大大降低单位成本,导致其他厂商在成本竞争中处于劣势,或者"阻吓"新的竞争者的进入,达到垄断的目的。其他的如利用"技术专利、特许经营权"形成的竞争"壁垒"限制其他竞争者的竞争行为。

三、完全垄断厂商的收益规律

1. 垄断厂商的需求曲线

市场需求曲线就是厂商需求曲线。垄断市场中,厂商也不能随心所欲地确定价格,如果价格过高,消费者可能使用替代品,所以这时的产量 Q 一定程度上是随价格 P 变化,并且完全垄断厂商的需求曲线是向右下方倾斜的(图 5-8),即 $\frac{\mathrm{d}P}{\mathrm{d}Q}<0$,这一点与完全竞争厂商的需求曲线是不同的。

注意:这时完全垄断厂商的价格 P 是变数,这一点与前面的完全竞争市场中,厂商的价格 P 是不一样的,因为完全竞争厂商的价格 P 是常数。

2. 完全垄断厂商的收益

完全垄断厂商总收入 $TR=PQ$,这里的产量 Q,完全垄断厂商按照 $MR=$

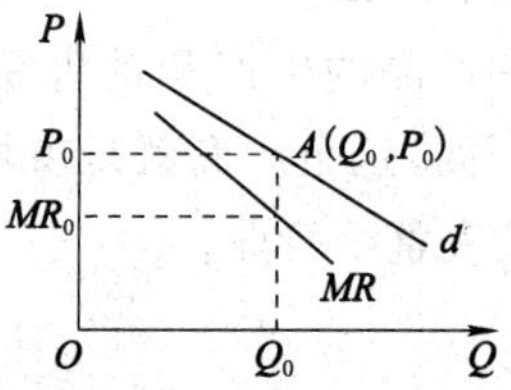

图 5-8　完全垄断厂商的需求曲线与边际收益曲线

MC 来确定。那么那么边际收益 MR 如何呢?

因为,$\frac{dP}{dQ}<0$,$MR=\frac{d(PQ)}{dQ}=P+Q\frac{dP}{dQ}<P$,所以 $MR<P$,说明完全垄断厂商的每一个产品的边际收益 MR 比价格 P 要低,即完全垄断厂商的边际收益曲线 MR 在其需求曲线 d 的下方。如图 5-8 所示,在产量 Q_0 处,$MR_0<P_0$。

四、完全垄断厂商的短期均衡

(一)完全垄断厂商短期均衡的三种情况

短期中,厂商是来不及调整固定成本的。但由于自己所处的垄断地位,他完全可以按照利润最大化的原则生产,一般来说,这时对应的价格是比较高的。

完全垄断厂商短期均衡有三种情况:获得超额垄断利润、获得正常利润、亏损。

1. 获得超额垄断利润

如图 5-9 中,点 E 处,$MR=MC$,完全垄断厂商获得最大利润,对应的产量 Q_0、价格 P_0,平均成本 $AC=BQ_0$,显然 $P_0>AC$,厂商获得的超额垄断利润是矩形 P_0FBP_1 的面积。

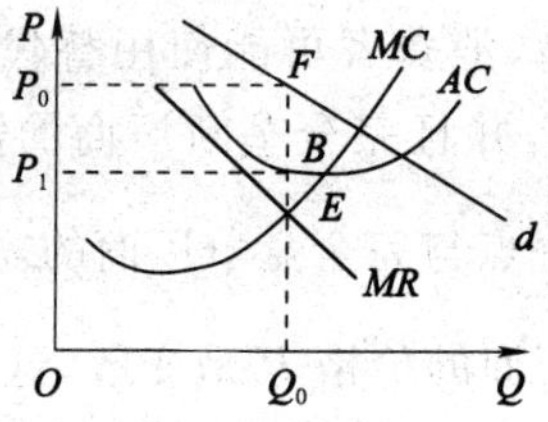

图 5-9　完全垄断厂商获得超额垄断利润

2. 获得正常利润

这时完全垄断厂商的利润为零。如图 5-10 中，点 E 处，$MR=MC$，对应在平均成本曲线 AC 上的点 F 处，价格 P_0 与平均成本相等，完全垄断厂商利润为零，他的企业家才能获得报酬，即获得正常利润。

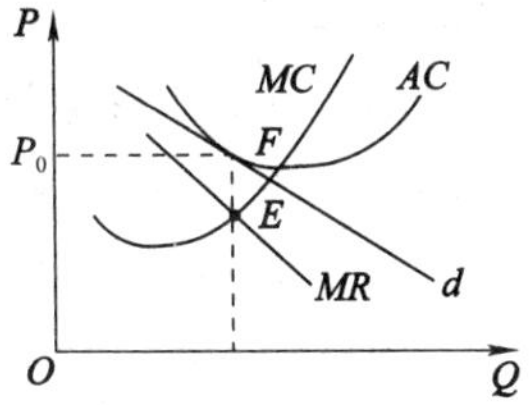

图 5-10　厂商获得正常利润

3. 亏损

如图 5-11 中，点 E 处，$MR=MC$，价格 P_0 介于 AC、AVC 之间（点 B 在点 A、F 之间），厂商亏损，但可以继续生产。当然对于亏损，垄断厂商是不满意的，但可以避免关张的风险，另一方面，他可以继续研发，降低平均成本 AC，通过广告促销，抬高需求曲线 d 的位置，追求新的价格、产量组合下的利润最大化。

在图 5-12 中，厂商的 $MR=MC$，这时点 F 是曲线 AVC 与曲线 d 的切点。这时的价格 P_0 是厂商停止营业的价格。

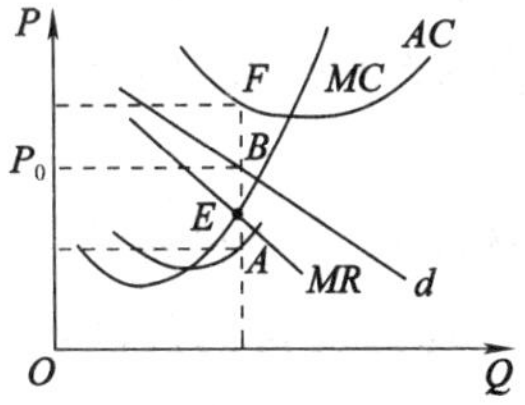

图 5-11　厂商亏损可继续生产

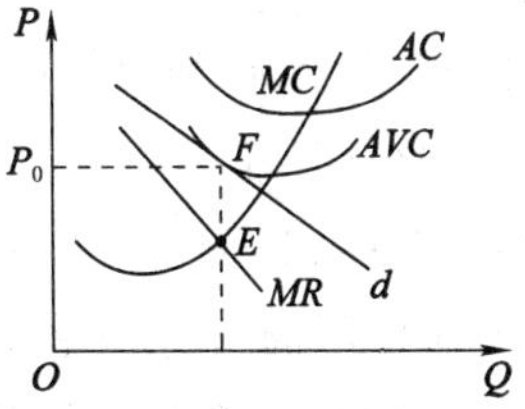

图 5-12　厂商停止营业

（二）完全垄断厂商的供给曲线

完全垄断厂商一定程度上能够操纵和控制市场价格，这样的话，价格 P 与产量 Q 之间就不存在一一对应关系，即完全垄断厂商不存在供给曲线，他只需要按照利润最大化原则来确定自己的产量，尽管垄断产品功能性强，消费者喜欢，垄断厂商不会理会市场上到底需要多少这样的产品而安排组织生产满足市场需要。例如，祝强降压仪由于疗效显著，消费者认同该产品，但该产品的垄断厂商是按照 $MR=MC$ 确定生产多少台降压仪，而不是按市场需要确定生产降压仪的数量。

（三）完全垄断厂商的价格歧视政策

大家都知道，一般定价策略有一个缺陷：价格定得太低，赚不到钱；价格定得太高，没人买。但完全垄断厂商有办法给愿意高价购买的人卖贵点，给只想便宜买的人卖便宜，甚至让不愿意付高价的人"掏腰包"。一句话，不管什么价格，要看能否达到利润达到最大化。只有完全垄断厂商才能凭借垄断地位做到这一点。做法是，放弃统一定价，为不同消费者制定不同价格，这种策略称为"价格歧视"或价格差别。

1. 价格歧视的条件

实施价格歧视策略要具备一定的条件：

(1) 市场存在不完善性。当市场不存在竞争，信息不畅通，或者由于种种原因被分割时，垄断者就可以利用这一点实行价格歧视。

(2) 各个市场对同种商品的需求弹性不同。这时垄断者可以对需求弹性小的市场实行高价格，以获得垄断利润。

(3) 将市场各部分之间有效分开。有效地把不同市场之间或市场的各部分之间分开。

地区封锁和限制贸易自由的各种障碍往往有利于垄断者实行其价格歧视，因此，反垄断、限制价格歧视应该尽力消除其实现的环境条件。

2. 三种价格歧视政策

价格歧视可以分为一级价格歧视、二级价格歧视、三级价格歧视。

(1) 如果厂商对每一单位产品都按消费者所愿意支付的最高价格出售，这就是一级价格歧视。一级价格歧视也被称为完全价格歧视。

这时完全垄断厂商可以将顾客的消费者剩余也"榨取"过来，其凭借的就是对产品生产与销售的垄断权。现实生活中的一些垄断厂商的"霸王条款"就是这种情形的写照。

[案例 5-4] 为什么电信公司推出流量套餐

如图 5-13，如果电信服务提供商规定每 MB 单价 P 为 1 元钱，则消费者可能只愿意购买 20 MB；假设提供数据服务的成本为 0，服务提供商赚到的钱是一个小矩形面积20元(=1×20),把单价P定到1.5元,则可从每个消费者手中赚到22.5元(=1.5×15),斜线下方的其他区域都被放掉了。有没有办法榨干消费者的每一分钱呢?有!那就是放弃按单价收费的办法,直接推出一个45元30 MB的套餐。由于每个消费者购买30 MB的流量所愿意支付的最高价格恰好也就是45($\triangle AOB$的面积$=3\times30\div2=45$),因此消费者将接受这个价格,于是服务提供商将赚到斜线下方的所有面积。为什么电信业务里总是有那么多套餐,秘密也就在这里了。

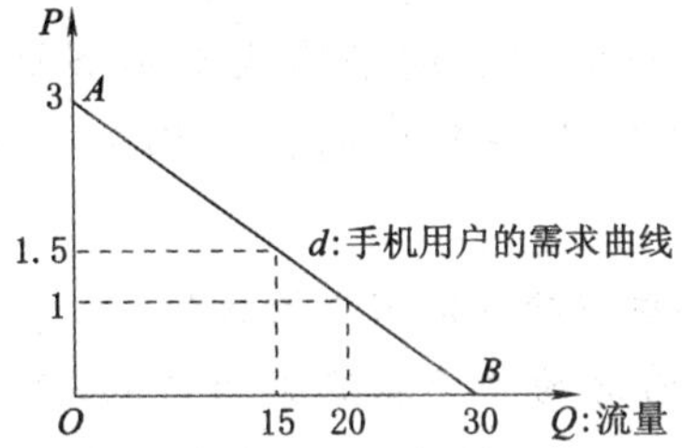

图5-13 手机流量套餐

凭借这种垄断"地位",完全垄断厂商按照"$MR=MC$"原则,根据需求弹性、供给弹性的大小决定产量,不会理会广大消费者要求。

除了电信市场中完全垄断厂商的流量定价的例子,还有例如私人诊所的服务价格,贵重名画等的拍卖,会计事务所、律师事务所的垄断定价等,都是因为该市场的需求缺乏弹性(即仅少数人愿意享受或者使用这种产品或服务,不在乎价格高低),通过一级价格歧视,获得超额垄断利润。

(2) 只要求对不同的消费数量段规定不同的价格,叫二级价格歧视。二级价格歧视不如一级价格歧视那么严重。

例如,电信厂商规定打电话的不同时间段长短,要收取不同的电话费。水果店按照购买量多少定价,如果买的多,需求弹性大,就制定相对低一些的价格;如果需求弹性小,如苹果大小、颜色及其品牌不同,买者的弹性是不一样的,出售的苹果就是采取不同的"歧视价格"获得超额垄断利润,这样"大苹果"可以卖出"大价钱",还可以避免剩下苹果没人要,最后不得已"甩卖"。

(3) 垄断厂商对同一种产品在不同的市场上(或对不同的消费群)收取不同的价格,叫三级价格歧视。

例如，某景区针对外国游客的门票价格要定得高一些，其原因是外国游客的需求弹性小，他们不远万里到该景区，肯定是要进景区的，而我国游客需求弹性大，景区管理者又能够清楚地区分游客的身份，所以针对不同的消费者收取不同的价格。

五、完全垄断厂商的长期均衡

长期中，完全垄断市场不存在厂商数目的调整，仍然是独家生产，因此，垄断厂商可以通过调整生产规模获得超额垄断利润。当然他是为了获得最大利润，按 $MR=LMC$ 进行生产，具体的方法是，找到 $MR=LMC$ 对应的数量 Q_0 与价格 P_0，这时对应的短期平均成本是 SAC，并且此时有 $SAC=LAC$，$MR=SMC$，所以完全垄断厂商长期均衡的条件是：$MR=LMC=AMC$；$SAC=LAC$。

［案例 5-5］ 铁路春运的票价该不该涨？

春运期间，往往是沿海的大量客流流向内地，主要是学生流、民工流及旅客流叠加在一起。但铁路的返程却是空空荡荡。例如，从广州开往兰州的列车，3000 多公里，春运完了，还要空车开回，春运期间铁路营运成本也显著上升。有人说，铁路春运发财了，但广铁经理说，他们春运要亏损一个亿。

问题：铁路春运的票价该不该涨？铁路车票提价是否属于差别价格定价？为什么？采取分时费率是否合适？

铁路运营一定程度上是由国家来垄断经营的，但铁路运输也存在诸多的替代品，如空运、水运等。铁路分货运与客运，以客运为例，铁路客运的运输能力非常大，其他运输能力很难与之竞争，而且旅客的需求弹性很大，所以关于铁路客运的票价策略，可以通过制定相对低的票价，赢得顾客。但是，在春运期间，旅客的流量剧增，而春运的客运能力一下子难以提高，这样势必出现旅客滞留火车站。其实，从另一个视角看，这时也是铁路客运树立品牌形象的良好机会。如果此时通过提高票价来疏导客运的流量，可以认为是“短视行为”，一定程度上可能票款的营业收入增加了，但会引来扩大旅客，包括各种新闻媒体的批评，人们可能会向政府提出，这种提价行为的显然不合理地方。因为提高票价，并不能调节需求量，要回家过年的旅客会“抱怨”铁路的运营商，这不是铁路客运的长期经营追求的目标，毕竟铁路运营的垄断地位是国家赋予的。

铁路客运的垄断性地位决定运营商提高票价当然可以按照差别价格策

略来进行，这取决于铁路运营商的经营目标。

六、对完全垄断市场的评价

一般可以从社会福利、生产效率、技术创新贡献等方面，对完全垄断市场进行分析：

(1) 垄断厂商可以按照 $MR=MC$ 对应价格出售产品，这使自己获得利润最大化。如果 MR 大于 SMC，增加产量对垄断厂商是有利的，产品的价格高于边际成本，即最后一个产品的社会福利是大于其生产成本的，应该增加生产，但垄断厂商不会这样做，他是按照利润最大化确定的产量组织生产的。

(2) 消费者按照市场价格得到的产品是高于成本的，厂商获得的是超额利润，消费者的福利受到影响。

(3) 垄断市场上价格是高于平均成本的，厂商完全可以改进技术，也有能力做到这一点，但由于自己的垄断地位，使自己缺乏效率，他没有动力和压力进行技术创新，不利于社会的进步。

第三节 垄断竞争市场的厂商均衡

完全竞争市场与完全垄断市场一定程度上有其特殊性，现实中大量的市场是介于这两个市场之间的，称为垄断竞争市场。例如，服装鞋帽等日常生活用品市场。

一、垄断竞争市场的特征

垄断竞争市场是由众多厂商组成的，既有垄断又有竞争，介于完全竞争与完全垄断之间的较接近现实的市场。具体要求是：

① 众多厂商；② 有自由流动的要素供厂商选择；③ 厂商生产大量相似而略有差别的产品，彼此之间进行激烈的竞争。

垄断竞争的结果必然出现寡头，上升到寡头竞争。

二、垄断竞争厂商面临的市场需求曲线

1. 垄断竞争厂商的需求曲线向右下方倾斜

由于产品的差别化，每个厂商有自己的目标顾客，厂商能够控制价格，这时他的需求曲线是向右下方倾斜的。

2. 垄断竞争厂商面临的需求曲线要比完全垄断厂商的需求曲线平坦

垄断竞争厂商的需求曲线虽然向右下方倾斜，即降价可以扩大销售，提价可以增加盈利，但他的做法，其他的众多的厂商也可以做，因为他们的产品虽然有差别，但可以替代，所以降价和提价的幅度不是很大，顾客的响应也不是很积极。

与完全垄断厂商相比，垄断竞争厂商面临的需求曲线要平坦的多，原因是价格的变化，其他垄断竞争厂商竞相降价或提价，使数量发生较大变化，垄断竞争厂商的需求曲线的弹性比完全垄断厂商的大一些。

如图 5-14，假设垄断竞争厂商的初始价格 P_0，销量 Q_0，由于他们过剩的生产能力，所以总是倾向于降价，如果降价后价格是 P_1，他们认为主观的销量应该是 Q_2，但是，由于其他垄断竞争厂商的竞相降价，这个 Q_2 是达不到的，只会小一些，如达到 Q_1。因此，客观上垄断竞争厂商的需求曲线应该是 d，而不是 d_1，就是说，垄断竞争厂商有两条需求曲线。

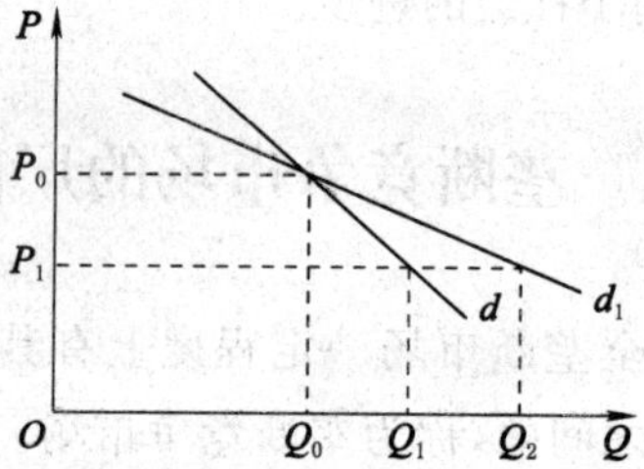

图 5-14　垄断竞争厂商需求曲线的变动

三、垄断竞争厂商的短期均衡

由于短期内，其他的厂商不会有进退的行为，所以，这时的情况如同完全垄断市场的短期均衡，也分别存在与前面分析类似的四种情况，即① 获得超额利润；② 利润为零；③ 亏损，但可以继续生产；④ 停止生产。

如图 5-14，在初始阶段，价格和产量分别是 P_0、Q_0，垄断竞争厂商认为，如果其他的垄断竞争厂商都不理会他的降价策略，他就按照 $MR=MC$ 来生产，价格由 P_0 降低到 P_1，产量是 Q_2，但是，实际上，每个垄断竞争厂商都是如此决策，使得实际的需求曲线是 d，而不是 d_1。这个过程会重复下去。在图 5-15 中，垄断厂商获得超额利润 $=(P_0-P_1)Q_0$。

同样可以说明垄断竞争厂商其他的获利情况，这一点与前面类似。

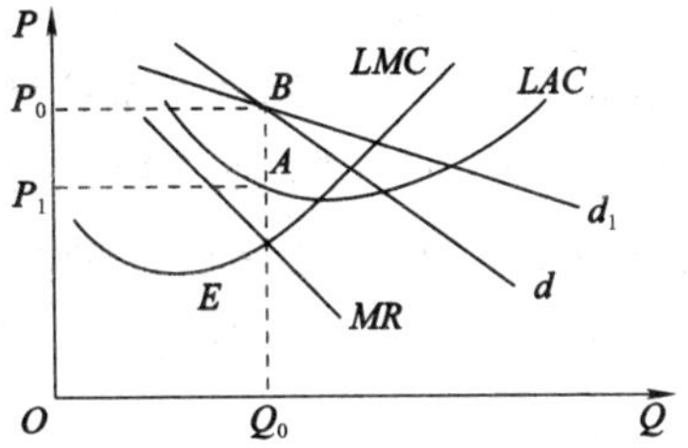

图 5-15　垄断竞争厂商获取超额利润

四、垄断竞争厂商的长期均衡

与短期不同的是，长期中，厂商可以调整要素，进入有吸引力的行业，或退出衰退的行业。这样必然导致厂商面临的需求曲线的移动。最终的结果是，按照需求曲线与平均成本曲线的切点确定的产量进行生产。这时垄断竞争厂商没有超额利润，厂商进入或者退出行业的刺激力量消失，无意调整价格和产量。切点 A 在最低点的左侧，说明垄断竞争使社会资源没有得到很好的利用。

长期中，厂商不会选择亏损，至少要获得正常利润，因为他可以退出这个行业，生产利润高的产品。

五、垄断竞争市场的效率

(1) 市场价格高于平均成本，社会福利是增加的，但垄断地位使厂商不会如此选择，这就是说，这种市场具有低效率性。

(2) 由于存在厂商之间的竞争，垄断竞争厂商能够进行一定程度的研发，采用一些新技术，促进了技术进步和社会发展。

(3) 由于垄断竞争厂商面临的需求曲线平坦一些，价格高于边际成本的幅度比垄断市场的情况要低一些。所以，其效率高于垄断市场，但低于完全竞争市场。

第四节　寡头垄断市场的厂商均衡

[案例 5-6]　寡头的价格竞争

1998 年，在上海的盒装鲜奶市场上，"光明"、"三岛"和"快乐家庭"三种品牌三足鼎立。但当"全佳"这一新的品牌投放市场时，一石激起千层浪，

“三岛”立即由6.3元起跌价。“全佳”起始定价是5.3元，其总经理表示，这是为了新产品的促销。然后“三岛”马上跌到5元，“快乐家庭”马上也加入这种降价的队伍，“全佳”跌到4.9元……“光明”这时也坐不住了，推出“买一送一”活动，买一盒980毫升送250毫升，恶性的价格竞争使一升的盒装鲜奶竟然卖到3.00元，这样的一瓶蒸馏水也要卖到4.7元，难道一瓶牛奶的价格还跟不上一瓶水吗?

垄断竞争市场发展的结果必然是寡头的出现。一旦有了寡头，市场竞争的情况就发生了变化。

一、寡头竞争的概念

寡头竞争的条件下，在一个行业中只有少数几家大公司(大卖主)，它们所生产和销售的某种产品占这种产品的总产量和市场销售总量的绝大部分比重，它们之间的竞争就是寡头竞争。

寡头显然是有过剩的生产能力，他们之间相互依存，每个寡头的竞争行为都会影响其他寡头的产销量和利润。

[**案例5-7**]　航空公司的经营游戏

市场经营的规则：所有航空公司的利润率都维持在9%；如果有三家以下的公司采取降价策略，降价的公司由于薄利多销，利润率可达12%，而没有采取降价策略的公司利润率则为6%；如果有三家和三家以上的公司同时降价，则所有公司的利润都只有6%。

游戏方法：

① 将学生分成5～6个组，每个组分别代表一家航空公司在市场经营。

② 每个小组派代表叫到小房间里，交代上述游戏规则。并告诉小组代表，他们需要初步达成协商。初步协商之后小组代表回到小组，并将情况向小组汇报；

③ 小组经过讨论五分钟之后，需要做出最终的决策：降还是不降，并将决定写在纸条上公布结果。

案例5-6和案例5-7指出，寡头不会选择价格战策略，进行“零和”竞争，除非自己有绝对取胜，赢得市场垄断地位的“筹码”，所以，寡头之间会选择相互依存的价格策略，形成相互之间默契的“规则”，以彼此认可的价格瓜分整个市场。但是他们之间仍然存在激烈的竞争，一旦时机成熟，便会争夺其他竞争者的市场份额。

二、合作的寡头

(一)公开串谋

早期的资本主义阶段,寡头往往组成一个托拉斯或卡特尔,他们借助午餐会的形式聚会,从事公开的勾结。

1. 卡特尔的统一价格

在卡特尔内部,行业利润达到最大的产量为各厂商产量之和,价格是统一的价格。

2. 卡特尔的市场分配

① 配给定额;② 以“卡特尔总成本最小”为原则;③ 均分市场。

[案例5-8] OPEC石油生产输出国组织

石油输出国组织(OPEC)是一个由主要石油生产国组成的国际卡特尔,成员国包括沙特阿拉伯、科威特、阿拉伯联合酋长国、伊拉克、伊朗、卡塔尔、阿尔及利亚、安哥拉、利比亚、尼日利亚、委内瑞拉和厄瓜多尔等国家。OPEC最初于1960年由5大石油生产国创建。根据OPEC在1968年文件制定的长期目标,成员国政府应该:① 决定石油价格;② 拥有和控制本国的石油资源。

第二个目标在大多数OPEC国家中都已经实现,其办法是通过接管石油公司的经营权和使其国有化。关于第一个目标,1973年底到1974年期间,OPEC将石油价格提高了4倍,从每桶3美元提高到12美元。1979年伊朗革命发生时,OPEC将石油价格提高到每桶30美元以上。过高的油价大致从1982年开始下跌,原因在于石油消费国的石油储备增加、北海这样的石油产地产量增加等等。

石油价格一般在OPEC成员国石油部长的定期会议上决定。沙特阿拉伯是最有影响的成员国,因为它的生产规模大,几乎占OPEC总产量的一半,它经常通过调整产量来影响价格。

1975年OPEC生产了全世界石油供应量的55%,占有世界市场中石油贸易量的80%以上。但到了80年代,它在世界市场总产量中所占份额下降为不到1/3,所以公开和隐蔽的降价都发生了。

OPEC在控制石油价格和产量方面都取得过很大成功。但后来成员国破坏定价和产量配额的现象也经常发生。

（二）暗中勾结

当然这种勾结是非法的，应当取缔。但是他们会暗中勾结，以行业中最大的寡头的价格为标准，其他寡头遵守这种默许的价格，他们的利润状况与公开的情况相同。

[案例 5-9] 彩电价格联盟

2000 年 6 月 9 日，康佳、TCL、海信、创维、厦华、乐华、金星、熊猫、西湖等 9 家国内彩电骨干企业的老总们云集深圳，举行“中国彩电企业峰会”，签署“彩电价格同盟”协议，制定彩电产品的最低售价，企图联手制止彩电价格的下滑。6 月 12 日，当时的国家计委价格处负责人指出，彩电价格联盟有违价格法，有垄断性同盟的性质。

当时全国有几十个品牌的彩电生产厂家，每年生产彩电近 4000 万台，而市场销售量仅为 2000 万台，价格下滑是一种客观趋势。有的彩电同盟成员出于自身利益，悄悄地突破最低价格，自作聪明地以为自己的行为不会被其他同盟成员发现而独立行事。但实际上几乎所有成员都在这样对限价“放水”。6 月 16 日，广州、北京、南京等地彩电价格不涨反跌。

6 月 21 日，第二次峰会在南京召开。第二天，熊猫就在天津公然违反限价协议，其 29 寸纯平彩电售价低于限价 600 元。7 月 8 日，北京国美电器商城各门店以低于限价 610 元的价格推出厦华 298K 超平彩电。

另外，早在 1999 年 5 月，足以垄断国内彩管市场的八大彩管厂联合发布过一个惊人的声明：彩管停产一个月。八大彩管厂欲通过结盟，以停产限产达到提价目的。

（三）暗中默契——价格领导

暗中默契的主要方式是价格领导，即由行业中某个厂商制定和变动价格，其他厂商相应地定价和变价。

(1) 主导厂商型。它是指一家最大规模厂商和许多小规模厂商所组成的寡头垄断行业中，大厂商实力雄厚，处于支配地位，垄断并决定整个行业的产品价。

(2) 晴雨表厂商型。它是指在某些寡头垄断行业，决定产品价格的并不是一家最大规模、最有影响的厂商，而是一家管理先进，掌握信息及时全面，对市场供求关系变动最敏感的厂商。

三、寡头的竞争策略

寡头们一直在想方设法打败对方，所以他们在价格、产量、研发、广告、产品的差别化方面下功夫，他们在生产经营决策方面往往进行博弈分析。

我们用一个模型——囚徒困境来说明寡头之间竞争策略的选择。但博弈论只是解释寡头之间的竞争行为，不能够提供解决问题的方案，这也是博弈论的“缺陷”。例如，两个嫌疑犯 A、B，之前他们订立了攻守同盟，都保持沉默，对自己最有利。如果两人都坦白则各判 8 年；如果一人坦白另一人不坦白，坦白的放出去，不坦白的判 10 年；如果都不坦白则因证据不足各判 1 年(表 5-2)。

表 5-2　　囚徒困境分析

	B 坦白	B 沉默
A 坦白	A－8　B－8	A－0　B－10
A 沉默	A－10　B－0	A－1　B－1

但是，最后双方博弈的结果是理性选择：两人都选择坦白，获得的结果并不是他们双方的最大利益。

思考与练习

一、选择题

1. 在完全竞争市场中，厂商短期均衡条件是(　　)。

A. $P=AR$

B. $P=MR$

C. $P=MC$

D. $P=AC$

2. 完全竞争市场是指(　　)。

A. 市场参与者的购销量只占整个市场交易量的极小部分

B. 市场参与者只能接受价格，而不能影响价格

C. 交易的商品是同质的

D. 以上全对

3. 在任何市场中，厂商的平均收益曲线可以由(　　)。

A. 他的产品供给曲线表示

B. 行业的产品供给曲线表示

C. 他的产品需求曲线表示

D. 行业的产品需求曲线表示

4. 卡特尔利润最大化的条件是(　　)。

A. 使每个厂商的边际收益等于行业的边际成本

B. 使每个厂商的边际成本等于行业的边际收益

C. 使每个厂商的边际收益等于它们的边际成本

D. 以上都不对

5. 下列哪一特点在高度集中的市场上普遍存在？(　　)。

A. 略高于正常水平的利润

B. 超过市场平均水平的广告费用

C. 超过市场平均水平的研究和开发费用

D. 以上都是

6. 任一不完全竞争市场的本质特征是单个企业的(　　)。

A. 需求曲线向下倾斜

B. 在产出超过一定数量以后，平均成本曲线下降

C. 在产出超过一定数量以后，平均成本曲线上升

D. 边际收益大于索要价格

二、判断题

1. 在完全竞争市场中，各厂商的商标或品牌都不存在差别。(　　)

2. 完全竞争市场的参与者都只能接受价格，而不能影响价格。(　　)

3. 长期中，完全竞争市场的价格等于长期平均成本的最低点。(　　)

4. 在完全竞争市场，厂商短期均衡意味着不存在经济利润。(　　)

5. 完全竞争市场中厂商之间的竞争比垄断竞争更激烈。(　　)

三、问答题

1. 完全竞争厂商的需求曲线为什么是水平直线？

2. 完全竞争厂商的短期供给曲线是什么？

3. 为什么利润极大化原则 $MR=MC$ 在完全竞争条件下可表达为 $P=MC$？

4. 为什么固定资产投资比重较高的行业容易引发恶性竞争？

5. 家电行业的制造商发现，为了占有市场份额，他们不得不采取一些竞争策略，包括广告、售后服务、产品外形设计，其竞争程度是很激烈的。因此，家电行业被认为是完全竞争行业。这种说法对吗？

四、计算题

1. 设完全竞争市场中代表性厂商的总成本函数 $TC=240Q-25Q^2+Q^3$，若该产品的市场价格是 1440 元，试问该厂商利润最大时的产量和利润。

2. 完全竞争产业中某厂商的成本函数为 $TC=Q^3-6Q^2+30Q+40$，假设产品的价格为 66 元。

(1) 求利润最大时的产量及利润总额。

(2) 若市场价格为 30 元，在此价格下，厂商是否会发生亏损？如果会，最小亏损额为多少？

(3) 该厂商在什么情况下才会退出该产业？

3. 完全竞争市场的需求函数和供给函数分别是 $Q=250-5P$ 和 $Q=100P/3$，求市场的均衡价格和均衡产量，以及厂商面临的需求曲线。

4. 完全竞争厂商在长期中，当其产量达到 1000 单位时，长期平均成本达到最低值 3 元，求：

(1) 如果市场需求曲线是 $D=2600000-200000P$，求长期均衡的价格和均衡产量，以及长期均衡中的厂商个数；

(2) 如果市场需求曲线由于某种原因为 $D=3200000-200000P$，假设厂商无法在短期内调整其产量，此时市场价格及每个厂商的利润水平如何？

5. 假如开一家水果店，每月不变成本主要包括：门面租金(1000 元/月)、工资费(2000 元/月)、水电费、税金(100 元/月)，以及货架 10 元(按 10 元/月摊销)等。每月可变成本是：水果的进价 60 元/箱，总共 20 箱(10 千克/箱)，交通运输费用 20 元。即不变成本：1000＋2000＋100＋10＝3110(元)，可变成本：60×10＋20＝620(元)。

问题：店主什么条件下，① 获得超额利润？② 利润为零？③ 亏损，但仍然能够继续生产？④ 亏损，必须停止生产？

五、案例分析

[案例 5-10] 银行的“霸王条款”你如何看？

不久前，浙江慈溪的秦小姐在银行取款时，柜台员数错钱，多给了 160

元。事后，银行以“不当得利”将秦小姐告上法庭。

“离柜概不负责”是银行单方面规定。有人认为此规定应该是对银行和储户之间双方都有效的约束。柜台员工数错钱，银行就不应该追讨这部分钱。

调查中，72.6%的人认为“离柜概不负责，少了不补，多的却要还”是银行的霸王条款。就多给秦小姐钱这件事，在多项选择中62.7%的人认为，既然是“离柜概不负责”，秦小姐没有义务给银行退钱；55.3%的人认为，银行的失误不该由储户承担；45.4%的人认为，秦小姐如果退钱，银行就该修改“离柜概不负责”的条款。也有25.7%的人认为，秦小姐多取的钱是不当得利，应该返还。

银行“霸王条款”，如商家的刷卡手续费等，你如何看待这些问题？

调查显示，67.5%的人希望银行业服务秩序得到整顿，并取缔不合理收费项目；65.6%的人希望改变银行的垄断地位，让其回归商业属性；56.7%的人建议加强对银行监管和问责力度；54.0%的人提出金融立法应让消费者参与。还有人提出，银行要提高服务意识(46.8%)，消费者要提高维权意识(41.4%)等。

另据媒体报道，最低消费、包间费、服务费……对于这些餐饮业的“霸王条款”和不成文行规，消费者虽有不满，但往往只能被动接受。11月1日起，商务部和发展改革委联合制定的《餐饮业经营管理办法(试行)》(以下简称《办法》)正式实施。《办法》规定，餐饮经营者不得设置最低消费，违规者最高可被罚款3万元。

问题：根据所学理论，如何看银行的“霸王条款”？

(资料来源 《“霸王条款”玩起捉迷藏，最低消费如何平稳落地》，新华网2014年11月14日)

第六章　分配理论

知识目标

1. 认识生产要素需求原则与要素需求曲线，使学生理解要素市场的要素需求与要素供给。

2. 理解生产要素价格如何决定。

3. 明确什么是要素供给原则与要素的供给曲线。

技能要求

1. 在要素需求方面主要理解完全竞争下的要素需求理论。

2. 在要素供给方面主要以劳动要素为例考察要素供给问题。

3. 在以上基础上提出劳动要素的价格决定问题。

解析与导读

1. 在前面供求理论中，消费者对各种商品的需求，是假定生产要素的价格不变，我们前面并没有强调这个前提。而厂商对生产要素也有需求，这不是由其厂商本身决定，还是来自于对产品市场的反应。

例如，在完全竞争市场中，厂商永远是按照“$MR=MC=P$”的原则进行生产。只不过是，这是针对产品市场而言。在生产要素市场是怎样的情况呢？这时“自变量”是生产要素，例如是劳动 L，要搞清楚是指“生产要素的边际收益”。

2. 理解劳动要素的价格决定问题，要认识到企业家作为生产要素的价格实际上是应该进入生产成本的。正确认识企业家才能的价值与作用。

3. 接下来分别讨论各种生产要素的特点，生产要素的报酬是如何得到的。

首先，厂商对劳动、资本、土地和企业家才能四种要素加以组合并生产销售产品取得收入，劳动、土地与资本的提供者分别得到工资、地租与利息，企业家才能的提供者得到利润(正常利润)。因此,要素价格决定了收入在要素所有者之间的分配,解决分配问题就是解决要素价格问题。

其次,工资由劳动这个生产要素的需求曲线和供给曲线的交点决定,在工会存在的情况下会对工资有一定的影响;利息由资本的需求和供给的均衡状态决定,在市场经济中,利率对资本市场具有调节作用;地租由土地的需求和供给的均衡状态决定,因土地的供给一般是固定不变的,随着经济的发展,对土地需求的增加,地租有不断上升的趋势。西方经济学把利润分为正常利润与超额利润,正常利润包括在成本之中,真正意义上的利润是指超额利润,它来自于承担风险、创新或垄断,它的前两个来源是合理的,而后一个来源是市场竞争不完全的结果。

导入案例

黄浦区少年宫与体育影视明星

南京路被称为上海第一商业街。南京路上西藏路口更是商业街的繁华地段,寸土寸金。路口的一幢式样别致的楼房为黄浦区少年宫。20 世纪 80 年代末,精明的商家欲让少年宫搬迁,利用原址改造为商厦,由此引起了当时的激烈争论。许多家长和一些社会人士以各种方式向有关部门及传媒表示反对意见,认为不能光为了追求经济效益而侵害少年的利益,不能让拜金主义毒害小孩的幼小心灵。

人们看到,体育和影视明星拿着一年几百万的收入,不同的明星他们的收入也各不相同。人们看着他们开着保时捷的车子,认为他们拿得太多了,另一方面,又甘愿花很高的门票钱,看他们演出。

问题:① 为什么要将少年宫搬迁呢,为什么不同的地段房价不同呢? ② 为什么体育和影视明星收入高,而且他们收入各不相同呢?

第一节　收入分配理论

一、厂商对生产要素的需求

在前面供求理论中,不同市场中的消费者对各种各样的产品有着需求。但前提是假定生产要素的价格不变。但是厂商对生产要素的需求不是由其本身决定,而是来自于厂商对产品市场的反应。

生产投入的要素可以分为:劳动、资本、土地、企业家才能。

（一）对生产要素的需求是引致或派生需求

例如,对种子、树苗的需求是由对果实的需求产生的,现实中我们看到的是,如果产品市场波动,会引起种子、树苗市场的巨大变化。

所谓派生需求,是指对任何一种要素的需求不是出于对这种要素本身的需求,而是对这种要素生产出来产品的需求派生出来的。

对于要素的供求来说,供给是明确的。

（二）完全竞争厂商的要素需求

在完全竞争市场上,厂商在产品和要素市场上都处于完全竞争,厂商按照 $MR=MC$ 的原则生产。

在要素市场上,居民出售要素获得货币收入,厂商是购买者,即厂商买单。为什么他意愿如此,无非是看到产品市场上的利润。那么自然要问,要素市场上的供求与产品市场上相同吗?

首先,要素的供给是简单的。第一类是自然资源,如江河、湖泊、海洋,以及矿山等;第二类是资本品,往往是某一行业的生产要素,其供给与一般的产品供给一样,是产品的价格同方向变动;第三类是劳动,作为体力与脑力的总和,其供给有一定的特殊性。

其次,看需求。如果某种产品销售旺盛,厂商势必加紧采购这种要素。这说明,厂商在要素市场上,既要一只眼睛盯着产品市场,另一只眼睛还要看着本身所在的要素市场。产品市场上,有成本、技术等竞争,要素市场上有要素的供求影响。

完全竞争市场上,厂商永远是按照“$MR=MC=P$”的原则进行生产(图6-1),只不过这是针对产品市场而言。在生产要素市场是怎样的情况呢?这时“自变量”是生产要素,例如是劳动 L,要搞清楚是指“生产要素的边际收益”(图 6-2)。

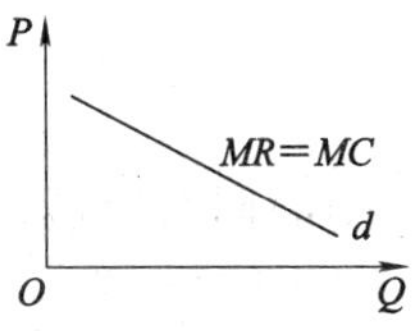

图 6-1　完全竞争市场的需求曲线

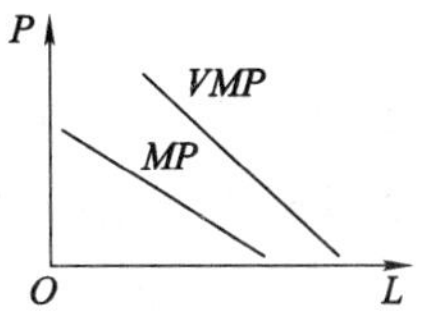

图 6-2　厂商的边际产品与边际产品价值

我们将要素的边际收益记为 VMP，即增加一个单位的生产要素的使用量所增加的收益(即产量的价值)。为了区别起见，将 VMP 称为边际产品价值。这时 $VMP=MP\times P$。这里 P 是产品的价格，MP 是要素的边际产出。

根据边际收益递减规律，MP 是随着某种要素的增加，其边际产量(即增加的产量)是逐渐减少的。虽然价格 P 在完全竞争市场上是不变的，MP 递减必然造成 VMP 的递减。即在完全竞争市场上，要素的边际收益也必然的递减。

(三) 不完全竞争厂商的要素需求

在不完全竞争市场上，价格 P 随需求量增加而减少。所以，根据 $VMP=MP\times P$，我们知道，因为 P 与 MP 的双重递减作用，不完全竞争市场上，边际产品价值 VMP 倾斜程度比完全竞争市场上更陡峭一些。

二、工资理论、利息理论、地租理论与利润理论

(一) 工资理论

1. 劳动的需求

厂商对劳动的需求，是指在各种可能的工资下，厂商愿意雇佣的劳动数量。

如果我们将每个企业雇佣的劳动数量，沿横向加总，得到的就是整个市场的劳动需求数量。一般而言，当工资水平高的时候，厂商对劳动的雇佣需求量减少；反之，则增加。如图 6-3，厂商对劳动的需求曲线 D_L 是向右下方倾斜的。

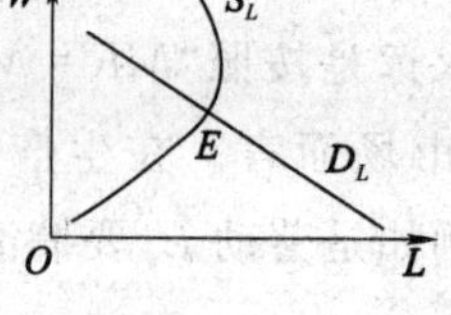

图 6-3 劳动的需求与供给曲线

2. 劳动的供给

劳动的供给有自己的特点。劳动者在提供劳动的同时，也对收入和闲暇有需求。

(1) 劳动的供给是劳动要素的所有者在不同的工资率上所愿意提供的劳动的数量。

(2) 劳动的替代效应与收入效应。劳动的替代效应,是指随工资率的提高,劳动者愿意增加劳动来替代闲暇。例如,如果一个人为挣一点加班费,是想买一台笔记本电脑,结果休闲少了。

劳动的收入效应,是指随工资率的提高,劳动者不愿意增加劳动的供给数量,而增加对闲暇的享受。例如,一个人不愿意加班,是因为想与家人在一起。

这样的话,当劳动的供给达到一定的时候,休闲的机会成本上升,使劳动者愿意减少劳动时间,这时只有提高工资水平才能维持一定的劳动数量,工资上升进一步诱使人们减少提供劳动的数量,所以劳动供给曲线 S_L 会发生弯曲变化(图 6-3)。

3. 工资差异

为什么歌星、体育明星的年收入非常高?为什么炼钢工人与商场的营业员工资水平不同?造成工资差异是什么原因?

工资的差异取决于多种因素:① 补偿性工资差异,是指由于工作的负效用,为了使人们进入吸引力小的工作岗位,企业需要支付较高的工资进行补偿。② 生产率工资差异,是指劳动质量的差异造成的工资率差异。例如,建筑工程师与流水线装配操作工提供的劳动在质量上是不同的。③ 非竞争性工资差异,是指劳动力市场的不完备性造成的不同劳动市场的工资差异。④ 特殊性工资差异,是指某人具备特殊的才能,能够获得更高的工资水平。

(二) 土地理论

1. 土地的供给

土地的供给是有自己的特点的。相对来说,一定时期,土地的供给量是一个常数。

2. 地租、准租金与经济租金

(1) 地租与租金

地租是因为使用土地这种资源,支付给土地的报酬。地租反映了土地的价格。

由于地租是因为土地固定,使用土地支付的报酬,许多其他的资源,也是固定的,对这些资源的使用与土地的使用是类似的,我们将这种数量固定的一般资源的使用价格,称为租金。换句话说,地租是当所考虑的资源为土地时的租金,而租金则是一般化的地租。

例如,人的天赋才能、某个人身居要职,实际上都是掌握和控制了某种

“稀缺资源”,使用这些资源所支付的价格当然称之为租金。因此可这样说,资本的租金是利息、企业家的租金就是正常利润。

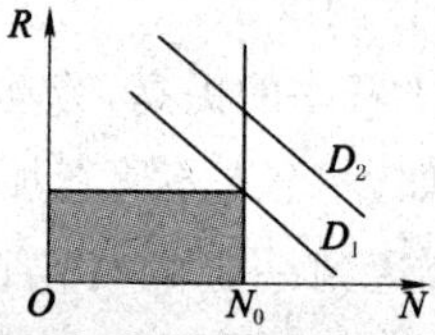

图 6-4 地租

(2) 准租金

在现实生活中,有些生产要素尽管在长期中投入数量是可变的,但在短期中却是固定的。例如,厂商在短期中使用的固定资产,这些生产要素的服务价格在某种程度上也类似于租金,通常被称之为“准租金”。

所谓准租金,就是使用供给量暂时固定生产要素所支付的报酬或者价格,反映了固定生产要素取得的收益。

(3) 经济租金

既然固定供给的要素数量是不变的,那么,要素价格的下降不会减少要素的供给量。或者说,要素收入减少不会减少该要素的供给量。据此,可以将租金看成是这样一种要素收入:其数量的减少不会引起要素供给量的减少。有许多要素的收入尽管从整体上看不同于租金,但其收入的一部分却可能类似于租金,也就是说如果从该要素的全部收入中减去那部分并不影响该要素供给的准租金,我们将这一部分要素收入叫做“经济租金”。如图6-6 中阴影部分 $ABCD$。

经济租金,又叫生产者剩余,是指生产要素的根据者实际得到的收入超过他愿意接受所最低收入部分。如图 6-6 中三角形 ABC 的面积。

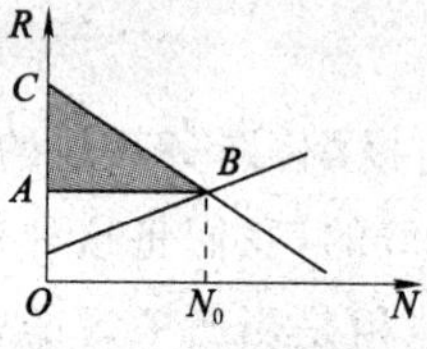

图 6-5 生产者剩余

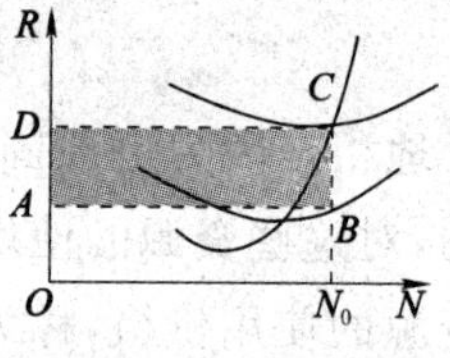

图 6-6 经济租金

［**案例 6-2**］ “永不行贿”的马云们，好日子还在后头

最近，阿里巴巴董事局主席、浙商总会首任会长马云在第三届世界浙商大会上倡言“浙商永远不参与任何行贿”。他说，这几年，我国的反腐力度是有史以来最大的一次，腐败对一个国家的伤害是巨大的，有受贿就有行贿，两头都要堵住。

马云倡言浙商“永不行贿”后，很多人赞赏之余又心生疑窦：“不行贿”能把企业做好吗？悲观地预测“永不行贿”会成为一句受到大众赞赏却很少有人相信的“孤独的口号”。

马云回应说：“阿里巴巴也许不是一个最典型的例子，但这么多年来，我没有给任何（向外面）行贿的机会。”他认为，“不行贿”应该是做企业最基本的底线，如果连“不行贿”都做不到，那就不要做了。老板给官员行贿，树立的榜样就不对，底下的员工就可能受贿，整个企业就扭曲掉了，一个企业要是靠行贿把生意做大，不配称作企业。

“无数事实证明，最优秀的结果都是在健康的商业竞争环境下取得的。”20 世纪世界最著名的发明家之一、电气之父尼古拉·特斯拉在自己的回忆录里这样说。

（资料来源 《中国纪检监察报》2015 年 11 月 17 日）

（4）寻租行为

寻租指的就是人们利用各种合法或非法的手段，如游说、疏通、哄骗、贿赂等，以得到占有这种租金的特权。

在市场经济中，如果行政权力过大、法律不够完善、缺乏制衡的机制，以及市场不发达，都会形成类似稀缺的“固定要素”，这些要素寻求其报酬，即寻租。例如，行贿受贿、行政保护等就是稀缺的要素资源寻求其准租金。如果不加强市场法制建设，不消除垄断，不约束制衡权力，不公平竞争，不建设成熟的市场经济体系，寻租行为必然发生。

（三）利息理论

［**案例 6-1**］ 小母鸡种麦烤面包

小母鸡在地里捡到五只麦穗，它要求小牛、小鸭、小马和小猪帮它种在地里，但它们都不愿意帮它。

小母鸡说：“我自己来要做。”于是小鸡自己忙着种地，等麦子丰收了，将小麦磨成面粉，烤成了面包。

她做好五根面包并拿给她的邻居看，邻居们都要求分享劳动成果，他们说小母鸡之所以种出麦子，是因为地里找出了种子，这应该归大家所有，再说，土地也是大家的。

但小母鸡说："不，我不能给你们，这是我自己种的。"

小牛叫道："损公肥私！"小鸭说："简直像资本家一样。"小马说："我要求平等。"小猪嘀嘀咕咕，等其他人忙着上告讨个说法。

村长说："确切地说，我们现在是理想的自由竞争制度，谷场的地是大家的，每个人都应该有他该得的一份。在目前制度下，劳动者和不劳动者必须共同分享劳动成果。"

从此以后小母鸡再也不种地、不烤面包了。

1. 资本

资本，是由经济制度本身生产出来，并作为投入要素，以生产出更多的商品和劳务的物品。

资本的基本特征是：① 可以通过人们的经济活动生产出来；② 是为了获得更多的商品或劳务；③ 作为投入要素，通过生产过程得到更多的商品和劳务。

2. 利率与资本的供求

资本可以在市场上买卖，资本的绝对价格是利息，相对价格是利率。

资本的需求是在各种利率水平时，企业对资本的需求量。由于随着资本数量的增加，其边际收益递减，收益资本的需求曲线 D_K 是向右下方倾斜的(图 6-7)。

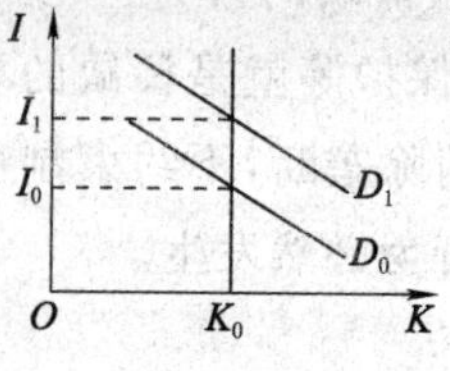

图 6-7　资本的利率

利率的水平是由储蓄量和资本的需求量决定的。短期中，资本供给量由储蓄量决定，出行量是固定的，所以利率是由资本的需求量大小决定。

长期中，两者都可以变化，利率由两者的均衡点决定。

(四) 利润理论

1. 利润

利润是企业的总收入与总成本之间的差额。即：

$$利润(L)=总收益(TR)-总成本(TC)$$

总收益是企业销售产品或者劳务获得的收入。总成本，主要包括工资、租金、利息、税金等，通常也称为企业利润。按照会计年度计算，企业利润也称为会计利润。

2. 正常利润

企业获得利润是需要有人能够发现资本的价值，这需要企业家的才能，包括独到眼光、经营管理能力，同时企业家要冒巨大的风险。正常利润正是对企业家才能的报酬，反映企业家这种生产要素的价格。

正常利润当然应该包含在成本中，往往是隐含的。

3. 超额利润

超额利润是指超过正常利润的那部分利润，又叫经济利润。

创新可以产生超额利润。美国经济学家熊彼特认为创新包括：引入一种新产品；采用一种新的生产方法；开辟一个新市场；获得一种原料的新来源；采用一种新的企业组织形式。

垄断当然也可以得到利润，这种利润当然属于超额利润。

第二节 社会收入分配平均化与收入分配政策

一、洛伦兹曲线

为了研究国民收入和财富在国民之间的分配的平等状况，美国统计学家洛伦兹 1905 年提出了著名的洛伦兹曲线(图 6-8)。

首先，整理人口百分比对应的收入百分比；其次，计算两者的累计百分比。

结论：① 洛伦兹曲线 D 的弯曲程度越大，收入分配的不平等程度越严重。当洛伦兹曲线是折线 OPY 时，收入分配绝对不平等。② 45°的对角线 OY 是收入分配的绝对平等线。③ 一般来说，一个国家的洛伦兹曲线介于上两者之间。

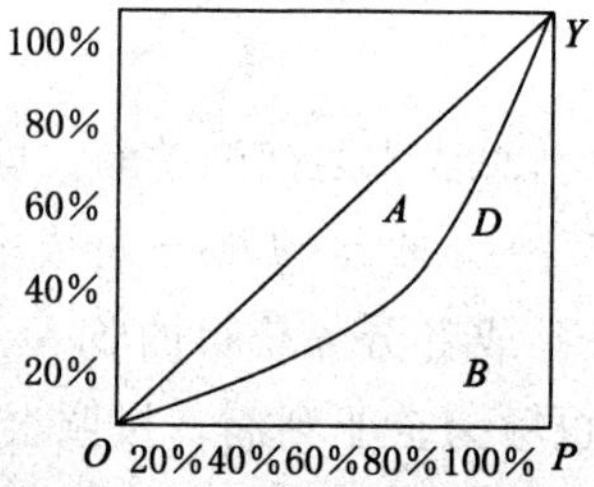

图 6-8　洛伦兹曲线图

[案例 6-2]　透过"基尼系数"看我市农民贫富差距

2004 年,张家港市农民收入水平得到了较快增长,收入分配比例也同样发生着变化。高收入户人均纯收入达 15000 元以上,低的还不到 2000 元,高低差距达 7 倍以上。平均数不能代表大多数,大多数达不到平均数。分组资料显示:全市高收入农民比重增大,平均数以上的农户占 45%,比上年的 44%提高 1 个百分点,其中 8000 元以上的占 37%,比上年提高 8 个百分点,10000 元以上的占 23%,比上年提高 7 个百分点,15000 元以上的占 7%,比上年提高 1 个百分点。全市平均数以下的农户占 55%,比上年降低 1 个百分点,其中全省平均数以下的占 23%,比上年降低 1 个百分点,全国平均数以下的占 7%,与上年持平,2000 元以下的占 3%,比上年降低 3 个百分点。

(资料来源　http://tj.zjg.gov.cn　2005/3/25)

二、基尼系数

根据基尼系数大小,测算收入分配不平等程度。基尼系数的计算方法是:图 6-8 中,A 是对角线 OY 与洛伦兹曲线 D 围成的面积,B 是洛伦兹曲线 D 与绝对不平等线 OPY 围成的面积。

$$基尼系数\ G=A/(A+B)$$

基尼系数 G 的值越靠近 1,收入分配越不平等。$G=0$ 时,表示收入分配状况是绝对的平等;$G=1$ 则表示收入分配绝对不平等。一般情况下,G 是介于 0 与 1 之间,即 $0<G<1$。

思考与练习

一、选择题

1. 工资率上升所导致的替代效应是指(　　)。

A. 工作同样长的时间可得到更多收入

B. 工作较短的时间也可以得到同样多的收入

C. 工人宁可工作更长的时间,用收入带来的享受替代闲暇带来的享受

D. 以上均对

2. 准租金与厂商的利润相比(　　)。

A. 相等

B. 前者大

C. 后者大

D. 都有可能

3. 正常利润是(　　)。

A. 经济利润的一部分

B. 经济成本的一部分

C. 内隐成本的一部分

D. B和D都对

4. 向后弯曲的劳动供给曲线是因为(　　)的缘故。

A. 先是收入效应大于替代效应,后是替代效应大于收入效应

B. 先是替代效应大于收入效应,后是收入效应大于替代效应

C. 替代效应和收入效应同时起作用

D. 始终主要是替代效应起作用

5. 垃圾清洁工的工资高于一般体力劳动者的工资是因为(　　)。

A. 清洁工人数少

B. 补偿性工资差别的缘故

C. 非补偿性工资差别的缘故

D. 以上都不对

6. 租金被定义为(　　)。

A. 对使用供给十分丰富的生产要素所支付的报酬

B. 建筑物、设备或可被用来制造其他商品的存货

C. 对使用供给固定的生产要素所支付的报酬

D. 对使用土地所支付的利息率

二、判断题

1. 经济地租属于长期分析，而准地租属于短期分析。（　）

2. 经济租金是对特定要素而言，而经济利润是对整个厂商而言。（　）

3. 已知某种产品是A、B、C三种生产要素结合的产物，当他们同时增加1个单位时，该商品的产量增加3个单位。这表明生产要素的边际实物产量为3。（　）

4. 厂商在边际收益产品或边际产品价值大于边际要素成本的情况下所得到的利润，要大于在边际收益产品或边际产品价值等于边际要素成本的情况下得到的利润。（　）

5. 假如厂商使用先进的机器设备以取代劳动，劳动的需求曲线将向右方移动。（　）

6. 一个完全竞争性厂商，在其最后雇佣的那个工人所创造的产值大于其雇佣的全体工人的平均产值时，他必定没有实现最大的利润。（　）

7. 日班和夜班工人的工资差别主要是市场的不完全性造成的。（　）

8. 当资本的边际效率大于利息率时，厂商继续借款进行投资仍然有利可图。（　）

9. 不论土地的生产率如何不同，对它们的需求是相同的。（　）

10. 正常利润是对风险的报酬。（　）

三、简答题

1. 说明劳动供给曲线的特征。

2. 说明如何衡量收入分配的不平等程度。

3. 垂直的土地供给曲线表示什么？

四、计算题

1. 一个厂商生产某产品，其单价为16元，日产量为200个单位，每单位产品的平均变动成本为5元，每月固定成本为1500元。

(1) 该厂商的准租金和经济利润是多少？

(2) 若月产量扩大为400个单位，产品单价降低为10元，它对准租金和经济利润有何影响？

2. 某城市的土地租赁市场，可供出租的土地数量不变，为 1000 亩，对土地的需求为 $3000-10R$，R 为土地的年租金。

(1) 现有条件下，求该城市的均衡地租是多少？

(2) 由于城市人口增加，对土地的需求增加，新的需求函数为 $=3500-10R$。求新的均衡地租是多少？

第七章 国民收入核算

知识目标

1. 了解宏观经济学的产生及其特点。

2. 明确国民经济总量指标体系及相关概念。

3. 明确国民收入指标体系，掌握核算 GDP 的方法。

4. 理解国民收入循环模型及储蓄—投资恒等式公式。

技能要求

1. 掌握国内生产总值、国民生产总值、国内生产净值、国民收入、个人收入和个人可支配收入的概念及其相互关系。

2. 会用支出法和收入法核算 GDP。

3. 会用储蓄—投资恒等式公式核算简单的国民收入问题。

解析与导读

1. 从明确国民经济总量指标体系及相关概念开始，弄清楚什么是最终产品与中间产品，总结出 GDP 要核算出全部最终产品的价值，这个价值与国民经济各部门增加值之和相等，最后，掌握核算 GDP 的支出法和收入法。

2. 由于 GDP 是用货币来计算的，GDP 的变动由两个因素造成：一是所生产的物品和劳务的数量的变动，二是物品和劳务的价格的变动。

由于产品价格变化原因，这样按照当年价格水平计算出的 GDP 会存在一定的“水分”，如何“缩水”，需要选择一个比较期的价格，即基期价格，以该价格计算“新的”GDP。比较这两个 GDP，就是比较名义 GDP 与实际 GDP。

3. 根据简单国民收入循环模型，从讨论两部门经济收入流量循环开始，得到储蓄—投资恒等式公式：$I=S$。

三部门、四部门经济均衡的讨论与两部门类似。

要会用储蓄—投资恒等式公式解决一些核算国民收入简单问题。

导入案例

就业始终是凯恩斯最关心的问题。因为20世纪30年代席卷整个资本主义世界的经济大萧条带来大量失业以及接踵而至的社会问题，由此引发了凯恩斯对传统自由放任经济哲学的重新审视，从而形成主导了半个世纪经济学发展方向的宏观经济理论。

首先，当实际GDP增加时，失业率降低；而当实际GDP减少时，失业率上升。在宏观经济学中，这个负相关关系被称作“奥肯定理”，纪念第一个研究并发现两者关系的美国经济学家阿瑟·奥肯。

其次，罗斯福新政中的政策措施是建立在凯恩斯的“有效需求不足”理论之上的。即由于有效需求不足，使得总供给大于总需求，实际的经济产出没有达到充分就业水平所对应的产出量，因此存在着紧缩缺口。为了解决这个问题，政府应该采取扩张性的财政政策与货币政策，来扩大总支出，从而刺激总需求。因此，罗斯福政府主动增加赤字，增加对公共基础服务设施的投资，大力修建高速公路和电站等举措。

最后，从凯恩斯理论诞生的那天起，一方面指导了政府的就业政策，另一方面又在政策实施过程中饱受考验，有时候甚至受到批评。

第一节 宏观经济学研究的主要内容

20世纪30年代出现经济大危机，说明由“看不见的手”所调节的自由市场经济会出现经济资源大量闲置，失业增加，经济活动急剧下降。价格机制并不总是使闲置资源得到有效利用。

大萧条时期，当时的美国总统胡佛，面对经济问题，还是采用自由主义经济学的思路，基本上保持政府正当干预的政策，结果经济萧条越来越严重。罗斯福1933年接任总统后，立即要求国会授予他紧急全权，要加强国家对社会经济生活的全面干预。这种实践的理论依据是凯恩斯的宏观经济理论。

凯恩斯1936年发表《就业、利息和货币通论》被称为宏观经济之始。凯恩斯在该书中指出，新古典经济学中假定价格可以在供求关系的作用下，上下自由浮动是不正确的。

由于价格和工资具有黏性和刚性，价格机制很难充分调节使经济处于充分就业的均衡状态。凯恩斯对正统经济理论提出了全面的批评，提出建立了一个以国家干预为中心、以消除资本主义经济危机和失业为目标的完整学说体系，使经济达到充分就业的均衡状态，即要求政府通过新的经济政策来刺激总需求，使经济资源得到充分利用。

凯恩斯的理论能够解释为什么会出现经济危机，提出了解决经济危机的有效方法，所以在宏观经济研究方面，取代了新古典经济学的主导地位。

到了20世纪50年代，萨缪尔森在他的著作《经济学》中正式把传统的新古典经济学理论称作微观经济学，把凯恩斯的理论称作宏观经济学。

在微观经济学中，我们关心的是个体、个量，如厂商的价格、成本、利润、供求平衡等问题。在宏观经济学中我们关心的则是总量、总体，因为经济的总量是多少、市场总的供求量均衡，涉及总消费、总储蓄、总投资、国民收入与价格总体水平，等等。

第二节　国民收入核算

一、两部门经济的宏观运行

只有厂商和居民，是最简单的部门两经济体系(图7-1)。

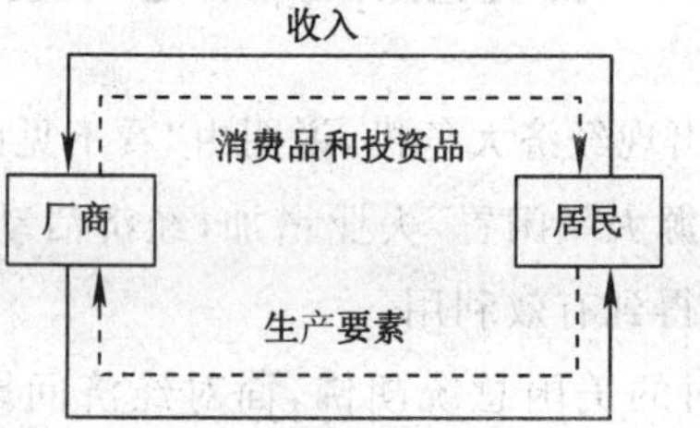

图7-1　简单两部门经济体系

从图7-1可以看出，居民购买消费品和投资品，经济体系可以循环下去。整个收入总量可按收入衡量，也可以按支出衡量，两者在数量上应该相等。如居民购买消费品与投资品向厂商支付收入，应该与厂商向居民购买生产要素支付的收入相等；生产要素是要取得收入与其生产出一定量的消费品和投资品，两者在数量上也是相等的。

图7-2是三部门经济体系，政府增加进来后，情况复杂一些。居民的收入有一部分要纳税，但不应该包括转移支付。

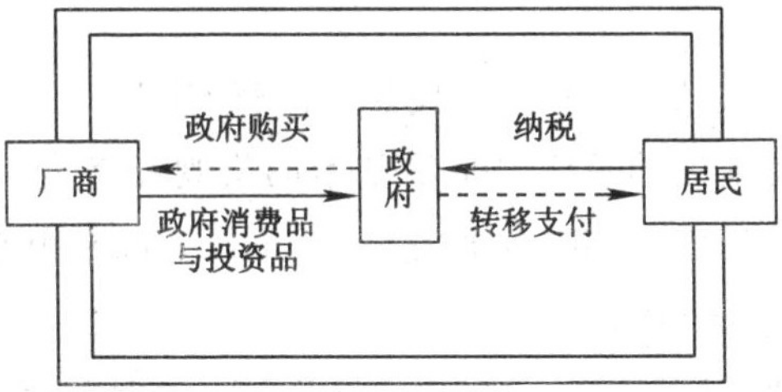

图7-2 简单三部门经济体系

二、国民收入的核算

（一）最终产品与中间产品

最终产品是指在一定时期内生产的为最后的消费者所消费的产品和劳务。最终产品通常包括三类：① 消费品、军工产品；② 固定资产积累与储备（包括库存增加）；③ 净出口（进出口差）。

中间产品是通过销售供生产其他的产品的产品。作投资用的产品，看似中间产品，但由于不再加工和出售，故属于最终产品。企业年终库存货物，可以看作是企业自己卖给自己的最终产品。实际区分最终产品与中间产品非常困难。煤用于家庭取暖与做饭时是最终产品，作为发电与炼钢的原料时又是中间产品。

下面举例说明，如何通过中间产品计算最终产品的价值。

假定一件上衣从生产到消费者手中最终要经过5个阶段：种棉、纺纱、织布、制衣、销售。为了方便起见，假定棉花价值为15美元，是当年新生产的价值。棉花纺成纱售价20美元，即纺纱增值5美元。这种20美元纱织成布售价30美元，于是织布厂增值10美元。30美元布制成成衣卖给售衣商为45美元，于是制衣厂生产的价值是15美元，即增值15美元。售衣商卖给消费者为50美元，于是售衣商在售卖中增值5美元。可见，这件上衣在5个阶段中增值共计：15＋5＋10＋15＋5＝50美元，正好等于这件上衣的最后售价。

上衣例子说明，一件最终产品在整个生产过程中的价值增值，就等于该最终产品的价值。即：$\sum$ 价值增加值 = 最终产品的市场价值。一个国家在一定时期内（通常指一年）生产千千万万种最终产品。按照西方经济学的说法，这些最终产品的价值总和，就等于生产这些最终产品的各行各业新创造的价值的总和。

（二）国内生产总值GDP与国民生产总值GNP

一个国家或者地区的总产出是最基本的宏观经济变量。其他宏观经济变量如消费、储蓄、投资、税收、财政支出、进出口等都是由它派生出来的。

1. 国内生产总值GDP

国内生产总值GDP(Gross Domestic Product)是指经济社会（即一国或一地区）在一定时期内（通常为一年，有时按季度或半年计算），运用生产要素所生产的全部最终产品（物品和劳务）的市场价值。

2. 国民生产总值GNP

国民生产总值GNP(Gross National Product)又叫总国民收入，是指一个国家或地区在一定时期内（通常为一年，有时按季度或半年计算）新生产的全部最终产品和劳务的市场价值总和。

3. GDP概念要点

(1) GDP是一个市场价值的概念。各种最终产品的价值都是用货币加以衡量的。产品市场价值就是用这些最终产品的单位价格乘以产量获得的。假如某国一年生产10万件上衣，每件上衣售价50美元，则该国一年生产上衣的市场价值为500万美元。

(2) GDP测度的是最终产品的价值，中间产品价值不计入GDP，否则会造成重复计算。例如，如果把棉花、纱、布及制衣厂手中的成品的价值都算作这一时期生产的价值，则其总额将是：15＋20＋30＋45＋50＝160美元，而不再是50美元。

(3) GDP是一定时期内（往往是一年）所生产而不是所售卖掉的最终产品价值。若某企业年生产100万美元产品，只卖掉80万美元，所剩20万美元产品可看作是企业自己买下来的存货投资，同样应计入GDP。

(4) GDP是计算期内（如2003年）生产的最终产品价值，因而是流量而不是存量。流量是一定时期内发生的变量，GDP是在一定时期的最终产品的价值。存量是一定时点上存在的变量。

(5) GDP是一国范围内生产的最终产品的市场价值，从而是一个地域概念，而与此相联系的国民生产总值(GNP)则是一个国民概念，乃指某国国民所拥有的全部生产要素在一定时期内所生产的最终产品的市场价值。因此，一个在日本工作的美国公民的收入要计入美国的GNP中，但不计入美国的GDP中，而计入日本的GDP。

(6) GDP一般仅指市场活动导致的价值。家务劳动、自给自足生产等非市场活动不计入GDP中。

西方一些主要发达国家在最初是使用国民生产总值(GNP)作为国民经济核算中的核心指标，后又改用GDP作为核心指标，弄清GDP和GNP的差异和为什么世界大多数国家都选用GDP，对于正确理解GDP和整个国民经济核算体系是颇有帮助的。

4. GDP与GNP的区别与联系

(1) GDP按国土原则计算产值，即以生产经营活动的国界为准，凡是发生在本国领土范围的生产经营活动，不论由谁生产经营，归谁所有，都要计入本国的GDP。

(2) GNP是按国民原则来计算产值，国民是指居住在国内外的本国居民和常住本国但未加入本国国籍的居民。本国居民的生产经营不论发生在国内外都计入本国的GNP；外国国民在本国的生产经营成果则不计入本国的GNP。它等于国内生产总值GDP加上来自国外的净要素收入。国外净要素收入是指从国外得到的生产要素收入减去支付给国外的要素收入。

可见，国民生产总值GNP与国内生产总值GDP之间的区别就在于国外的净要素收入。生产要素的提供者不一定都是本国居民，有时也有外国居民，本国居民也有向外国的经济活动提供要素的。国内经济活动所创造的收入，作为要素收入，既分配给本国居民，也分配给外国居民，相反，国外的经济活动所创造的收入也分配给本国居民，这两项的差额就是国外净要素收入。

GNP＝GDP＋国外净要素收入＝GDP＋(本国在国外的资本和劳务收入－国外在本国的资本和劳务收入)

由此可见，① 国内生产总值GDP是“领土”概念，国民生产总值GNP是“生产要素”概念；② 国内生产总值是“生产”概念，国民生产总值是“收入”概念；③ 在经济封闭的国家或地区，国民生产总值等于国内生产总值；在经济开放的国家或地区，国民生产总值等于国内生产总值加上国外净要素收入。

当今世界上，国内生产总值概念比国民生产总值概念更加普遍地被使用。

在1991年11月之前，美国均是用GNP作为对经济总产出的基本测量指标。后来改用GDP，原因是大多数国家都用GDP。同时，① 国外净收入数据不足，GDP较易衡量；② GDP相对于GNP来说是国内就业潜力的更好衡量指标（本国使用外资时解决的是本国就业问题）。

例如，中国诺基亚公司归芬兰人所有，所以该公司在中国经营得到的利润，虽是中国GDP的一部分，但不被统计为中国GNP，而应归入芬兰GNP。中国海尔在美国工厂的利润，应作为美国GDP一部分，但应被统计为中国的GNP。

随着国际经济联系加强，重视地域范围的GDP的相对重要性上升。

另外，GDP核算过于偏重产品。而国家宏观经济发展的综合水平还取决于其他许多因素，如国土资源、国民素质、环境质量、社会福利、政府工作效率、国际竞争能力等。

三、从收入和支出两个方面核算国民收入

通过前面的图形知道，收入是等于支出的。把它们分别汇总即可。但实际这样的操作是困难的，因为最终产品太多了，难以区分。

解决这一问题的办法是：计算各行业在一定时期新增加的价值，这种方法称为生产法或收入法。

按总产出＝总支出，也可以计算一定时期的购买最终产品的总支出，称为支出法。

（一）支出法核算GDP

用支出法核算GDP就是通过核算在一定时期内整个社会购买最终产品的总支出，即最终产品的总卖价来计算GDP。

在现实生活中，产品和劳务的最终使用，除了居民消费，还有企业投资、政府购买、出口等。因此，我们可以把GDP的最终使用分为四个部分：消费C、投资I、政府购买G、净出口NX，GDP就是这四个部分的总和。

个人消费C，如购买耐用品、食品、劳务（医疗、教育、旅游等）。

私人投资I，如开厂、购买机器设备、存货等。一般把住宅建筑规为投资，为有些建筑物可以出租，自己并不使用。

政府购买 G，指提供国防、教育、基础建设等。

GDP 可用下式表示：

$$GDP=个人消费+私人投资+政府购买=C+I+G$$

如果考虑进出口，有净出口 $NX(NX=X-M)$，则：

$$\begin{aligned}GDP&=个人消费+私人投资+政府购买+(出口额-进口额)\\&=C+I+G+NX\\&=C+I+G+(X-M)\end{aligned}$$

这里要说明的是，投资是指增加或更换资本品。中间产品与资本品是不同的。中间产品在生产过程中全部消费，资本品是逐步消费的，每次消费的价值，称为折旧。

（二）收入法测算 GDP

用收入法测算 GDP 就是把要素所得到的收入加总而计算出的 GDP。分为三块：要素报酬收入、非公司企业主收入与厂商收入。

1. 生产要素报酬收入（利润除外）

工资：所有对工作的酬金、津贴和福利费，其中包括个人所得税和社会保险税。利息：给企业提供的货币资金所得利息，如银行存款利息、企业债券利息等。租金：出租土地、房屋等租赁收入；专利、版权等收入。按照 GDP 的含义，不包括政府公债利息和消费信贷利息。

2. 非公司企业主收入

非公司企业主收入主要指自办业务的医生、律师、农民和小商贩的收入以及个体户收入。他们利用自己的资金，自我雇佣，工资、利息、利润和租金常混在一起，无法区分。

3. 厂商收入

首先是公司税前利润，包括公司所得税、社会保险税、股东红利和未分配利润等。

其次是资本折旧，包括在总投资里面，但不是生产要素创造的收入。

最后是企业间接税与企业转移支付。这两者不是要素收入，但通过价格转嫁给消费者。

企业间接税，包括货物税、销售税、周转税。（直接税是只能由纳税人自己承担税负的税收，一般不能转嫁给消费者，一般在收入环节征收，如所得税。）间接税能够转嫁税负，即可以通过提高商品和劳务的售价把税负转嫁给购买者的税收。一般在生产和流通环节征收，如增值税：主要针对货物，13%～17%税率；营业税：主要针对劳务，3%～15%税率；消费税：针对部分产品，有害、破坏和耗能的商品；关税等：针对进出口。

企业转移支付，是对非盈利组织的社会慈善捐款和消费者呆账。

（三）核算国民收入注意问题

1. 国民生产净值 *NDP*

从 GDP 中除去折旧，这样才能反映出什么是新增加的产品价值。因为折旧是为了更新固定资产，折旧实际是对 GDP“瘦身”，这样的 GDP 更加能够反映一个国家或地区的新的生产能力。从 GDP 中除去折旧称为国民生产净值 *NDP*，即：

$$NDP = \text{GDP} - \text{折旧}$$

固定资产折旧不是新创造价值，是以前价值在生产过程中发生的价值转移。*NDP* 反映一定时期生产活动的最终净成果。

折旧占 GDP 的比例一般相对稳定，用 GDP，还是 *NDP* 表示经济总量变动，没有本质差别，国内外一般都更习惯采用 GDP。

2. 国民收入 *NI*

从 *NDP* 中再扣除间接税，即：$NI = NDP - \text{间接税}$，或者写为：

$$NI = NDP - \text{间接税} - \text{企业转移支付} + \text{政府补贴}$$

这里政府补贴（给予企业），虽然不记入产品价格，但是成为企业收入，然后成为要素收入。

3. 个人收入 *PI*

个人收入 *PI*，是指一定时期个人的全部收入。包括从政府得到的转移支付。如医疗补助、住房补助、生业保险、退休金等。

$$PI = NI - (\text{社会保险税} + \text{企业所得税} + \text{未分配利润}) + \text{转移支付}$$

4. 个人可支配收入 *DPI*

企业的利润并不是完全归个人所有，一部分用于企业的再经营和发展，付给个人的是股东的股息；家庭或个人会有一些利息的收支，即利息的调整。因为个人所得税部分是向政府缴纳的税额，是不能由家庭支配的；家庭还可能接受社会福利的资助，如社会保险、失业救济、退休金等。所以：

$$DPI = NI - \text{公司利润} + \text{股息} + \text{利息调整} - \text{个人纳税} + \begin{matrix}\text{政府的社会}\\ \text{福利支付}\end{matrix}$$

或者简单的也可以写为：

$$DPI=PI-\text{个人所得税}$$

[例题 7-1] 某经济体各经济指标如表 7-1 所示。

表 7-1 **各经济指标** 单位：亿元

项目	消费支出 C	税收 TX	转移支付 TR	出口 EX	进口 IM	政府购买 G	总投资 I	折旧 D
金额	6000	4000	2500	2400	2200	2000	1500	600

求该国的 GDP、净投资、净出口、可支配收入、储蓄各为多少。

解：

GDP ＝个人消费 C＋私人投资 I＋政府购买 G＋(出口额 X－进口额 M)

$=C+I+G+(X-M)$

$=6000+1500+2000+(2400-2200)$

＝9700(亿元)

净投资＝总投资－折旧＝$I-D$

$=1500-600=900$(亿元)

净出口＝$X-M=2400-2200$

＝200(亿元)

可支配收入＝$GNP+TR-TX=9700+2500-4000$

＝8200(亿元)

储蓄＝可支配收入－消费＝$DPI-C=8200-6000$

＝2200(亿元)

第三节 名义 GDP 与实际 GDP

由于当年的 GDP 是按照当年的产品价格计算的，所以如果当年物价变化，会对当年的 GDP 的大小产生影响，因此，存在有实际 GDP 与名义 GDP。

所谓名义 GDP 是按当年价格计算的全部最终产品的市场价值。实际 GDP 是按基期年价格计算的全部最终产品的市场价值。

由于 GDP 是用货币来计算的，因此，一国 GDP 的变动由两个因素造成：一是所生产的物品和劳务的数量的变动，一是物品和劳务的价格的变动。当然，二者也常常会同时变动。为弄清国内生产总值变动究竟是由产量还是由价格变动引起，需要区分名义国内生产总值和实际国内生产总值。

$$\frac{\text{名义 GDP}}{\text{实际 GDP}}=\text{GDP 折算系数}$$

GDP 折算指数是名义的 GDP 和实际的 GDP 的比率。

如果知道了 GDP 折算指数，就可以将名义的 GDP 折算为实际的 GDP，其公式为：

$$\text{实际 GDP}=\text{名义 GDP}\div\text{GDP 折算指数}$$

人均 GDP 是一国 GDP 总量除以该国人口数量。

潜在 GDP 是指在现有资本和技术水平条件下，经济社会的潜在就业量所能生产出的产量。

[例题 7-2] 一个经济体系包含两种最终产品香蕉和服装，以 1982 年价格作为基期价格计，计算 1992 年 GDP 的折算系数，相关数据见表 7-2。

表 7-2 某经济体系 GDP 数据

项目 \ GDP	1982 年名义 GDP	1992 年名义 GDP	1992 年实际 GDP（1982 年价格作为基期价格）
香蕉	15 万单位×1 元=15 万元	20 万单位×1.5 元=30 万元	20 万单位×1 元=20 万元
服装	5 万单位×40 元=200 万元	6 万单位×50 元=300 万元	6 万单位×40 元=240 万元
合计	215 万元	330 万元	260 万元

解：显然，1982 年服装的价格是 40 元/单位，香蕉的价格是 1 元/单位。

以 1982 年价格作为基期价格计，1992 年实际 GDP 是 260 万元，1992 年名义 GDP 是 330 万元。

所以，1992 年的 GDP 的折算系数=330/260=126.9%。

第四节 国民收入循环及基本公式

一、两部门经济收入流量循环模型

两部门经济中只有居民和厂商两个部门。这时，国民经济的收入流量循环模型可以用图 7-3 表示。图中箭头代表货币的流向。与此同时，还存在着与货币数量相应的实物(包括产品、劳务与生产要素)流动。即：

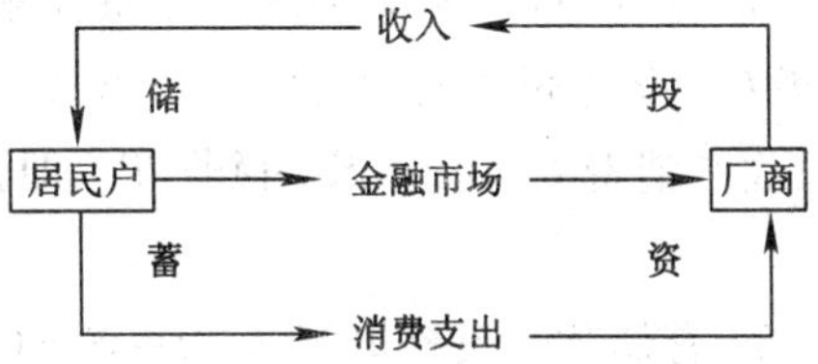

图 7-3　两部门经济循环

(1) 居民向厂商提供各种生产要素，同时从厂商那里得到相应的货币收入。

(2) 居民向厂商购买消费品，相应的用于消费的货币支出流向厂商。

(3) 如果居民不把所有的收入都用于消费，那么就会发生储蓄。这些储蓄流入金融市场。厂商则从金融市场得到贷款，进行投资。与货币投资相应的实物形态的资本品流动则发生在厂商部门的内部。

以上三方面的流动，形成一个完整的收入流量循环。

从总需求看：总产出 Y＝消费需求＋投资需求＝消费 C＋投资 I。

从总收入(即总供给)看：总产出 Y＝要素收入总和＝工资＋利息＋地租＋利润＝消费 C＋储蓄 S。

由于有 $Y=C+I$，$Y=C+S$，所以 $C+I=C+S$，即得：

储蓄—投资恒等式：$I=S$。

应该指出的是，投资概念有不同的口径。某一时期的全部投资称为总投资。其中，相当于资本存量折旧的投资被称为重置投资，它被用来补偿陈旧的资本设备。由于资本设备的价格在不同时期可能会变动，因而用于更新某一设备的重置投资额可能与原有设备的买价不一致。总投资减去重置投资后的余额称为净投资。净投资是资本存量的新增部分。

由于国民生产总值中包括了折旧，所以与之相对应的投资是总投资。但在流量循环模型中，我们通常不考虑折旧。因而在这里我们使用的投资概念是与国民生产净值或国民收入相对应的净投资。

二、三部门经济流量循环模型

三部门经济是指在两部门经济体系中加上了“政府”。政府是一个非盈利的社会管理部门，要向厂商和消费者征税，同时也向厂商购买产品，向居民户购买劳动。因而政府与居民户、政府与厂商之间的货币流动是双向的。

从总需求看，总产品（产出）Y＝消费需求＋投资需求＋政府需求＝消费 C＋投资 I＋政府购买 G。从总供给看，总产品（产出）Y＝要素收入总和＝工资＋利息＋地租＋税收＝消费 C＋储蓄 S＋税收 T。即：$Y=C+I+G=C+S+T$。

所以，$I+G=S+T$，有储蓄—投资恒等式：$I=S+(T-G)$，其中，$T-G$ 可看作政府储蓄。

三、四部门经济收入流量循环模型

四部门经济是指在三部门经济体系的基础上加上国外部门。这里把本国以外的所有国家和地区都看作是国外部门。为了简化问题，这里假定只存在对外贸易关系。

国外部门向国内厂商购买产品，即本国出口。本国的政府、厂商和居民户也向国外购买产品。这是本国的进口，它会减少对本国产出的需求。此外，政府还可能征收进口关税。

从总需求看，总产出 Y＝对本国产出的消费需求＋对本国产出的投资需求＋政府对本国产出的需求＋国外对本国产出的需求＝消费＋投资＋政府购买＋出口（X），即 $Y=C+I+G+X$。

从总供给看，总产出 Y＝要素收入总和＝对本国产出的消费＋储蓄＋税收＋进口（M），即 $Y=C+S+T+M$。

于是有：$C+I+G+X=Y=C+S+T+M$，得到储蓄—投资恒等式：$I=S+(T-G)+(M-X)$。

这里，"$M-X$"看作是国外部门的储蓄。

思考与练习

一、名词解释

国内生产总值　实际国内生产总值　国民收入　个人可支配收入

二、选择题

1. 下列哪一项不列入国内生产总值的核算：（　　）。

A. 出口到国外的一批货物

B. 政府给贫困家庭发放的一笔救济金

C. 经纪人为一座旧房买卖收取的一笔佣金

D. 保险公司收到的一笔家庭财产保险费

2. 下列哪一项计入 GDP：(　　)。

A. 购买一辆用过的旧自行车

B. 购买普通股票

C. 汽车制造商买进 10 吨钢板

D. 银行向某企业收取一笔贷款利息

3. 在一个有家庭、企业、政府和国外的部门构成的四部门经济中，GDP 是(　　)的总和。

A. 消费、总投资、政府购买和净出口

B. 消费、净投资、政府购买和净出口

C. 消费、总投资、政府购买和总出口

D. 工资、地租、利息、利润和折旧

4. 下列(　　)项命题不正确。

A. 国民生产净值－直接税＝国民收入

B. 国民生产净值＋资本消耗＝GNP

C. 总投资＝净投资＋折旧

D. 个人收入＝个人可支配收入＋直接税

5. 宏观经济学研究的中心是(　　)。

A. 收入与增长分析

B. 收入与就业分析

C. 失业与通货膨胀分析

D. 通货膨胀与增长分析

6. 下列产品中能够计入当年 GDP 的有(　　)。

A. 纺纱厂购入的棉花

B. 某人花 10 万元买了一幢旧房

C. 家务劳动

D. 某企业当年生产没有卖掉的 20 万元产品

7. 用收入法核算的 GDP 应包括(　　)。

A. 工资、利息、租金和非企业主收入

B. 公司税前利润

C. 企业转移支付及企业间接税

D. 资本折旧

8. 按国民收入核算体系，在一个只有家庭、企业和政府构成的三部门经济中，一定有(　　)。

A. 家庭储蓄等于净投资

B. 家庭储蓄加折旧等于总投资加政府购买

C. 家庭储蓄等于总投资

D. 家庭储蓄加税收等于总投资加政府支出

三、判断题

1. GDP 被定义为经济社会在一定时期内运用生产要素所生产的全部产品的市场价值。(　　)

2. 一个在日本工作的美国公民的收入是美国 GDP 的一部分，也是日本 GNP 的一部分。(　　)

3. GDP 中扣除资本折旧，就可以得到 NDP。(　　)

4. 个人收入即为个人可支配收入，是人们可随意用来消费或储蓄的收入。(　　)

5. 三部门经济的投资储蓄恒等式为 $I=S+(T-G)$。(　　)

6. GNP 折算指数是实际 GDP 与名义 GDP 的比率。(　　)

7. 国民收入核算体系将 GDP 作为核算国民经济活动的核心指标。(　　)

8. 某出租车司机购买了一辆产于 2010 年的小轿车，该司机为此付出的 11 万元的购车费应计入 2016 年的 GDP 中。(　　)

四、简答题

1. 什么是国内生产总值？理解时应注意哪几个方面？

2. 简述国民收入核算的支出法与收入法。

3. 写出五个基本的国民收入总量，并说明它们之间的关系？

五、计算题

1. 假定某国某年仅仅发生了以下经济活动：(1) 金矿公司支付 7.5 万美元给矿工开采金，并将开采出的以 10 万美元售价卖给金饰品制造商；(2) 金饰品制造商支付 5 万美元给工人制造了一批项链卖给消费者，售价 40 万美元。

(1) 用最终产品法计算 GDP。

(2) 用新增加价值法计算 GDP。

(3) 用收入法计算 GDP。

2. 一国的国民收入统计资料如表 7-3 所示。(单位:亿元)

表 7-3　　某国国民收入资料

国内生产总值	总投资	净投资	消费	政府购买	政府预算盈余
4800	800	300	3000	960	30

试计算:(1) 国内生产净值;(2) 净出口;(3) 政府税收减去转移支付后的收入;(4) 个人可支配收入;(5) 个人收入。

3. 设一经济体系生产五种产品,它们在 1990 年和 1992 年的产量和价格如表 7-4 所示,问:

表 7-4　　产品的产量与价格

产品	1990 年产量	1990 年价格	1992 年产量	1992 年价格
A	25	1.50	30	1.60
B	50	7.50	60	8.00
C	40	6.00	50	7.00
D	30	5.00	35	5.50
E	60	2.00	70	2.50

(1) 1990 年和 1992 年的名义国内生产总值各是多少?

(2) 如果以 1990 年作为基年,则 1992 年的实际国内生产总值为多少?(产量单位:千克;价格单位:元/千克)

第八章　简单国民收入决定

知识目标

1. 理解经济体系均衡的含义，了解消费、储蓄与投资函数。

2. 明确二部门、三部门经济体系的国民收入是怎样决定的。

3. 理解政府宏观调控措施中，为什么要增加投资，刺激居民消费。

4. 理解乘数原理，了解什么是加速原理。

技能要求

1. 明确什么是消费函数、储蓄函数，能够画出消费曲线与储蓄曲线。

2. 明确边际消费倾向与边际储蓄倾向的关系，消费函数与储蓄函数之间的关系。

3. 能够推导二部门、三部门国民收入决定公式。

解析与导读

1. 从正确认识消费开始，构建消费函数与储蓄函数。实际上，由投资—储蓄恒等式“$I=S$”知道，投资来源于储蓄，要正确反映投资与储蓄，必须首先搞清楚消费构成与决定。由此，凯恩斯构认为，是收入是影响消费的主要因素，构建了消费函数。在明确边际消费倾向与边际储蓄倾向的前提下，理解消费函数与储蓄函数之间的关系；

2. 由于能够确定消费函数与储蓄函数，如果假定投资不变，就可以知道两部门经济均衡时，国民收入是受哪些因素的影响。

根据二部门、三部门经济体系的国民收入是怎样决定的，理解政府宏观调控措施中，为什么要增加投资，刺激居民消费等。这也是后面宏观调控措施的理论依据之一。

3. 理解家电下乡、黄金周、假日经济，以及农民购买农业机械获得价格补贴等的作用。

4. 最后的问题是明确乘数原理的内容与前提，关键是理解投资在经济体系中是如何“倍加”的；了解加速原理的含义。这两个原理为解释经济的周期性现象提供了理论指导。

导入案例

推进消费的三个方面

我国推进消费需要从三个方面入手：一要增加收入，让群众“能”消费。分批出台深化收入分配制度改革配套措施和实施细则，多渠道促进农民增收，努力实现居民收入增长和经济发展同步。提高国有资本收益上缴比例，更多用于民生保障。二要健全社保体系，让群众“敢”消费。提高医疗保险保障水平，全面推开大病保险。统筹推进社会救助体系建设。三要改善消费环境，让群众“愿”消费。加强农产品流通等骨干网建设。推进消费品安全立法，严惩“黑心”食品、旅游“宰客”等不法行为。

问题：① 为什么要多渠道促进农民增收？② 让群众“敢”消费的关键是什么？③ 改善消费环境从哪些方面入手？

（资料来源　《推进消费扩大和升级，促进经济提质增效》，中国经济网2014年10月29日）

第一节　总需求、总供给的构成与部门均衡

我们从支出和收入两个方面说明了国民收入的核算问题，这使整个经济体系得以运行。实际上，经济体系中的消费、投资、政府购买以及进出口构成了总需求 AD，即：

$$AD=C+I+G+(X-M)$$

另外，要满足这种总需求，要靠消费、储蓄和税收三个部分。于是，总供给 AS 是：

$$AS=C+S+T$$

当总需求和总供给相等时，即 $AD=AS$ 时，整个经济体系处于均衡状态。有：

$$I+G+X=S+T+M$$

如果不考虑进出口，即三个部门的经济体系：

$$I+G=S+T$$

如果是两个部门的经济体系：

$$I=S$$

这是一种简单化的分析模型，从总需求 AD 看，就是消费 C 需求与投资 I 需求；总供给 AS 就是，就是满足消费的产品 C 与储蓄 S。可见，两部门经济体系中，投资和储蓄决定了经济体系最终水平，当投资 I 和储蓄 S 相等时两部门经济体系均衡。

第二节　消费函数和储蓄函数

一、消费函数

尽管人们对于消费的态度是不一样的，现实中影响消费的因素很多，影响消费的因素很多，如收入、消费品价格、消费者偏好、消费者预期、消费信贷、利率水平，等等。其中最重要的是个人收入。

宏观经济学中，消费与收入之间存在密切关系，我们一般假设：收入增加时，消费增加，但消费的增加肯定比收入的增加要少；消费对收入的比率随收入的增加而下降；决定消费的基本因素是收入，而不是利率。

在这种假设前提下，我们认为人们的消费是受收入的影响和限制的。事实上，这样的假设是与人们的实际消费习惯与消费现实相吻合的。

假定消费与收入水平存在着稳定函数关系，以收入水平作为最主要的因素，我们发现人们在消费中有一定的规律性。衡量消费水平就从收入水平、消费习惯着手，研究平均消费倾向与边际消费倾向。

（一）平均消费倾向与边际消费倾向

平均消费倾向（APC）是指在某时期内，在一定的条件下，消费支出在可支配收入中所占的比例。即：

$$APC=C/Y$$

边际消费倾向（MPC）是指在某时期内，在一定的条件下，增加单位可支配收入，所带来的消费增加额。即：

$$MPC=\Delta C/\Delta Y$$

（二）消费函数

消费函数是指消费支出与影响消费的各因素之间的关系。一般情况下，可支配收入 Y 是影响和决定消费的最主要因素，因此，消费函数记为：$C=C(Y)$。

凯恩斯认为，消费有自发消费与引致消费构成。记 $b=MPC$，用 a 表示自发性消费，则 bY 是引致消费。消费函数可以写成：

$$C=a+bY \quad (0<b<1)$$

消费函数曲线见图 8-1。

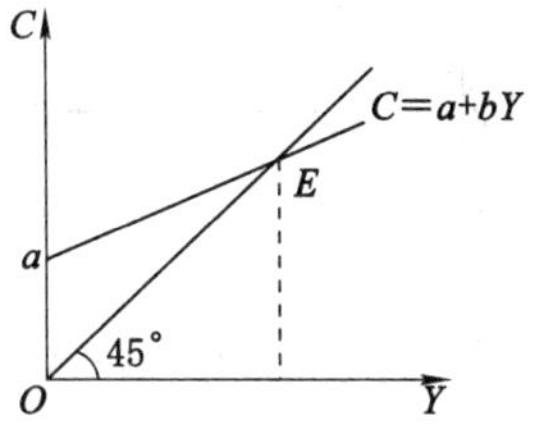

图 8-1　消费函数曲线

自发性消费是指消费者即使没有取得收入，为维持最基本生活水平的消费支出。例如，$a=100$，是指即使没有取得收入，维持最基本的自发消费(最低的消费)需要 100 个单位。边际消费 $MPC=b=0.8$ 意味着，收入每增加一元，消费在原来水平上增加 0.8 元。

引致消费指收入所引起的消费，这部分消费的大小取决于收入与边际消费倾向。

[案例 8-1]　"黄金周"带来的财源与问题

"黄金周"在一些地方造成的极度拥挤现象，给旅游带来了扫兴，对参与的人也带来了身心疲惫，有些人甚至发誓，再也不在"黄金周"出门凑热闹。但是，通过"黄金周"的确刺激了消费，使国民收入得到提高。在这样的"休假"期间，人们的法定休息日已有大约十天被硬性锁定在黄金周内，其弊端也是显然的，我们应该如何改进这种公众假日制度呢？

问题：通过"黄金周"到底能不能刺激经济？

二、储蓄函数

相应有，储蓄函数记为：$S=S(Y)$，即储蓄水平与可支配收入 Y 之间的关系。

因为：$S=Y-C$，所以储蓄函数是：

$$S=Y-C=Y-(a+bY)\text{，即：}S=-a+(1-b)Y$$

与消费函数类似，这里“$-a$”称为自主储蓄，$(1-b)$是边际储蓄倾向，$(1-b)Y$ 是引致储蓄。

储蓄函数曲线见图 8-2。

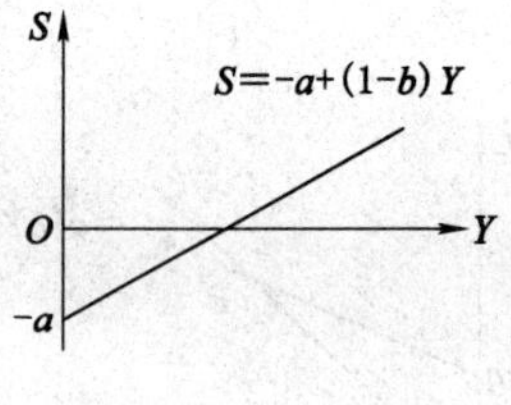

图 8-2　储蓄函数曲线

用 APS 表示平均储蓄倾向，APS 是指在一定时期内，储蓄在可支配收入中所占的比例。即 $APS=S/Y$。

边际储蓄倾向 MPS 是指在一定时期内，增加单位可支配收入，所带来的储蓄增加额。即：$MPS=\Delta S/\Delta Y$。

从平均消费与边际消费的概念看，由于 $Y=C+S$，$\Delta Y=\Delta C+\Delta S$，显然有：平均消费与平均储蓄之和、边际消费与边际储蓄之和都是 1，即：

$$APC+APS=C/Y+S/Y=1$$

$$MPC+MPS=\Delta C/\Delta Y+\Delta S/\Delta Y=1$$

［案例 8-2］　我国的储蓄问题

我国是一个高储蓄率国家，就平均储蓄率而言，1980～2009 年约为 39.8%，而全球约为 22.5%，发达国家约为 22.0%，中等收入国家约为 25.2%，低收入国家只有 19.5%，OECD（经合组织）国家约为 21.6%，美国平均约为 16.4%，而在具有高储蓄传统的东亚国家与地区，日本约为 28.5%，韩国约为 31.6%，中国香港约为 32.0%。根据 GDP 的支出法进行计算，2010 年中国的国民储蓄率达到惊人的 52.4%，可谓世界之最。

为了刺激经济增长，使大量的居民储蓄向投资转化，央行多次调整利息，2002 年 2 月 20 日，中国人民银行再次宣布，降低金融机构人民币存、贷款利率。这已经是自 1996 年 5 月 1 日央行首次降息以来的第八次降息，但是实际效果并不明显，我国的居民储蓄还是呈不断上升的势头。

问题：说明决定一国储蓄率的原因，并简要说明我国储蓄率居高不下的原因。

（资源来源　汪伟：《中国高储蓄之谜尚难破解》，http://www.aisixiang.com）

一般来说，一国的储蓄率主要是由以下几方面原因决定的：

(1) 资本市场状况。资本市场发达的国家，居民会把相当大部分的资金投向资本市场，从而降低储蓄率。

(2) 社会保障体系。如果一国的社会保障体系发达，居民没有后顾之忧，就会增加消费比率，从而储蓄水平会较低。

(3) 将来收入的保障情况。如果一国居民的将来收入有较强的保障，则储蓄率就会较低，反之较高。

(4) 一国居民的消费习惯也影响储蓄率。

从我国经济高速增长就推断率储蓄居高，可能存在问题。因为从居民的消费行为来看，当消费者收入处于上升阶段时，可以认为消费者会增加消费支出，以享受未来收入增长所带来的好处。由于我国目前社会保障体制尚不完善，居民对未来收入和支出具有强烈“预防性储蓄”，但随着广大农村地区社会保障网络逐步建立，而城镇和农村储蓄倾向并没显著下降。金融市场的不发达、流动性约束对消费行为的影响，也可能是用以解释中国高储蓄率的原因之一。

还有一种观点认为，中国的高储蓄率归因于中国人传统的节俭习惯，认为即使在收入增加的情况下，消费者由于消费的惰性而不愿扩大消费，因而使得需求热点难以启动。

第三节　投资函数

投资者进行投资的时候，要考虑预期的收益率、筹资的成本、银行的利率等因素。预期资本的效益与资本的边际效率(实际上是贴现率)是反向关系。

用 I 表示经济中的投资，r 表示利息率，投资函数是：$I=I(r)$。

投资函数曲线见表 8-3。

将投资函数 $I=I(r)$，看成是线性函数，显然 $I=I(r)$ 是减函数，令：$I=I_0-d\cdot r$，这里 I_0 是不随利率变化的自主投资，d 是常数，表示投资敏感性大小。$-d\cdot r$ 是利率变化引起的投资，称为引致投资。

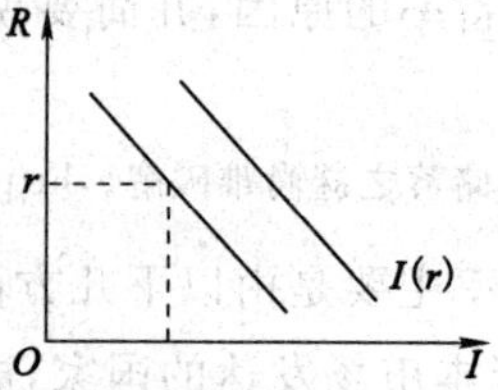

图 8-3　投资函数曲线

第四节　简单国民收入决定

案例 8-1 中，通过国庆“黄金周”旅游休假来刺激消费，能不能使国民收入增加呢？目前通过投资“铁公基”（铁路、公路与基础设施）能够使国民收入有多大的增加呢？

一、两部门经济中的均衡国民收入决定

从前面知道，当两部门经济体系均衡时，有：$I=S$。

假设投资函数是线性函数，认为投资作为自主投资，即 $I=I_0$，当 $I=S$ 时，有：

消费函数：$C=a+bY$，或者 $S=-a+(1-b)Y$。

投资函数：$I=I_0$。

均衡条件：$I=S$，或 $Y=C+I$。

解得：$\bar{Y}=(a+I_0)/(1-b)$。

如图 8-4，点 E 处，均衡国民收入为 $\bar{Y}$。要使均衡国民收入上升，显然要增加边际消费倾向 b 的值，即刺激消费，同时，还应该增加投资 I。

［例题 8-1］　经济社会的消费函数是：$C=110+0.8Y$，投资是 50 单位（单位：10 亿元）。均衡收入、消费和储蓄分别是多少？

解：以两部门为例，当该经济体系均衡时，投资来源于储蓄，即：$I=S$。

这时已知 $I=50$，$S=Y-C=Y-(110+0.8Y)=-110+0.2Y$。于是有：$50=-110+0.2Y$，解得均衡的收入 $\bar{Y}=800$（10 亿元）。

进一步，这时的消费 $C=110+0.8\times800=750$（10 亿元），储蓄 $S=I=Y-C=50$（10 亿元）。

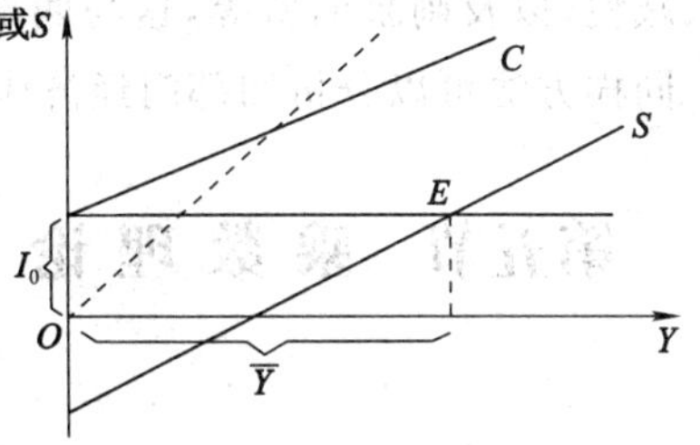

图 8-4 均衡国民收入决定

[案例 8-3] 2015 年我国重点推进六大领域消费

为了发展经济，我国需要从六个领域推动消费：

一是扩大移动互联网、物联网等信息消费，提升宽带速度，支持网购发展和农村电商配送。加快健康医疗、企业监管等大数据应用。

二是促进绿色消费，推广节能产品，对建设城市停车、新能源汽车充电设施较多的给予奖励。

三是稳定住房消费，加强保障房建设，放宽提取公积金支付房租条件。

四是升级旅游休闲消费，落实职工带薪休假制度，实施乡村旅游富民等工程，建设自驾车、房车营地。

五是提升教育文体消费，完善民办学校收费政策，扩大中外合作办学。

六是鼓励养老健康家政消费，探索建立产业基金等发展养老服务，制定支持民间资本投资养老服务的税收政策。用更好的产品与服务，让人们放心消费、享受生活。

二、三部门经济中的国民收入决定

这时经济体系中有了政府。活动主体是居民、厂商和政府。当三部门经济体系均衡时，有下面等式：

消费函数：$C=(a-bT_0)+bY$。

投资函数：$I=I_0$。

政府购买：$G=G_0$。

三部门经济体系均衡的条件：$I+G=S+T$。

解得：$\overline{Y}=\dfrac{a-bT_0+I_0+G_0}{1-b}$。

可见，在三部门经济体系中，要使均衡的收入增加，采取的措施仍然是增加投资、政府购买、减税，以及刺激消费等，这与两部门经济体系采取的措施本质上是一样的。同样方法可以分析四部门经济体系的情况。

第五节　乘数理论

一、投资乘数

1. 乘数效应及其作用过程

所谓乘数效应是指投资增加能够创造比自身更大的收入增量的扩张性作用。

一个部门的需求增加，即支出增加，必定引起其他部门的收入增加，其他部门的收入增加又会引起需求增加，这样一直持续下去，在各部门之间引起连锁反应，最后整个经济的总收入增加大于原来的总需求的增加。

将各个相关部门收入变化增加，使经济体系的总收入增加的过程，用一个例子来描述就是：假设整个经济体系的边际消费倾向为 0.8，一家商店的玻璃被打碎了，店主花 1000 元换新玻璃。玻璃店的老板得到收入 1000 元，该店主用收入的 80%，即 800 元到服装店买衣服；服装店老板得到 800 元的收入，再用这笔收入的 80%买食品，即 640 元购买食品；食品店老板获得 640 元的收入，他又把其中的 80%用于支出。如此继续下去，在经过不同行业老板的收入与支出行为之后，经济体系总的收入就增加了。

最初的投资是从投资 1000 元购买玻璃开始，即投资增量 $\Delta I=1000$ 元。这时各个商店都有投资行为，涉及商店－玻璃店－食品店－服装店……，最后使整个经济体系的国民收入增加。国民收入的增量 ΔY 有下列关系：

$$\begin{aligned}\Delta Y &= 1000+800+640+520+\cdots \\ &= 1000+1000\times 0.8+1000\times 0.8^2+1000\times 0.8^3+\cdots+1000\times 0.8^n+\cdots \\ &= 1000(1+0.8+0.8^2+0.8^3+\cdots+0.8^n+\cdots) \\ &= 1000(1-0.8^{n+1})/(1-0.8)\end{aligned}$$

当 $n\to\infty$ 时，$\Delta Y=1000/(1-0.8)=5000$。

可见，当投资增量 $\Delta I=1000$，边际消费倾向 $b=0.8$，带来的国民收入增量 $\Delta Y=5000$。一般的，投资变动是 ΔI，经济体系的边际消费倾向是 b，则国民收入增量 ΔY 的公式是：

$$\Delta Y=\Delta I/(1-b)$$

令 $K=1/(1-b)$，称 K 是投资乘数。例如，当 $b=0.8$ 时，投资乘数 $K=5$。

就是说，当边际消费倾向确定时，乘数确定，国民收入是以投资的几何倍数增长的。但是，如果投资减少，国民收入也是几何倍数减少的。所以说投资乘数具有双重效应。如果经济体系的投资减少，会造成整个经济体系的国民收入锐减。

2. 乘数的双重效应

投资增加，可以使国民收入倍增，即投资的扩张效应；投资减少，可以使国民收入聚减，即投资的聚减效应。

当然，投资的乘数效应产生也有前提条件，否则乘数效应也难以发挥作用。这个前提条件是：

① 整个国民经济是一个相互联系、相互作用的有机体，各产业之间关联度高；

② 经济中存在闲置的经济资源；

③ 货币供给充裕，能满足经济增长的需要。

二、加速原理

1. 加速原理

乘数效应指出了投资增加使国民收入增加，反过来，国民收入的变化对投资的影响是什么呢？

自发投资是由人口、技术、资源及政府等外生变量的变动引起的投资，引致投资是由国民收入或消费的变动引起的投资。加速原理是说明收入或消费的变动与投资的变动之间的关系的理论，其实质是，对资本品的需求是一种引致需求，对产出量需求的变化会导致对资本存量需求的变化，从而引致投资。

研究和事实指出，投资并不是收入或产量绝对量的函数，而是产量变动率的函数。具体地说，加速原理是指：

(1) 投资的变动取决于产量变动率，而不是产量变动的绝对量。

(2) 投资率变动幅度大于产量的变动率。

(3) 如果产量的增长率变慢，投资的增长率就会停止或下降。

2. 乘数—加速原理的结合

(1) 将乘数与加速原理结合在一起来分析国民收入的变动。

当投资增加时，乘数原理的作用使收入增加。收入的增加，进一步刺激投资的上升，这是加速原理的作用。于是收入和投资轮番的增加。由于社会资源是有限的，收入一旦达到资源限制的顶峰，经济便达到自己的顶峰；当收入不再增加时，则投资下降，而投资下降又导致收入再下降，于是经济衰退，至跌入谷底。随着资源的重新调整，投资上升，收入又增加。整个经济体系就是这样不断的变动变化、循环下去。

（2）乘数原理和加速原理的比较。

① 乘数原理说明投资的变化如何引起收入的变化；与此相反，加速原理说明收入的变化如何引起投资的变化，即收入对投资的决定作用。

② 乘数是表示投资增加会引起收入增加到什么程度的系数；与此相反，加速数是表示收入或消费增加会引起投资增加到什么程度的系数。

思考与练习

一、名词解释

消费函数　储蓄函数　乘数原理　加速原理　平均消费倾向

边际消费倾向　平均储蓄倾向　边际储蓄倾向

二、选择题

1. 在其他条件不变得情况下，下列哪个原因会使消费曲线上的点沿着消费曲线向右上方移动？（　　）。

A. 可支配收入增加

B. 价格水平下降

C. 利息率下降

D. 消费者对于经济状况有乐观的预期

2. 凯恩斯主张乘数效应能纠正经济萧条。基于此，以下哪个方面不能增加产出？（　　）。

A. 自主投资的初始增加

B. 政府支出的初始增加

C. 政府税收的减少

D. 政府转移支付的减少

3. 如果边际消费倾向的值为 0.75，削减 0.05 万亿元的自主投资，会使均衡产出（　　）。

A. 增加 0.05 万亿元

B. 减少 0.05 万亿元

C. 增加 0.2 万亿元

D. 减少 0.2 万亿元

4. 如果政府的支出乘数为 2.5，税率为 20%，则税收乘数为：(　　)。

A. 3

B. 2.5

C. 1.875

D. *MPC* 不详，不能确定

5. 根据消费函数，决定消费的因素是(　　)。

A. 收入

B. 价格

C. 边际消费倾向

D. 偏好

6. 两部门经济中，总支出等于总收入时，说明(　　)。

A. 计划存货投资一定等于零

B. 非计划存货投资一定等于零

C. 非计划存货投资不等于零

D. 事前投资等于事前储蓄

7. 政府预算平衡时，若 $MPC=4/5$，政府购买增加 100 万元，则国民收入(　　)。

A. 不变

B. 增加 200 万元

C. 增加 100 万元

D. 减少 100 万元

8. 在以下四种情况中，乘数最大的是(　　)。

A. 边际消费倾向为 0.8

B. 边际消费倾向为 0.75

C. 边际消费倾向为 0.5

D. 边际消费倾向为 0.4

三、简答题

1. 乘数作用的发挥在现实生活中会受到哪些限制？

2. 写出两部门下国民收入的基本公式，并说明其含义。

3. 简述两部门国民收入决定的主要内容。

4. 增加储蓄对均衡收入会有什么影响？什么是“节约的悖论”？试解释。

四、判断题

1. 在简单国民收入决定理论中，均衡产出是指与总需求相等的产出。（ ）

2. 在两部门经济中，均衡产出公式为 $Y=C+I$ 其中 C，I 是指实际消费和实际投资。（ ）

3. 在两部门经济中，均衡产出条件为 $I=S$，它是指经济要达到均衡，计划投资必须等于计划储蓄。（ ）

4. 消费函数是指随着收入的增加，消费也会增加，但消费的增加不如收入增加得多。（ ）

5. 边际消费倾向越大，投资乘数越小。（ ）

五、计算题

1. 两部门经济（消费和投资）的实际可支配收入和总支出的数据在表 8-1 中列出：（单位：万亿元/年）

表 8-1　两部门经济数据

实际可支配收入	0	1	2	3	4	5	6	7
总支出	3.00	3.25	3.50	3.75	4.00	4.25	4.50	4.75

（1）画出总支出曲线的图线。

（2）确定这个假定经济的自主消费、MPC、MPS。

（3）实际可支配收入的均衡水平是多少？

（4）若实际可支配收入为 7 万亿元时实现充分就业，增加多少自主投资可以封闭通货紧缩缺口，即令均衡产出达到 7 万亿元？

2. 假设某经济社会的消费函数为 $C=200+0.75Y$，投资 $I=40$，政府支出 $G=250$，税率 $t=0.2$，试求：均衡收入、投资乘数、政府支出乘数、税收乘数。

第九章　经济周期与经济增长理论

知识目标

1. 明确经济周期的含义与分类。
2. 明确什么是经济增长。
3. 了解哈罗德—多马模型。
4. 理解经济周期的成因。

技能要求

1. 明确经济周期的类型及其对经济的影响，能够用乘数—加速理论模型解释经济呈周期性波动。

2. 根据实际经济问题，解释经济周期的发生，明确经济周期理论的有关原理，并了解相关政策。

解析与导读

1. 经济发展的总体趋势常常是伴随着经济活动波动，呈现周期性变动的特征。本章的内容结构主是，从介绍经济周期的定义、类型与特征开始，认识到要规避经济周期的负面影响，探讨影响经济增长的主要因素，指出经济增长的动力。

2. 将经济周期分类，进一步解释经济周期性波动的内在原因，为规避经济周期对经济发展的负面影响提供理论指导。

3. 如何保持经济持续增长，除了探讨经济增长的动力、影响因素，经济增长理论主要研究的是如何才能实现稳定的增长、哪些因素影响经济增长、经济增长方式，以及经济该不该增长等问题。其内容为：一是以凯恩斯的储蓄投资分析为基础的各种经济增长模型，主要是哈罗德—多马经济增长模型，新古典经济增长模型。二是经济增长因素分析，主要讨论影响经济增长的因素及在经济增长中的作用。

哈罗德—多马模型说明了经济波动的原因，解释了经济长期增长的条件，强调了资本积累的作用，阐明了国家应该采取措施进行干预的重要性。

根据新古典经济增长理论，人均经济增长率 G 是外生的，该理论并没有解释劳动力增长率和技术进步率的内在机制，只是笼统地将其视作外生变量。实际上，增长率的外生化是新古典经济增长理论所有缺陷的集中体现，因为人口增长率的变动和科学技术水平的变化对于经济增长的影响已经是不争的事实，许多国家的政府正在着手通过制定能动的人口政策和科技政策来调控经济的增长，但是新古典经济增长理论无法给出相应的解释及政策建议。

导入案例

什么是经济增长

改革开放以来，中国经济获得了持续和高速的增长，平均增长率达到9.34%，使中国的综合国力、人民生活和国际地位得到了前所未有的提升。长期经济增长是由多个短期经济增长合成的。个别的短期增长不难做到，困难的是长时期保持这种增长。

经济运行周期波动的幅度有时甚至很大，对经济资源造成一定的浪费。引发这种经济波动的原因是多方面的，其中最主要的是经济周期的影响。经济周期是市场经济条件下一种固有的现象，是市场经济内在规律的一种反映。它反映了市场经济本身具备的自我完善功能，是对经济活动的调节，通过经济周期循环往复，不断实现经济活动的均衡。

问题：支撑中国经济增长的要素是什么？

（资料来源　刘伟等：《经济周期与宏观调控》，《北京大学学报》（哲学社会科学版）2005年第2期）

第一节　经济周期理论

经济发展的历史表明，经济的增长从来都不是按部就班、一成不变的。一个国家享受多年经济繁荣的时候，或许接下来就要应对“经济衰退”，甚至是一场金融危机。乘数—加速原理告诉我们，经济会出现周期性的波动。当经济出现衰退逐渐落至谷底时，总产出下降，利润和实际收入减少，大批工人失业，这时经济处于低谷，但同时也意味着经济复苏的开始。

一、经济周期的含义、特征与分类

（一）经济周期的含义

所谓经济周期，是指国民总产出、总收入和总就业等，经历有规律的扩张与收缩的周期性波动，使经济总量螺旋式增长。在现代宏观经济学中，经济周期发生在实际 GDP 相对于潜在 GDP 上升（扩张）或下降（收缩或衰退）的时候。如图 9-1 所示：

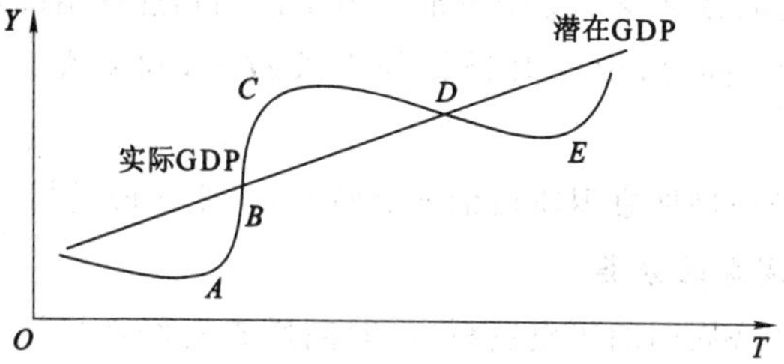

图 9-1　经济周期

潜在 GDP 是表示产出稳定增长趋势。波动的曲线代表实际 GDP 变化情况。A 点是经济周期的底部，对应经济萧条。B 点表明经济进入了复苏阶段。随着复苏进程的发展，产出到达趋势路径的上方，即图 9-1 中的 C 点，称此时的经济处于经济繁荣。然后经济进入衰退期，D 点表示产出增长速度慢于产出增长趋势，甚至产出可能为负增长。E 点代表经济萧条，然后经济又开始复苏，另一个周期重新开始。

西方学者认为，经济周期的形式是不规则的，也没有像测定行星和钟摆那样的精确公式可用来预测经济周期的发生时间和持续时间。经济周期可能更像天气那样变化无常。

（二）经济周期的特征

一个完整的周期由繁荣、衰退、萧条、复苏四个阶段组成。其中繁荣与萧条是两个主要阶段。衰退与复苏是两个过渡性阶段。经济周期衰退阶段的特征是：

（1）消费需求与投资需求下降，总产出下降。通常消费者购买急剧下降，如汽车和其他耐用品的存货出人意料地增加。由于厂商会对此做出压缩反应，所以实际 GDP 会下降。紧随其后，企业对工厂和设备的投资也急剧下降。

(2) 对生产要素的需求,尤其是劳动的需求下降。反映出支撑经济增长的后劲乏力,突出表现是平均每周工作时间减少,以及被解雇员工的数量和失业率上升。

(3) 产出下降,导致通货膨胀步伐放慢。对原材料的需求下降,导致其价格跌落。工资和服务的价格下降的可能性比较小,但在经济衰退期它们的增长趋势会放慢。

(4) 企业利润在衰退中急剧下滑。由于预期到这种情况,普通股票的价格一般都会下跌,同时,由于对贷款的需求减少,利率在衰退期一般也会下降。

这四点是经济周期衰退阶段的显著特征,扩张阶段的情形与此相反。

(三) 经济周期的分类

整理有关经济周期的历史资料,按时间因素对经济周期进行分类,主要分为短周期、中周期、长周期。具体是:

(1) 朱格拉(法国,1860 年)中周期,平均长度为 9～10 年。在 1860 年,法国经济学家朱格拉在其《论法国、英国和美国的商业危机及其发生周期》一书中指出,危机和恐慌并非一种独立的现象,而是经济中周期性波动的三个连续阶段(繁荣、危机和清算)中的一个。这三个阶段反复出现形成周期性现象,他认为这是中周期,要关注生产、就业人数、物价等指标。这个周期 9～10 年。美国经济学家汉森称此为“主要经济周期”。

(2) 基钦(美国,1923 年)短周期,平均长度为 3.5 年。英国经济学家基钦研究了 1890～1922 年间英国与美国的物价、银行结算、利率等指标,他在《经济因素中的周期与趋势》一书中指出,经济周期实际上有主要周期与次要周期两种。主要周期即中周期,次要周期为 3～4 年一次的短周期,又称为基钦周期。汉森根据美国 1807～1937 年间统计资料,验证了这个论述,指出这种周期的平均长度为 3.51 年。

(3) 康德拉季耶夫(俄国,1925 年)长周期,平均为 50 年。1925 年俄国经济学家康德拉季耶夫在《经济生活中的长期波动》中研究了美国、英国、法国和其他一些国家长期的时间序列资料,认为资本主义社会有一种 50～60 年,平均长度为 54 年左右的长期波动,这就是长周期,又称为康德拉季耶夫周期。

(4) 库兹涅茨(美国,1930 年)中长周期,平均长度为 20 年。1930 年,美国经济学家库兹涅茨在《生产和价格的长期运动》中提出了存在一种与房屋建筑业相关的经济周期,这种周期长度在 15～25 年之间,平均长度为 25 年左右。这也是一种长周期,被称为库兹涅茨周期,或建筑业周期。这种周期与人口增长而引起的建筑业增长与衰退相关,是由建筑业的周期性变动引起的。而且在工业国家中产量增长呈现出渐减的趋势。库兹涅茨提出的长周期受到了经济学界的重视。

(5) 熊彼特(美国,1939 年)综合周期,每一个 50～60 年的长周期包括 6 个 9～10 年的中周期,每一个中周期包括三个长度约 40 个月的短周期。奥地利经济学家熊彼特对朱格拉、基钦周期和康德拉季耶夫周期进行了综合分析。他以重大创新为标志,提出人类进入工业社会后约经历了三个长周期:① 18 世纪 80 年代～1842 年的“产业革命时期”;② 1842 年～1897 年的“蒸汽机和钢铁时期”;③ 1897 年以后的“电气、化学和汽车时代期”。在每个长周期中又有中等创新引起的波动,形成了若干个中周期。在每个中周期中还有小创新所引起的波动,又形成了若干短周期。

二、主要经济周期理论

关于经济周期的成因,主要有外因论和内因论。外因论是从经济体系之外的要素波动中寻找经济周期的根源,如战争、革命、选择;石油价格、发现金矿、移民;科学突破和技术创新;甚至太阳黑子和天气等。内因论则是在经济体系内部寻找经济周期的机制和原因,认为任何一次扩张都孕育着新的衰退和收缩,任何一次收缩也都包含着可能的复苏和扩张。

(一)“乘数—加速原理”模型

这一模型的代表人物是萨缪尔森。前面我们已经学习了乘数、加速原理的基本概念,明确了投资增加与国民收入增长,以及国民收入增加与投资增加的关系。两者的相互作用,使经济处于周期的扩张与衰退阶段。即根据“乘数一加速原理”模型,投资的增长通过乘数作用使收入倍增;人们收入增加,又会购买更多的物品,使整个社会物品的销售量增加。由于加速原理作用,销售量的增加会促进投资以更快的速度增长,而投资的增长又使国民收入增长,从而销售量再次上升。如此循环往复,国民收入不断增大,经济进入扩张期。

然而社会的资源是有限的,收入的增大迟早会达到资源所能容许的峰顶。一旦经济达到经济周期的峰顶，收入便不再增长，从而销售量也不再增长。根据加速原理，销售量增长的停止意味着投资量下降为零。由于投资的下降，收入减少，从而销售量也因之减少。又根据加速原理，销售量的减少使得投资进一步减少，而投资的下降又使国民收入进一步下降。如此循环往复，国民收入会持续下降。这样，社会便处于经济周期的衰退阶段。

（二）实际经济周期论（Real Business Cycle Theory）（或 RBC 理论）

实际周期理论认为，宏观经济经常受到一些实际因素的冲击。例如，石油危机、农业歉收、战争、人口增减与技术革新，等等。其中最常见、最值得分析的是技术因素的冲击。

技术变革引起的生产率增长率，但有时生产率也下降——平均而言劳动的生产率下降。我们知道，生产率增长引起强有力的经济周期扩张，而生产率下降引起衰退。所有技术变革最终都提高了生产率。但如果起初技术变革使用相当大量现有资本——尤其是人力资本过时，生产率就会暂时下降，这时，所摧毁的工作岗位大于所创造的工作岗位，企业的破产多于建立。

生产率暂时下降的最初影响是投资与劳动需求减少。投资需求减少降低了实际利率。实际利率下降又降低现在工作的收益，并减少劳动供给，就业减少导致总产出减少，最后总供给减少；同样分析，投资少了，使总需求减少。最终总供给与总需求减少，经济进入了衰退期。

（三）货币主义经济周期理论

货币主义经济周期理论，是把货币存量的波动作为经济波动的主要来源，代表人物是弗里德曼。

该理论认为推手是货币量增长率。货币增长加快引起扩张，货币增长放慢引起衰退。货币量增长率变动的根源是美联储的货币政策行为。

在货币主义的理论中，一旦美联储改变了货币增长率，周期机制就开始发生作用，首先影响总需求。当货币增长率提高时，经济中的实际货币量增加。这时，实际货币余额增加，而利率下降，汇率也下降。金融市场上的影响扩散到其他市场上，投资需求和出口增加，耐用消费品的支出更多。货币增长通过乘数效应作用，加快总需求曲线右移，使经济扩张。同样分析，货币增长放慢也使总需求曲线左移，引起衰退。

其次是解释总供给对总需求变动的反应。总需求的波动转变为实际 GDP 和物价水平的波动，解释经济的复苏的必然洗。

该理论认为货币工资率黏性是暂时的。当总需求减少和失业增加时，货币工资率最终要开始下降，物价水平也下降，通过一个时期的调整，又恢复了充分就业。当总需求增加和失业减少到自然率以下时，货币工资率开始上升。当货币工资率上升时，物价水平也上升，通过调整期的“整理”，实际 GDP 回到潜在 GDP。

第二节　经济增长理论

一、什么是经济增长

经济增长是指一个国家生产商品和劳务能力的扩大，即经济总产量或者人均产量的增加。

根据生产函数的含义，经济增长反映的是社会总产出的增长，所以认为经济增长率源于劳动、资本的增长率，以及技术进步的增长率。所以有：

产出增长＝(劳动力份额×劳动力增长率)＋(资本份额×资本增长率)＋技术进步带来的经济增长

影响产出增长率的直接因素通常包括资本、自然资源和劳动力，间接因素包括经济因素与非经济因素，其中最重要的是技术与制度。此外结构变迁(资源从低生产率部门向高生产率部门转移)也是另一重要因素。

二、什么是经济增长方式

经济增长方式是指一个国家或社会经济增长的总体特征，不同的增长方式反映着不同的增长源泉以及由增长源泉所制约的增长结果。外延(粗放)型增长是由增长因素数量增加而引起的；内涵(集约)型增长，主要是由资源使用效率提高而引起的增长。

一般而言，在一国经济发展的初期，资源约束大都较为宽松，外延型增长方式较为常见；随着经济发展水平的提高，人口增加，资源稀缺程度加大，内涵型增长方式逐渐成为主导的增长方式。

关于经济的增长，要看增加的收入与原来收入的比率，也要看人均的收入水平。

三、哈罗德—多马模型介绍

这是一个简明的经济增长模型，有一系列的假定条件，指出了经济增长最基本的问题。

凯恩斯理论仍然是关于宏观经济体系的静态分析。1948年哈罗德出版了《动态经济学导论》，在书中阐述了经济增长思想。美国学者多马也进行了类似的讨论，于1946年、1947年发表了“资本扩张、增长率和就业”以及“扩张与就业”两篇论文。两位学者独立的进行了研究，成果成为现代经济增长理论的开端，称为哈罗德—多马模型（H-D模型），试图说明稳定的经济增长、收入和投资应按什么速度增长。

（一）哈罗德—多马模型假设

全社会只生产一种产品，这种产品可消费，也可作为资本品；在生产过程中使用资本 K 和劳动 L 两种生产要素，且两者不能替代；单位产量需要的生产要素数量、生产规模收益与储蓄在国民收入中占的份额等都保持不变，劳动按照一个不变的比率增长。不存在技术进步和资本折旧。

在宏观经济分析中假定人口、资本存量、技术进步不变，经济处于均衡的状态下，当然，长期中这些因素都是会变化的；有效需求由消费和投资构成，短期中消费是稳定的，因此投资是收入和就业的决定者。对两部门经济来说，当投资等于储蓄的时候（$I=S$），经济处于均衡状态。

（二）哈罗德—多马模型内容

模型解决的是：经济稳定的增长条件，短期的波动问题，长期的波动问题。

全社会生产一种产品的话，保持生产规模收益不变就有了基础，不然一些投资品就难以转换为下一个生产周期的消费品，出现一些产品过剩和短缺。

生产规模收益不变，意味着资本与劳动的增长比例是相同的。

因为储蓄在国民收入中占的份额不变，作为存量的资本必然要带来产出，那么能够生产多少？

资本存量 K 与产出（收入）Y 的关系是：

$$K=vY$$

这里 v 是资本—产出比。要保证生产规模收益不变，资本又不能替代，这个 v 应该是一个常数。

接下来增加的资本是 ΔK，增加的产出是 ΔY。这时也必然有：

$$\Delta K=v\Delta Y$$

因为没有折旧，这个资本的增量 ΔK 可以全部转化为投资 I，即：

$$I=v\Delta Y$$

在两部门经济中，均衡的时候，有：$I=S$，即：

$$S=v\Delta Y \tag{9-1}$$

将(9-1)式两边同除以 Y，有：

$$v\Delta Y/Y=S/Y \tag{9-2}$$

因为 S/Y 是一个常数，储蓄在国民收入中占的份额不变，记为 s，即 $s=S/Y$。

所以：$\Delta Y/Y=s/v$。

用 G 表示经济增长 $\Delta Y/Y$，即有：

$$G=\Delta Y/Y=s/v \tag{9-3}$$

式(9-3)反映了经济增长率、储蓄率和资本一产出三个因素之间的关系。显然，当资本—产出比 v 是一个常数时，储蓄率高，投资全部吸收就可以维持较高的经济增长率。可以看出，这里全部吸收是十分重要的，实际中的情况如何？

用 G_A 表示实际的经济增长率，v_A 表示实际的资本—产出比，s_A 表示实际的储蓄率，则有：

$$G_A=s_A/v_A$$

G_W 是有保证的(或意愿的)经济增长率，v_W 是资本家意愿的资本—产出比，s_W 是实际的储蓄率，则：

$$G_W=s_W/v_W$$

以 G_n 表示人口增长率，是经济中需要的劳动增长率。哈罗德认为，经济实现稳定增长的条件是：

$$G_A=G_W=G_n$$

（三）对哈罗德—多马模型的讨论

(1) 当 $G_A>G_n$ 时，劳动力是经济增长的制约因素，它是经济增长的上限，这样难以实现经济的稳定增长。因为劳动力处于短缺状态，最终影响投资项目发挥作用，经济发展停滞。

(2) 当 $G_A<G_n$ 时，人口的自然增长比实际的经济增长高，劳动力供给过剩，失业增加，工资低，这样因为劳动力的低成本，会刺激投资的增加，但是，人口的自然增长会吸收投资，使投资总量减少。同时较低的实际增长意味着消费资金、对劳动力的吸纳少，最终是经济难以长期增长。

(3) 当 $G_A > G_W$ 时，即实际经济增长率大于意愿的经济增长率。如果储蓄率不变，考察资本一产出的比率情况：

$v_A < v_W$ 时，实际的资本一产出率比意愿的小一些，投资者需要加大投资，这样投资的结果，会刺激经济繁荣。实际上造成实际的经济增长进一步上升，直到受劳动力水平的限制。

(4) 当 $G_A < G_W$ 时，即实际经济增长率小于意愿的经济增长率。

$v_A > v_W$ 时，实际的资本—产出率比意愿的大一些，投资者会减少投资，经济出现收缩。如果资本—产出固定，考察储蓄率的情况：

对应 $G_A > G_W$ 时，有 $s_A > s_W$，这时储蓄会减少，增加的是投资，经济出现繁荣。相反经济收缩。

可见，G_A 与 G_W 相等的话，就排除了经济的扩张与收缩，以免经济的大起大落。

但是，实现经济稳定的增长，即 $G_A = G_W = G_n$，靠什么力量来主导，这一点，哈罗德并没有指出，所以达到此情形是不容易的，达到此路径像"刀刃一样狭窄"。

哈罗德—多马模型使凯恩斯理论动态化，发展了凯恩斯理论；该模型说明了经济波动的原因，解释经济长期增长条件；强调了资本积累的作用；阐明了国家干预的重要性。

四、新古典经济增长模型

哈罗德—多马模型得出经济系统难以自行趋于稳定。与哈罗德—多马模型固定系数和规模回报不变的假设前提不同，索洛、斯旺和米德等人则分别证明，如果放弃资本—产出比保持不变的假定，假定资本与劳动之间完全可替代，则经济系统会自行趋于充分就业的均衡。

新古典增长模型的基本的假设是：

(1) 投入要素的比例与价格是可以变化的，即资本一产出比率是可以变化的；说明生产技术是可以选择的。

(2) 生产规模收益不变，资本与劳动的边际生产力是递减的；市场是完全竞争的，处于充分就业状态。

用 Y 表示某经济系统的产出量，与资本 K、劳动 L 之间的关系是柯布—道格拉斯生产函数 $Y = AK^{\alpha}L^{1-\alpha}$，则有：$\Delta Y = f(\Delta K, \Delta L)$。

又因为：$Y = MPP_K \times K + MPP_L \times L$，进一步又有：

$$\Delta Y = MPP_K \times \Delta K + MPP_L \times \Delta L \qquad (9\text{-}4)$$

将式(9-4)两边同除以 Y,得到:

$$G = \Delta Y/Y = MPP_K/Y \times \Delta K + MPP_L/Y \times \Delta L$$

$$G = (K \times MPP_K/Y) \times (\Delta K/K) + (L \times MPP_L/Y) \times (\Delta L/L)$$

令$(K \times MPP_K/Y) = \alpha$,$(L \times MPP_K/Y) = \beta$,有:

$$G = \alpha \frac{\Delta K}{K} + \beta \frac{\Delta L}{L}$$

G 是经济增长率,人均增长率可以看成从 G 中减去 $\Delta L/L$,即有:

$$G_P = G - \frac{\Delta L}{L} = \alpha \frac{\Delta K}{K} + \beta \frac{\Delta L}{L} - \frac{\Delta L}{L} = \alpha\left(\frac{\Delta K}{K} - \frac{\Delta L}{L}\right)$$

可以看出,只有当资本的增长率大于劳动的增长率时,人均增长率才有意义。如果仅仅是资本的数量增长,对应的劳动同样上升,这时的人均增长率几乎没有意义。那么人均增长率到底是什么带来的,可以考虑的只能是技术进步 T。因此,实际的经济增长率是:

$$G = \alpha \frac{\Delta K}{K} + \beta \frac{\Delta L}{L} + \frac{\Delta T}{T}$$

这里 $\Delta T/T$ 是技术进步增长率。可以看出,只要 $\Delta T/T$ 大于 $\alpha(\Delta K/K - \Delta L/L)$,人均增长率 G_P 仍然上升,这说明技术进步对经济增长的贡献是多么重要。

新古典经济增长模型认为,产量与资本投入之间的技术关系,进而劳动投入的数量不会固定不变。这样一来,如果“经济增长率＞资本投入的增长率”,即产量的增长速度快于资本存量的增长速度,则说明资本的生产效率较高,这会刺激企业以资本替代劳动。这一过程的结果会导致资本的边际产量递减,伴随着劳动投入增长率的下降,最终经济增长的速度会趋于减缓。

反之,如果“经济增长率＜资本投入的增长率”,即产量的增长速度低于资本存量的增长速度,则说明资本的生产效率较低,这会刺激企业以劳动替代资本。这一过程的结果会导致资本的边际产量随着劳动投入增长率的提高而递增,最终经济增长的速度会趋于加速。

可见,只有在“经济增长率＝资本投入的增长率”的时候,企业才不存在调整资本存量的意愿,从而劳动投入也会固定,从而生产要素投入的比例也就稳定下来。

因此，当经济系统实现均衡的时候，经济增长率将等于资本存量的增长率。由式“经济增长率$=a\times$资本投入的增长率$+(1-a)\times$劳动投入的增长率”不难看出，均衡经济增长率不仅等于这时的资本存量增长率，并且还等于劳动人口的增长率。也就是说，经济系统会自行趋于充分就业均衡。

这实际是说明：G是外生的，新古典经济增长理论并没有解释劳动力增长率和技术进步率的内在机制，只是笼统地将其视作外生变量。实际上，增长率的外生化是新古典经济增长理论所有缺陷的集中体现，因为人口增长率的变动和科学技术水平的变化对于经济增长的影响已经是不争的事实，许多国家的政府正在着手通过制定能动的人口政策和科技政策来调控经济的增长，但是新古典经济增长理论无法给出相应的解释及政策建议。

思考与练习

一、选择题

1. 经济波动的周期的四个阶段一次为(　　)。

A. 扩张、峰顶、衰退、谷底

B. 峰顶、衰退、谷底、扩张

C. 谷底、扩张、峰顶、衰退

D. 以上各项均对

2. 下述关于经济波动的叙述中，(　　)项是正确的。

A. 经济波动在其衰退阶段是总需求和经济活动下降的时期，表现为GDP值的下降

B. 在一定时期内，经济波动是围绕着长期的经济增长趋势而上下波动的

C. 乘数作用导致总产出的增加，加速作用导致总产出的减少乘数和加速数的交织作用造成经济的周期性波动

D. 如果政府不加以政策调控，经济波动将无限地扩张与收缩

3. 如果国民收入在某个时期内保持稳定，则净投资很可能(　　)。

A. 为零

B. 持续增加

C. 持续下降

D. 不稳定

4. 加速数原理认为(　　)。

A. 消费增加导致 GDP 数倍增加

B. GDP 增加会引起投资数倍增加

C. GDP 增加会导致消费数倍增加

D. 投资增加会引起 GDP 数倍增加

5. 中周期的每一个周期为(　　)。

A. 5～6 年

B. 9～10 年

C. 25 年左右

D. 40 个月左右

E. 50 年左右

6. 50 年左右一次的周期为(　　)。

A. 朱格拉周期

B. 基钦周期

C. 康德拉耶夫周期

D. 库滋涅茨周期

7. 经济周期的中心是(　　)。

A. 利率波动

B. 通货膨胀率波动

C. 国民收入波动

D. 就业率波动

8. 加速原理说明了,如果产量(实际国民生产总值)增加迅速,那么,(　　)。

A. 投资需求曲线向左方移动

B. 投资需求曲线向右移动

C. 消费函数向右方移动

D. 消费函数向左方移动

9. 乘数原理和加速原理的关系是(　　)。

A. 乘数原理说明国民收入的决定,加速原理说明投资的决定

B. 两者都说明投资的决定

C. 乘数原理解释经济如何走向繁荣,加速原理说明经济怎样陷入萧条

D. 只有乘数作用时国民收入的变动比乘数、加速数作用相结合时的变动更大一些

二、简答题

1. 简述经济周期的几种类型。
2. 简述熊彼得周期理论的内容。
3. 简述实际经济周期理论。

三、计算题

设资本量为150,资本增量为30,资本在经济增长中所作的贡献为0.25;劳动量为500,劳动增量为100,劳动技术进步率为0.05,试根据新古典经济增长模型计算经济增长率。

四、案例题

[案例9-1] 2015年宏观经济基本判断

2015年下半年在各类"稳增长"政策的作用下改变2015年上半年宏观经济快速下滑的趋势,于2015年第四季度逐步趋稳。但由于外需持续疲软以及政策刺激效应的弱化,经济趋稳的基础并不扎实,宏观经济总体状况依然疲软。预计全年GDP实际增速为6.9%,较2014年下滑0.4个百分点,基本完成政府预定的经济增长目标。但由于GDP平减指数为−0.5%,名义GDP增速仅为6.4%,名义工业增加值增速仅为0.2%,较2014年分别下滑1.8个百分点和4.7个百分点。整体经济的困难度比实际增速所显示的更大。

问题:哪些数据说明,2015年比2014年整体经济的困难度加大?用有关原理说明为什么?

(资料来源 中国人民大学宏观经济分析与预测课题组:《持续探底进程中的中国宏观经济》,《经济理论与经济管理》2016年第1期)

第十章　通货膨胀与失业

知识目标

1. 掌握通货膨胀与失业的概念。

2. 掌握典型的通货膨胀的成因理论。

3. 明确通货膨胀与失业关系。

技能要求

1. 通过对通货膨胀与失业问题的了解和解决，回答经济的动态变化过程中的实际问题是如何提出与解决的。

2. 针对通货膨胀与失业问题对经济的影响，结合实际经济问题来讨论如何治理通货膨胀与失业。

解析与导读

1. 通货膨胀与失业是宏观经济学实践过程中两个非常重要的问题。要实现经济增长，如刺激消费，增加或者减少投资，规避或者抵消经济的周期性波动负面影响，就要解释为什么会发生通货膨胀与失业，然后制定解决的对策。

2. 本章首先介绍通货膨胀的概念，指出为什么强调用一般物价水平来表示价格总水平的变化程度，根据三种物价指数，即 GDP 平减指数、消费者价格指数 CPI(Consumer Price Index)及生产者价格指数 PPI(Producer Price Index)来反映通货膨胀程度，划分通货膨胀的类型。

3. 要治理通货膨胀，就要搞清楚通货膨胀的原因，然后探讨治理途径与措施。例如，需求拉动型通货膨胀是通过构建理论模型，解释为什么总需求过度增长并超过总供给所导致的通货膨胀，为治理这种类型的通货膨胀提供了理论依据。

4. 接下来明确为什么会产生失业，分析通货膨胀与失业的关系。关于这个问题，奥肯定律指出了这两者之间的关系，加深了人们对失业的认识。明确什么是充分就业，探讨解决失业的途径与措施。

导入案例

物价未来或趋稳

国家统计局10日发布2016年4月份全国居民消费价格指数(CPI)和工业生产者出厂价格指数(PPI)数据。4月份，CPI同比上涨2.3%，连续三个月高于2%；PPI环比上涨0.7%，连续第二个月环比回升，同比下降3.4%，跌幅连续4个月收窄。专家表示，猪肉和鲜菜价格一路飙升带动了今年春季物价数据温和上涨，但未来发生通缩和通胀的可能性均不大。货币政策方面，稳健将是未来的主基调，应首先考虑经济增长情况实时调控，保证市场流动性充裕，综合考虑物价、汇率和局部资产价格波动。

(资料来源　林远:《春季物价温和上涨，未来或趋稳》,《经济参考报》2016年5月11日)

在经济波动中经常会伴随两种现象，一种是通货膨胀，一种是失业。通货膨胀对经济的影响，有时是毁灭性的。本章主要对这两大问题进行研究，讲述失业与通货膨胀的基本含义、种类、对经济的影响，通货膨胀的成因，失业与通货膨胀的关系，以及所应采取的相应对策。

第一节　通货膨胀的概念与衡量

一、通货膨胀的概念

通货膨胀是指一般物价水平以不同的形式，普遍的、持续的上涨的过程。当然通货紧缩是相反的情况，即物价总水平下降的过程。

理解通货膨胀的定义，要注意两点：① 一般物价水平：通货膨胀不是指个别商品价格水平的上升，而是指价格总水平，即所有商品与劳务价格的加权平均值上升；② 持续地上升：价格水平不是短期或一次性的上升，而是持续上升，成为不可逆转的趋势。总之，物价上涨并不一定就是通货膨胀，而通货膨胀的表现就是物价上涨。

在宏观经济学中测量通货膨胀的程度对经济的影响十分重要，需要确定价格总水平变化，一般是用一般物价水平来表示，有三种物价指数，即

GDP平减指数、消费者价格指数CPI(Consumer Price Index)及生产者价格指数PPI(Producer Price Index)。

(一) GDP平减指数

GDP平减指数,又称平均物价指数,是名义GDP与实际GDP的比率,计算公式是:

GDP平减指数=(名义GDP/实际GDP)×100%

表示最终产品或者劳务的价格变化状况。名义GDP是用当前的价格来计算最终产品和劳务的价值。实际GDP是用基年(目前是1996年)价格来计值的最终产品和劳务的价值。

(二) 消费者价格指数CPI

CPI是衡量一篮子商品或劳务物价水平的变化。

国家统计局指定"一篮子"商品或者劳务,包括食品、烟酒及用品、衣着、家庭设备用品及服务、医疗保健及个人用品、交通和通信、娱乐教育文化用品及服务、居住等八大类,每个大类中又包含若干个具体项目,总共有300多项。

例如,2006年的相应商品或者劳务的权重比例:食品33.20%;烟酒及其用品3.90%;衣着9.10%;家庭设备用品和维修服务6.00%;医疗保健和个人用品10.00%;交通和通讯10.40%;娱乐、教育、文化用品和服务14.20%;第八大类是居住13.2%。

编制消费者物价指数的目的是反映一定时期内居民所购买的生活消费品价格和服务项目价格的变化,以便衡量城乡居民日常生活成本的变动。

[案例10-1] 房价是否应该包括在CPI中

许多人认为,房价对居民生活影响巨大,房价应该反映在消费者物价指数里。但是,主流意见仍然主张不应该将房价计入CPI中,原因是:

房价在统计上属于投资品,不叫消费,不在日常消费之列,所以房子价格就没有进到CPI当中来。各国的消费者物价指数都是不包括房价的。我国消费者物价指数中"住房类"项目包括了建房及装修材料、房租、房屋维修费、物业费、自有住房贷款利息、水电燃气以及其他与居住有关的服务等的支出。

有一个争论是,房价虽然不是CPI的一个组成部分,但房价上涨必然会带动消费者物价指数上涨。流行的观点认为,在通胀预期推动下,人们会争相买房,从而导致房价上涨。把这两种关系掺和在一起,房价与一般物价间好像存在着“鸡生蛋，或是蛋生鸡”的关系。

如果说我们看到CPI上涨，那么它意味着价格总水平上涨，它意味着货币贬值。

我们如何具体计算CPI呢？首先确定CPI中八大类商品的权重，办法是在全国通过抽样确定样本家庭，然后再通过这些个样本家庭实际消费状况来确定。具体是用当期一篮子商品的价格之和与基期一篮子商品的价格之和相除后再乘上100。计算公式是：

$$\text{消费者价格指数 CPI}=\frac{\text{现期物价水平}}{\text{基期物价水平}}$$

根据上式，价格变化前的时期（1996年）被称为基期，记为0时期，商品的价格为P，商品的数量为Q，用1，2，3，…，m表示“一篮子”商品或者劳务有m种，则居民在基期购买m种商品的支出总额为：

$$P_1^0Q_1^0+P_2^0Q_2^0+\cdots+P_m^0Q_m^0$$

设现期为t时期，居民在现期以现行价格，购买相同种类、同样数量m种商品的支出总额为：

$$P_1^tQ_1^0+P_2^tQ_2^0+\cdots+P_m^tQ_m^0$$

那么，消费物价指数为：

$$\text{CPI}=\frac{P_1^0Q_1^0+P_2^0Q_2^0+\cdots+P_n^0Q_n^0}{P_1^tQ_1^0+P_2^tQ_2^0+\cdots+P_m^tQ_m^0}\times 100\%$$

根据上述公式的计算，可以得出现期的价格指数。通常设定基期的价格指数为100，如果计算出的现期价格指数大于100，表明价格上涨了；如果计算出的现期价格指数小于100，表明价格下降了。

一般而言，CPI上涨，取决于供求关系。如果供给大于需求，CPI就会下降，反过来如果说需求大于供给，CPI就会上涨。从深层次上看，CPI又取决于货币供应，如果钞票发多了，“钱毛了”，价格就会上涨。所以从根本上讲，稳健的货币政策是CPI稳定的一个最重要基础。

（三）生产者价格指数PPI

PPI又称批发物价指数，是指一组出厂产品批发价格的变化幅度，主要的目的在衡量各种商品在不同的生产阶段的价格变化情形。它以商品批发价格作为数据，反映批发市场上的原料、半成品和成品的价格平均变化程度。PPI的计算方法如同上述。

二、通货膨胀及其对经济的影响

(一) 通货膨胀的类型

1. 根据物价上涨程度,划分通货膨胀

(1) 温和的通货膨胀:指年通货膨胀率为10%以内的状况。这种通货膨胀的特点为:第一,通货膨胀率较低;第二,价格上涨比率较稳定,对经济没有多大不利影响。有些人甚至认为这种通货膨胀可以作为经济增长的"润滑剂",但也有人认为,从长期看,这种通货膨胀的积累会引起不良后果。

(2) 急剧的通货膨胀:指年通货膨胀率在10%~100%之间的状况。这种通货膨胀对经济有不利影响,经济会发生严重的扭曲,货币购买力迅速下降,金融市场陷入混乱。例如,阿根廷在1986年的通货膨胀率为90%。

(3) 恶性通货膨胀:指年通货膨胀率在100%以上的通货膨胀。这种通货膨胀的特点为:第一,物价水平的飞速上升,使人们对本国货币失去信任,本国货币完全失去作为价值贮藏的职能,同时也基本丧失了交易职能;第二,它严重破坏货币体制与正常经济生活,甚至导致经济崩溃及社会动乱。例如,1922~1923年,德国每月的平均通货膨胀率为322%,1923年10月的通货膨胀率为29000%。巴西在1990年的通货膨胀率也高达2938%。

2. 根据对物价影响的差别,划分通货膨胀程度

(1) 平衡的通货膨胀:每种商品的价格以相同比例上升,包括产品、生产要素以及劳务的价格,诸如工资率、租金率、利率等。

(2) 非平衡的通货膨胀:各种商品价格上升的比例不完全相同。例如,家电涨价幅度大于食品的涨价幅度。

3. 根据人们对通货膨胀的预期程度,划分通货膨胀程度

(1) 未预期到的通货膨胀:价格上升速度超出人们的预料,或人们根本没有想到价格会涨。这种通货膨胀一般是多变的、不稳定的,容易受到各种难以估计的因素的影响,公众难以根据过去的经验,对未来的通货膨胀率做出正确的预期。其影响因素是多方面的,如国内自然灾害、战争、国际市场的风云变幻对国内的影响。短期内的通货膨胀通常属于此类。

(2) 预期到的通货膨胀:价格上升速度是人们能够事先预料到的。这种通货膨胀一般在相当长时期较为稳定,因此,公众可根据过去的经验而对未来的通货膨胀率做出预期。例如,工资率要以4%比率提高,银行贷款的利率应高于4%,以弥补物价上涨给工人或银行带来的损失。由于每个人都把

4%的物价上涨率考虑在内，使物价不断上升，所以预期到的通货膨胀具有自我维持的特点。长期内的通货膨胀属此种类。

（二）通货膨胀对经济的影响

[案例10-2] 通货膨胀对收入与财富分配的影响

假如你买一幢房借款100000元，每年偿还借款利息10000元；如果发生通货膨胀使你的工资和收入翻了一番，你需要偿还的仍然是贷款的名义上的10000元，这时你实际归还的贷款只是原来的一半了。当然如果你是债权人，你的情况就完全相反。

通货膨胀对经济效率的影响是深远的，它扭曲了价格信号，使买卖双方不知如何决策。

通货膨胀给社会经济生活的各个方面带来程度不同的影响，其中，对收入分配以及对就业和产量的影响最大，严重的通货膨胀会对经济造成毁灭性的破坏。

1. 对收入再分配的影响

在人们预期到的通货膨胀发生时，人们把包括资产在内的各种商品与生产要素的价格都与预期的通货膨胀率进行对比，然后做相应调整。例如，当通货膨胀率为3%时，人们把3%的通货膨胀率考虑在工资和贷款契约内，使得商品价格涨多少，工资率、利息率和租金也按同比例上涨，以抵消通货膨胀的影响。如果是未预期的通货膨胀，那么，通货膨胀会影响收入分配，对不同社会集团的人有不同影响。

(1) 就利润收入者与工资收入者而言，通货膨胀有利于前者，不利于后者。由于工人的货币工资率在较长时间内落后于价格的上涨，发生通货膨胀后，由于产品价格调整较快，而货币工资调整较慢，使实际工资下降，因此，总体上，工资收入者是通货膨胀的受害者。

作为利润收入者的厂商来说，发生通货膨胀时，短期中，因为机器设备和部分原料是通货膨胀发生变化以前购买的，工人工资上涨比价格上涨慢，因此，总体上，利润收入者是通货膨胀的受益者。

(2) 就债权人和债务人而言，通货膨胀有利于债务人，不利于债权人。相反，作为利息支付者的债务人是受益者。同理，储蓄者也是通货膨胀的受害者。价格上涨后，实际购买力下降，储蓄存款实际贬值了，尤其是养老金、保险金的储蓄者会受到较大的损害。

2. 对产量和就业的影响

在短期和长期内，通货膨胀对产量和就业的影响是不同的。短期内的通货膨胀人们往往难以预期，如果此时是温和的通货膨胀，则对生产有刺激作用，是有益的，能减少失业和增加产量。但是，这个作用是有限的：第一，通货膨胀率带来的失业减少是暂时性的，因为货币工资率增长落后于价格上涨不会拖得很久；第二，通货膨胀在减少失业和扩大产量的同时，也会在一定程度上带来经济的失调。因为这时居民和厂商会有过度的消费和投资，总需求过高，最终会导致经济失调，使通货膨胀加剧。

长期中，由于人们能够预期通货膨胀水平，货币工资率增长落后于价格上升的情况会消失，实际工资和厂商的利润不变，故厂商没有增加生产的动力。因此，通货膨胀对产量和就业没有促进作用。这时，产量和就业的增加取决于资本等生产要素的增加、技术进步等因素。因此，如果长期靠通货膨胀政策来刺激生产，最终只会使经济陷于灾难之中。

3. 严重的通货膨胀对经济产生破坏作用

(1) 通货膨胀使货币贬值，现钞持有者受到损害。居民和厂商倾向于尽快花掉贬值的货币，商品交换将遭到破坏，经济运行效率下降。人们手中的现钞由于通货膨胀而贬值，对现钞持有者来说相当于是一种税收，所以经济学家把这种扭曲效应称为“通货膨胀税”。

(2) 通货膨胀使商品相对价格发生很大的波动，价格机制的作用受到破坏，社会资源配置被扭曲和破坏，严重影响经济运行效率。

(3) 通货膨胀扩大了经济中的风险和不确定性，使贷款者、养老金储蓄者、雇主以及雇员等在做经济决策和经济计划时遇到许多困难，对经济活动造成不利影响。

三、通货膨胀的成因

经济学家主要从需求和供给两方面解释通货膨胀的原因，此外，经济结构因素的变动也是引起通货膨胀的原因之一。

[案例 10-3] 关于目前通货膨胀的观点

目前，关于通货膨胀“供给派”认为，当前物价上涨属于结构性、输入型的，因此货币政策不仅无用而且有害，会损害经济增长，只能提高人们对通货膨胀的的承受能力和容忍程度。

货币派从需求出发，认为当前的通货膨胀归根结底还是货币供给过多造成的。

还有认为，当前物价上涨是由于中国国内需求过热“触发”了国际油价、粮价和资源价格的暴涨，反过来影响到中国国内，因此属于“出口转内销型”通货膨胀。

问题：你认为目前我国物价上涨是什么原因引起的？

（一）需求拉动型通货膨胀

需求拉动型通货膨胀指总需求过度增长并超过总供给所导致的通货膨胀。总需求包括消费、投资、政府购买和净出口，其中的任何一项变化都会引起总需求的变化。超额总需求可能引起通货膨胀，就是说，商品与劳务的需求超过按现行价格可得到的供给，物价总水平便上涨。这种类型通货膨胀的形成与货币供给过快密切相关，被描述为“太多的货币追逐太少的商品”。

此时的总需求增加并不意味着必然引起通货膨胀。如图 10-1 所示，当经济运行在总供给曲线的平坦部分时，价格并不上升。由于这个阶段的经济活动水平较低，存在大量尚未被充分利用的经济资源，即闲置的机器设备和失业人员，总供给弹性较大，所以，当总需求增加时，生产可以同时扩大以满足新增总需求，生产的边际成本上升幅度很小甚或不变，因此物价水平不会上升。在图 10-1 中，总需求曲线从 AD_0 向右平行移动到 AD_1，总需求增加刺激了生产，产出由 Y_0 增加到 Y_1，而价格保持不变。

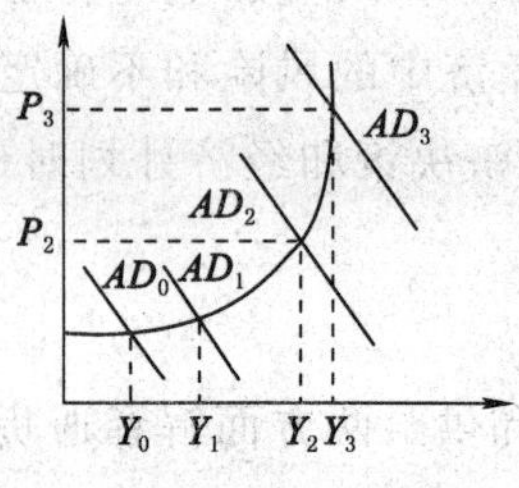

图 10-1　需求拉动型通货膨胀

随着经济的扩张，这时，总需求增加到 AD_2，仍会刺激生产增加。随着生产扩大到 Y_2，劳动、原料、生产设备等生产要素逐渐变得不足，厂商需要支付更多的代价才能购买到扩大生产所需要的生产要素，价格会有所上涨，例如，需要提高工资才能雇佣到所需更多的劳动力，因而，生产的边际成本增加，引起物价上涨。因为这时总需求和总供给之间的缺口不大，所以物价上涨幅度还较小，如到 P_2 水平。

当经济接近于充分就业水平时，即全部生产能力接近于得到充分利用，生产没有扩大的余地，如到 Y_3，总供给接近于无弹性，经济运行在总供给曲线的陡峭部分。这时总需求的增加将导致对最终产品的过度需求，产品和劳务的价格趋于上升。同时，对最终产品需求的增加又导致对生产要素需求的增加，要素价格也趋于上升，结果，必然导致物价总水平上涨，如到 P_3，出现了通货膨胀。这就是需求拉动的通货膨胀。

（二）成本推进型通货膨胀

认为即使没有超额总需求的存在，也会由于生产成本的增加而引起通货膨胀。包括工资推进型通货膨胀、利润推进型通货膨胀、进口性通货膨胀。这种类型的通货膨胀有前提条件，即市场的不完全性，即存在垄断。

1. 工资推进型通货膨胀

工资推进型通货膨胀是指工资增长过快而引起的通货膨胀。它发生的两个前提条件是：

第一，劳动市场是不完全竞争市场。在完全竞争的劳动市场中，工资率取决于劳动的供求，而劳动的供求又取决于最终产品的供求。如果工资率由于某种因素趋于上升，那么劳动供给量将增加，劳务需求量将减少，劳动的过剩将促使工资率下降到原来水平。因此，在完全竞争的劳动市场中，不存在工资率增长过快的问题。但是，因工会的存在，现实劳动市场是不完全竞争的，工会作为一种垄断组织，要求提高工资，在利润不变前提下，工资成本进入产品成本，导致商品价格上升。如果这种情况成为普遍现象时，便引起通货膨胀。

第二，货币工资率的增长超过劳动生产率的增长，单位产量的工资成本会上升，可能导致价格上涨。例如，如果工人生产圆珠笔的劳动生产率 $P_L=10$ 支/小时，货币工资率 $W=5$ 元/小时，那么，每单位产量的工资成本 $C_L=W/P_L=5/10=0.5$（元/支）。如果货币工资率和劳动生产率均以相同比率上升，那么，每支笔的工资成本不变。但是，如果货币工资率增长 20%，则 $P_L=11$ 支/小时，劳动生产率增长 10%，则 $W=6$ 元/小时，$C_L=6/11\approx0.55$ 元/支。可见，因为 20%＞10%，这时工资成本上升了。

在上述条件下，工资推进型通货膨胀最有可能在经济趋于充分就业、劳动市场变得紧张时发生。这时，劳动供不应求，一方面有利于工会要求提高工资，另一方面也使厂商不愿冒工人罢工的风险，因而增加工资的要求易实现。

此外，工资推进型通货膨胀常始于工会化的寡头行业中，因为，工会能否提高工资还部分取决于最终产品的需求价格弹性。由于在垄断竞争条件下，厂商之间的竞争，使其产品的需求价格弹性相对较高，厂商面临的需求曲线比较平缓，提高产品价格以弥补工资成本上升，会使销售额有较大幅度减少，造成生产下降和失业，如果工会不能有效防止失业，将难以要求提高工资。而在寡头市场上，厂商一定程度上控制市场，其产品的需求相对缺乏弹性，厂商面临的需求曲线比较陡峭，当价格提高，不会损失太多销售额，工人既可提高工资，又不会失业。因此，工资上涨往往发生于寡头行业，然后通过"示范"作用影响其他行业。

一个部门工资提高迟早会扩展到所有部门，原因在于工资决定中的攀比原则。厂商无法抵制提高工资的要求，把工资增加打入成本，提高了产品价格，于是整个社会的物价总水平上升。这种通货膨胀发生后，会引起"工资—物价螺旋式上升"。工资率提高引起生产成本增加进而产品价格上升，价格上升使实际工资下降，工人又要求提高工资率。工资与物价互相推动，形成恶性循环，引起严重的通货膨胀。

2. 利润推进型通货膨胀

利润推进型通货膨胀是因利润提高过快引起的通货膨胀。厂商为了获取更多利润，会大幅度提高价格，价格的上升大于成本增加的幅度。其根源在于市场存在垄断，即市场的不完全性。

在完全垄断和寡头垄断的市场中，产品价格不是由买卖双方的竞争形成的供求关系所决定，而是由垄断者操纵的。如果操纵价格的增加额高于成本的增加额，厂商可以获得高额利润。虽然并非所有行业都是垄断的，但垄断行业往往是重要的经济部门（如钢铁、汽车、石油、化工等），这些行业的产品在经济生活中占重要地位；或者是上游行业，如原材料行业，这些行业产品价格的上升影响到其他行业，或通过示范作用波及其他行业时，便引起利润推进的通货膨胀。

3. 进口成本推进型通货膨胀

进口成本推进型通货膨胀是指重要进口物品价格提高导致的国内成本

上升引起的通货膨胀。在开放经济中，一国经济中一些重要的进口品价格上升，会引起用这些进口品作为原料的本国产品生产成本的上升，从而导致这些生产部门的产品价格上涨。当这些行业价格的上升波及整个经济时，就会形成进口成本推进通货膨胀。

20 世纪 70 年代世界石油价格的大幅度上升，使许多石油输入国发生严重的通货膨胀，并使一些与石油有关的部门因生产成本上升过快而产品销售锐减，结果导致经济滞胀。

如图 10-2，经济运行的初始点是对应的充分就业的均衡国民收入 Y_f，价格水平为 P_0。在总需求不变的情况下，由于工资或利润推进，或因进口商品价格的上涨，引起价格总水平提高，使总供给曲线向上移动到 AS_1。

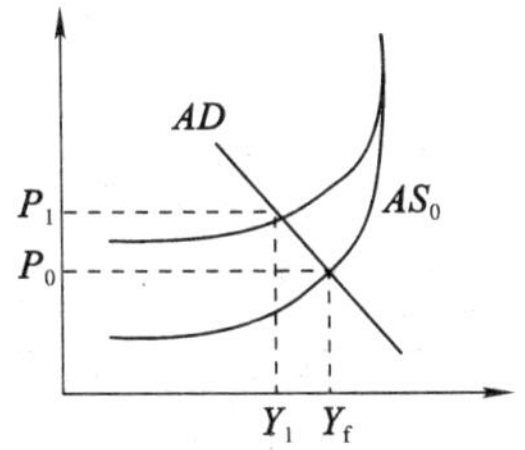

图 10-2 成本推进型通货膨胀

由于生产能力未变，总供给曲线从 AS_0 向上移动垂直部分是重合的。即厂商在任一既定价格上厂商愿意提供的产量减少了。于是，在原来的价格水平 P_0 上，总需求和新的总供给之间出现缺口，总需求大于总供给，造成通货膨胀压力，因此，均衡的价格水平上升为 P_1，这就是成本推进型通货膨胀。与成本推进型通货膨胀相伴随的是国民收入的减少。这在一定程度上反映了西方国家在 20 世纪 70 年代出现的“滞胀”现象。

（三）结构性通货膨胀

即使整个经济中的总需求与总供给处于平衡状态，但由于经济结构因素的变动，也可能发生通货膨胀，这是结构性通货膨胀。

结构性通货膨胀产生的前提是不完全竞争市场（包括产品市场和劳动市场）。由于社会资源难以在不同行业间流动，资源最优配置受到影响，导致价格水平上升。

经济结构的特点表现为各个行业的发展是不平衡的，有些行业发展迅速，有些行业渐趋衰落。先进或者朝阳行业的生产率提高速度快，保守或者夕阳行业的生产率提高速度慢；不同行业的工资和价格水平是不一样的。发展迅速的行业、生产率提高快的行业以及开放部门通常是兴旺的行业，市场需求较高，这些行业对生产要素的需求也较高，容易出现资源短缺，加之这些行业生产率高或受世界市场价格的影响，所以其工资和价格提高较快。由于市场的不完全性，生产要素不容易转移到生产率高的行业，所以上述行业能够维持高工资和高价格。

同样分析知道，渐趋衰落的行业、生产率提高慢的行业，以及非开放部门，其工资和价格应该较低，但由于工资决定中的"相互看齐，相互赶上"的倾向，这些行业的工资和价格也提高较快，而且，各个行业普遍存在工资和价格"刚性"的情况，所以，整个社会的价格总水平将上升，导致通货膨胀。

（四）通货膨胀的持续

分析需求拉动型与成本推进型通货膨胀表明，总需求过度增加或总供给方面有关因素的变动导致价格水平上升，使经济达到一个新的更高的均衡。但是，通货膨胀是一个价格持续上涨的过程，不是价格的一次性上涨。由于人们对通货膨胀的预期，通货膨胀会有一种惯性，例如，如果通货膨胀率6%，那么，这6%的通货膨胀率会不断持续下去。

当大多数人都有这种"价格预期"很麻烦，都会相应调整自己的经济行为，必然使价格的上涨成为现实。通货膨胀预期会使经济进入通货膨胀的螺旋，并且具有自我维持性，只要通货膨胀一开始，需求拉动和成本推进这两个过程同时发挥作用，使物价呈现持续上涨的趋势。

第二节　失业及其原因分析

一、失业及其种类

（一）失业的概念

在一般意义上，失业即劳动者没有就业的状态。衡量失业状况的常用指标是失业率。各国估算失业率的方法不尽相同。一般的计算方法是：

$$失业率=\frac{失业人数}{劳动力总数}=\frac{失业人数}{就业人数+失业人数}$$

[案例10-4] 关于我国失业统计问题

国际上对失业人口年龄的界定，一般认为16岁以上的失业人员均包含在失业人口中，并没有所谓的失业人员年龄上限。

1998年国家劳动部和统计局重新界定了“失业定义”，是指在规定的劳动年龄内，具有劳动能力，在调查期内无业并以某种方式正在寻找工作的人员。具体包括下面5种人：① 16岁以上各类学校毕业或肄业的学生中，初次寻找工作但尚未找到工作者；② 企业宣告破产后，尚未找到工作的人员；③ 被企业终止、解除劳动合同或辞退后，尚未找到工作的人员；④ 辞去原单位工作后尚未找到工作的人员；⑤ 符合失业人员定义的其他人员。

（资料来源　桑鸿利：《我国失业统计问题的研究》，《企业改革与管理》2016年第9期）

失业水平无法反映隐性失业问题。多数学者认为，失业有显性失业和隐性失业之分。显性失业人口，是指在一定时间内没有工作或劳动时间为零小时的不在业劳动适龄人口，但不包括那些现在不想工作者和那些虽想工作但未积极寻找工作者。隐性失业是相对于显性失业而言的。隐性失业人口，是指企业边际劳动生产率为零或负值的那部分劳动者。目前，我国的失业统计指标只能反映显性失业水平，无法反映隐性失业问题。

（二）失业的种类

失业分为两类：自愿失业和非自愿失业。

自愿失业指劳动者虽然有就业机会，但因不愿接受现行工资水平而发生的失业。

非自愿失业是指劳动者虽然愿意接受现行工资水平，但仍找不到工作而发生的失业。一般情况下，自愿失业不包括在失业统计资料中，失业是指非自愿失业。

根据失业的原因，非自愿失业又可分为以下几种类型：

1. 摩擦性失业

劳动者变换工作和寻找新工作的过程中存在的失业，叫做摩擦性失业。由于劳动者有不同的偏好和能力，工作的性质不同，工作岗位信息交流不完善，使得劳动者地区流动不迅速，因此，劳动者要找到合适的工作需要耗费时间，在此期间就处于失业状态。另外，由于经济中总存在一些因素变化，劳动供求关系也会变化，所以，摩擦性失业是不可避免的。

2. 结构性失业

经济结构变动引起的失业，叫做结构性失业。这是因劳动者缺乏经济结构变动所需要的新的知识和技能而导致的。例如，在技术变革时期，老产业衰落、新产业兴起，要求劳动者更新知识和技能；地区发展不平衡使不同地区对劳动者的要求不一样，这些均可能引起失业。在存在结构性失业的时候，因失业者缺乏新创造出来的工作机会所要求的技能，往往还存在许多工作空缺。

3. 季节性失业

生产的季节性变化带来的失业，称为季节性失业。如农业、建筑业和旅游业等行业，生产具有旺季与淡季。在淡季，对劳动的需求减少，失业率通常会上升。

4. 周期性失业

由经济周期性波动引起的失业，叫做周期性失业。当经济出现周期性的衰退时，居民和企业对物品和劳务的需求不足，产品卖不出去，企业的产品积压，因此，企业要减少生产，解雇工人，导致失业人员增加。这种失业也被称为需求不足的失业。

西方经济学家认为，充分就业是每一个愿意在现行市场工资水平下工作的劳动者都找到了工作。换言之，消除了非自愿失业，就是实现了充分就业。但在现实经济中，摩擦性失业以及季节性失业是无法避免的，因此，即使存在这种摩擦性失业，也认为实现了充分就业。

充分就业时的失业率被称为自然失业率，它是一国经济承受得住的最低失业率。自然失业率是指在没有货币因素干扰的情况下，让劳动市场和商品市场自发供求力量发生作用时，总需求和总供给处于均衡状态的失业率。自然失业率一般用长期的平均失业率近似地表示。

二、新古典学派关于失业原因的看法

新古典学派认为，在竞争的劳动市场上，工资具有伸缩性，可随劳动的供求变化及时做出调整。如果经济衰退导致劳动需求减少，如图 10-3 中，劳动需求曲线向左移到 D_1，则工资将下降，劳动供给量减少，在新的均衡点 E_1，均衡就业量减少为 L_1。新古典学派认为，L_0 和 L_1 都是充分就业状态，而 L_0L_1 表示一部分失业人员，这些劳动者是因不愿接受现行工资 W_1 而失业的，所以是自愿失业。在该学派看来，只要工资能灵活调节，经济总能达到劳动供求均衡状态，实现充分就业。现实经济中如果出现非自愿失业，将是暂时的，工资很快会调整，非自愿失业消失，因此，所有失业都是自愿失业。

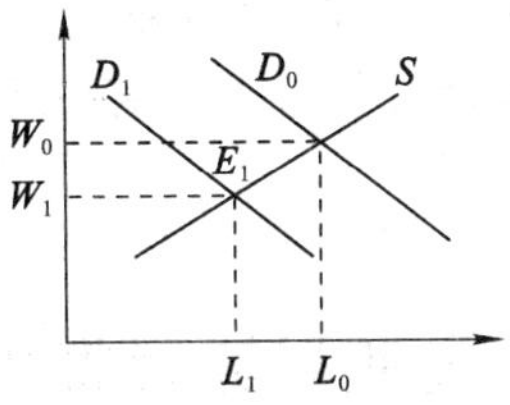

图 10-3　新古典主义对失业的解释

这种劳动市场出清状态，是通过市场机制的调节使劳动供求平衡，劳动市场总能实现均衡。现实劳动市场中出现的对均衡的偏离，只是短期存在的，是在信息不完全的情况下人们对价格预期的错误造成的，人们调整了预期，这种非均衡状况就会消失。财政政策和货币政策在长期内都不会影响就业水平，因此，他们反对采用财政政策和货币政策。

三、新凯恩斯主义的失业理论

新凯恩斯主义失业理论认为，经济中存在的失业并非全部是自愿失业，而是有非自愿失业的。这是由于劳动市场通常处于非均衡中。非均衡状态存在的原因主要是：劳动需求曲线的变动和工资调整的失灵。

如图 10-4 所示，经济体系的初始点 E_0 处劳动供求均衡，W_0 为均衡工资，L_0 为均衡就业量。当劳动需求由 D_0 减少为 D_1 时，工资并没有下降不变，仍维持在 W_0。此时，劳动供给量大于劳动需求量。这时，愿接受现行工资的劳动者有 L_0，而厂商在此高工资下只愿雇佣 L_1 的劳动量，所以，L_1L_0 为非自愿失业人数。

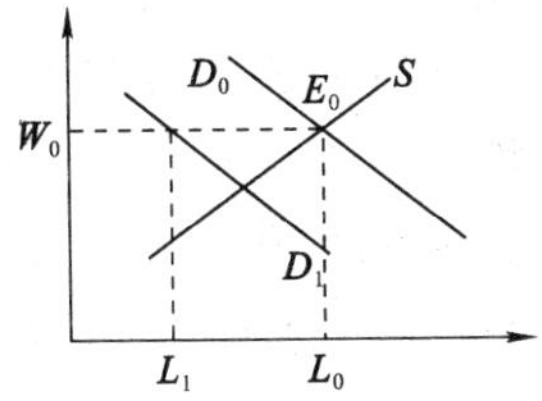

图 10-4　新凯恩斯主义对失业的解释

之所以工资没有随劳动需求的减少而下降，凯恩斯主义经济学家有不同的解释。早期凯恩斯主义认为，是因工资的“刚性”，即工资能升不能降。

而新凯恩斯主义则用工资向下黏性解释，即工资在随劳动需求减少而下降的过程中，调整很缓慢，从而难以达到劳动需求与劳动供给的均衡，因而总存在非自愿失业。

第三节　失业与通货膨胀的关系

失业与通货膨胀之间有密切的关系。事实上，这二者是西方国家面临的两个难题。因此，在讨论通货膨胀时有必要讨论失业与通货膨胀的关系，菲利普斯曲线正是说明该问题的。

一、菲利普斯曲线(Phillips Curve)

英国经济学家菲利普斯根据英国在1861～1957年间失业率和货币工资变动率的统计资料分析指出，失业率和货币工资变动率之间具有交替关系，在图10-5中，曲线 PC 反映了这种“交替”关系，称为菲利普斯曲线。这里 $\Delta W/W$ 指货币工资增长率，U 指失业率。

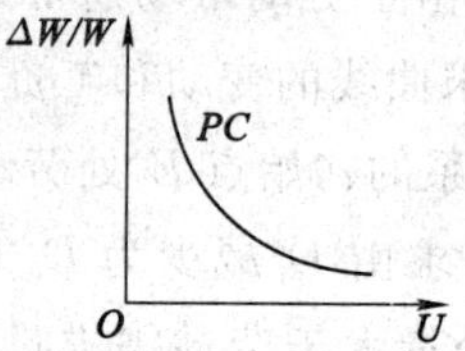

图10-5　菲利普斯曲线

图10-5中，向右下方倾斜的曲线 PC 说明，当失业率较低时，厂商对劳动需求较高，厂商为了获得自己所需要的劳动力，需要提高工资吸引工人，这将推动工资迅速增加，即货币工资增长率上升；当失业率较高时，厂商的劳动需求减少，工资的上升受到限制，则货币工资增长率较低。失业率超过一定点后，货币工资增长率为负数，表明工资水平下降，但因工人不愿接受过低的工资，故工资水平下降的速度较慢，曲线右下端较平缓。这条曲线表明失业率与货币工资增长率之间的交替关系。

菲利普斯曲线为政府做政策决策提供了一个分析工具。根据经济中的通货膨胀率与失业率的高低，政府确定政策的重点及相应的措施，首先要知道本国经济中菲利普斯曲线的形状和位置，明确通货膨胀率下降一个百分点时,要接受多少额外的失业。如果菲利普斯曲线平缓,则抑制通货膨胀要付出较高失业率的代价;若菲利普斯曲线陡峭,则降低失业要付出高通货膨胀的成本。

二、附加预期的菲利普斯曲线

在20世纪60年代末,美国经济学家弗里德曼和费尔浦斯对上述菲利普斯曲线所表示的失业率与通货膨胀率之间的交替关系提出了疑问:① 菲利普斯曲线是一条稳定的关系曲线吗? ② 在长期内,失业与通货膨胀之间存在上述交替关系吗? 他们认为,上述菲利普斯曲线忽视了人们对通货膨胀的预期所产生的作用。因此,他们从短期与长期两个层面,提出了附加预期的菲利普斯曲线。

(一) 短期菲利普斯曲线的移动

弗里德曼等人认为,菲利普斯曲线不是一条稳定的关系曲线,短期内由于人们没有预期到通货膨胀的菲利普斯曲线,当人们预期发生作用,菲利普斯曲线将会移动。如图10-6,初始状态菲利普斯曲线为 PC_1,如果通货膨胀率为 $P_1=5\%$,是人们能够预期到的通货膨胀率,当劳资双方签订工资协议时,要考虑到5%的通货膨胀率,即要求货币工资增长率至少也应为5%,以保证实际工资不变。劳资双方确定的工资水平决定了就业量以及产量,故相应的失业率为 U_1。

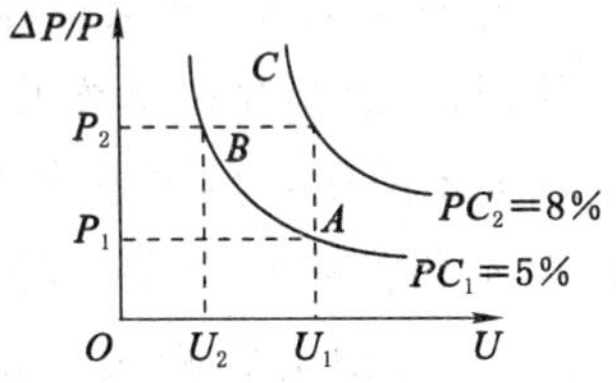

图10-6 菲利普斯曲线的移动

当政府为降低失业率而实行扩张性政策时,总需求增加,价格会上涨,实际通货膨胀率上升至 $P_2=8\%$。由于在短期内的信息不充分,人们暂时未意识到通货膨胀率的上升,因此,货币工资仍为 P_1 暂时不会变动,即货币工资上升赶不上价格上升,导致实际工资下降,意味着厂商利润增加,要增加生产,从而对劳动需求也增加。结果是,产量增加,失业减少,失业率下降为 U_2,经济运行从 A 点移动到 B 点。这种状况是由于人们的预期通货膨胀率与实际通货膨胀率的不一致，在短期货币工资增加落后于价格上涨，即失业与通货膨胀之间交替关系是暂时性的。

当通货膨胀持续发展，工人意识到通货膨胀率已上涨，并使实际工资减少时，他们将要求提高其货币工资率，以保证实际工资不变。结果，预期的通货膨胀率与实际通货膨胀率达到一致，货币工资增加比率与价格上涨率一样，实际工资回升至原有水平，因此，厂商的利润回落到原有水平，厂商增加生产的动力消失，则其产量以及相应的劳动的需求减少到原有水平，失业率回到 U_1，但这时的通货膨胀率因工资上涨而上升到 P_2，经济从 A 点上升到 B 点，失业率与通货膨胀率的对应点在另一条菲利普斯曲线上（点 C 处），即菲利普斯曲线向右上方移动到了 PC_2。显然，在 PC_2 上，同样是失业率 U_1，对应的通货膨胀率为 P_2 比以前提高了，或同样的通货膨胀率对应的失业率提高了，说明失业与通货膨胀之间的交替关系恶化了。

根据上述说明，在短期内，PC 曲线不是一条稳定的关系曲线，而是随着人们的预期通货膨胀率的改变而变动的。当人们预期的通货膨胀率不变时，失业与通货膨胀有一种交替关系。当预期的通货膨胀率上升后，二者的交替关系恶化，PC 移动。

（二）长期菲利普斯曲线

西方经济学家认为，在长期内，人们能够调整其预期通货膨胀率，使预期通货膨胀率总能等于实际通货膨胀率，并适应这种预期而调整其经济行为，因此，在长期内，通货膨胀与失业不存在交替关系。

政府通过扩张性经济政策无法使自然失业率为零。以弗里德曼为代表的货币主义学派试图用长期菲利普斯曲线说明，长期实行扩张性政策不仅无法彻底解决失业问题，而且会导致通货膨胀。他们认为，美国在 20 世纪 70 年代出现的滞胀与此有密切联系。

第四节　抑制通货膨胀的政策

据上述分析，无论何种原因引起的通货膨胀，都会影响宏观经济。在短期内，适度通货膨胀能刺激经济，但从长期来看，通货膨胀是弊大于利。因此，每个社会成员都非常关注这个问题，物价稳定也就成为宏观经济政策的主要目标之一。实现这个经济目标的政策必须从需求与供给两个方面入手。

一、紧缩性需求管理政策

紧缩性需求管理政策，是从需求方面扭转物价上涨的趋势，包括紧缩性的财政政策和货币政策。其代价是以衰退来降低通货膨胀。有两种主要方式：

（1）小幅度逐渐紧缩，并持续不断地紧缩总需求，使通货膨胀逐渐得到制止，同时产量下降幅度较小，失业率增加较慢，称为渐进主义政策。

（2）大幅度紧缩总需求，使通货膨胀得到较快抑制，但同时产量下降幅度大，失业率上升较快，称为激进主义政策。

这两种做法各有利弊。渐进主义政策的优点在于代价较小，对产量影响较小，通常称为经济“软着陆”，不会引起国民收入大幅度波动，同时避免过分衰退。其缺点在于通货膨胀不能很快下降，调整过程时间长，并有可能因各种原因（如决策者更换、外部因素变化等）而中断。尤其是通货膨胀下降得慢，不能使公众的预期通货膨胀得到较快调整。

激进主义政策的优点在于，能使通货膨胀率迅速下降，考虑在公众做出理性预期情况下，使公众的预期通货膨胀率也下降，从而坚定和增强了人们对制止通货膨胀的决心与信心，有助于通货膨胀率进一步下降，称为可信性政策。其缺点是代价较高，会使经济“硬着陆”，造成产量大幅度下降，出现严重经济衰退。

二、收入政策

收入政策又称工资与物价控制政策，这是对供给进行管理的政策，主要是抑制成本推进的通货膨胀。其内容是：控制货币工资增长率和物价上涨率，重点是控制货币工资。执行中分为两种：

（1）完全强制性的措施，即工资和物价冻结。这是政府在一些特殊时期用法律手段禁止工资与物价上升。

这种方法可以有效、迅速地制止通货膨胀。在短期内，该做法对制止通货膨胀的效果相当明显，不能多次而长期地使用。如果长期采用此法，价格就无法调节经济，资源配置失误，生产效率低下，不仅不能制止通货膨胀，反而使产量减少。这种方法只是一项应急措施。

（2）指导性措施，即政府提出工资和物价的指导限度指标，并运用税收等经济方法或道德劝说等方法使工会与企业领导人实施。

例如，在1962年美国肯尼迪政府提出了“非膨胀性的工资与价格行为指标”，根据当时美国的平均劳动生产增长率3.2%，规定全美工资年增长率不得超过3.2%。这种做法也有缺陷：① 由于经济中各部门的劳动生产率增长率不同，统一的工资物价指导线会对各部门的生产产生不同的影响；② 此限度指标缺乏法律保证，实施时有一些困难。

另一种方法是，将工资、利率等指标与通货膨胀指数化，即把工资增长率与物价上涨率联系在一起，使它们同比例变动。例如，当物价指数提高时，工资也随之上升。这种指数化政策只能部分地消除通货膨胀在收入分配上的影响，但却不能消除通货膨胀。

三、人力政策

人力政策是针对结构性通货膨胀的措施。结构性通货膨胀的根源是市场不完全性，造成资源难以在不同部门间流动。因此要通过政策减小劳动力资源流动的阻力，使生产要素实现其价格。具体措施包括：建立完善就业机构，为求职者提供完备的就业信息；降低最低工资标准，使不熟练工人能就业；制定职业培训与指导计划并提供资金；增加青年人的就业机会等。

思考与练习

一、名词解释

失业率　摩擦性失业　结构性失业　周期性失业　自然就业率

奥肯定律　通货膨胀　消费者价格指数　需求拉动通货膨胀

成本推动通货膨胀　结构性通货膨胀　菲利普斯曲线

二、选择题

1. 通货膨胀是(　　)。

A. 货币发行量过多引起物价水平的普遍的持续上涨

B. 货币发行量超过了流通中的货币量

C. 货币发行量超过了流通中商品的价值量

D. 以上都不是

2. 在引起通货膨胀的原因中，成本推动的通货膨胀的原因可能是(　　)。

A. 银行贷款的扩张

B. 预算赤字

C. 进口商品价格上涨

D. 投资增加

3. 通货膨胀会(　　)。

A. 使国民收入提高到超过其正常水平

B. 使国民收入下降到超过其正常水平

C. 使国民收入提高或下降主要看产生这种通货膨胀的原因

D. 只有在经济处于潜在的产出水平时,才会促进国民收入增长

4. 需求拉动的通货膨胀(　　)。

A. 通常用于描述某种供给因素所引起的价格波动

B. 通常用于描述某种总需求的增长引起的价格波动

C. 表示经济制度已调整过的预期通货膨胀率

D. 以上都不是

5. 抑制需求拉动的通货膨胀,应该(　　)。

A. 控制货币供应量

B. 降低工资

C. 解除托拉斯组织

D. 减少税收

6. 为减少经济中存在的失业,应采取的财政政策工具是(　　)。

A. 增加政府支出

B. 提高个人所得税

C. 增加失业保险金

D. 增加货币供给量

7. 工资水平上涨幅度与消费的价格指数上涨不一样时会出现(　　)。

A. 预期的通货膨胀

B. 未预期的通货膨胀

C. 平衡的通货膨胀

D. 不平衡的通货膨胀

8. 在充分就业的情况下,下列(　　)最可能导致通货膨胀。

A. 进口增加

B. 工资不变但劳动生产率提高

C. 出口减少

D. 政府支出不变但税收减少

9. 菲利普斯曲线是说明(　　)。

A. 通货膨胀导致失业

B. 通货膨胀是由行业引起的

C. 通货膨胀率与失业率呈负相关

D. 通货膨胀率与失业率之间呈正相关

10. 在通货膨胀不能完全预期的情况下,通货膨胀将有利于(　　)。

A. 债务人

B. 债权人

C. 在职工人

D. 离退休人员

三、判断题

1. 通货膨胀是日常用品的价格水平的持续上涨。(　　)

2. 投资增加会诱发成本推进的通货膨胀。(　　)

3. 当出现需求推进的通货膨胀时,国家货币当局可以增加货币供给量来抑制它。(　　)

4. 通货膨胀发生时,退休金领取者和领取工资者都会受到损害。(　　)

5. 菲利普斯曲线表明货币工资增长率与失业率之间的负相关关系,它是恒定不变的。(　　)

四、简答题

1. 简述通货膨胀的含义。

2. 通货膨胀对收入和财富分配产生哪些影响?

3. 如何区分需求拉动的通货膨胀和成本推动的通货膨胀?

4. 什么是菲利普斯曲线?

6. 简述失业会给个人和社会带来的损失。

五、计算题

1. 若价格水平在1984年为107.9,1985年为111.5,1986年为114.5,试求:

(1) 1985年和1986年通货膨胀率各是多少?

(2) 如果以前两年通货膨胀率的平均值作为第三年通货膨胀率的预期

值，计算 1987 年的预期通货膨胀率。

2. 若每年的通货膨胀率为 12%，那么，当前的 1000 元两年后它的实际购买力相当于今天的多少元？

3. 表 10-1 给出三种产品在三年中的消费量和价格。假设这三种产品在每一年的消费量都保持不变，若以第一年为基期，请分析这三年中是否有通货膨胀发生。

表 10-1　　　　三种产品的消费量及价格

产品	消费量	第一年价格(元)	第二年价格(元)	第三年价格(元)
A	4	1.00	1.50	1.75
B	6	1.50	2.00	2.00
C	1	3.00	3.25	3.00

六、案例题

[案例 10-5]　通缩压力将持续

机构预测，2016 年 CPI 同比小幅下滑至 1.3% ，PPI 同比跌幅收窄至 4.5%，通缩状况将持续，但 PPI－CPI 裂口收窄，物价走势整体略好于 2015 年。渤海证券研究员指出，2016 年经济增速持续下降，短期下行至探底需要较长周期，经济的弱需求将直接作用于物价，因此 2016 年物价仍有压力。不过，在其他商品价格低迷的情况下，CPI 比重约三成的食品成为决定 CPI 走势的重要因素，而猪肉价格又在很大程度上影响了食品价格，因此，预计 2016 年猪肉价格涨幅有限，食品价格波动较小，难以大幅推升通胀。对于 PPI 指标，平安证券同时指出，PPI 主要取决于大宗商品的走势。大宗商品走势分化的可能性大于再次深度下跌。若明年美元指数温和走强而非极端强势，大宗商品避免再一轮整体性下挫的话，PPI 则存在改善的可能。因此，明年 PPI 向上改善的可能性较大，跌幅将较 2015 年有所收窄。

问题：① 为什么渤海证券研究员指出 2016 年物价仍有压力？② 决定 2016 年我国 CPI 走势的主要因素有哪些？③分析 2016 年经济增速持续下降原因，为什么经济短期下行至探底需要较长周期？

（资料来源　杜瑶：《通缩压力或持续，谨防流动性风险》，《股市动态分析》2016 年第 1 期）

第十一章　宏观经济政策分析与实践

知识目标

1. 介绍宏观经济运行的政策目标，使学生明确从经济运行的整体目标上思考问题。

2. 明确财政政策与货币政策，探讨在实践上如何进行宏观调控。

3. 分析财政与货币政策实施效果。

技能要求

1. 使学生们在掌握了前面学过的宏观经济学有关理论的基础上，就当前经济生活中热点问题，理解什么是理论联系实际解决这些问题。

2. 根据实际经济问题说明宏观经济分析与调控中的具体政策与措施。

3. 如何通过财政与货币政策的选择来实现人们所希望的经济运行目标。

解析与导读

1. 探讨如何通过具体的宏观经济政策手段来对经济运行进行干预，从而实现一个国家所希望达到的经济目标。明确宏观经济政策的四个目标，即充分就业、价格稳定、经济持续均衡增长和国际收支平衡。宏观经济政策就是为了达到这些目标而制定的手段和措施。

2. 明确产品与货币市场关系，重点在财政与货币两大政策的主要内容与斟酌使用的调控工具上，如财政政策的具体工具主要有哪些，分别如何使用，主要难点是什么等问题，并且进行讨论；就货币政策的基本理论，如中央银行的基本职能内容，什么是基础货币，如何计算货币创造乘数，货币政策的政策工具主要有哪些，分别怎么使用等方面，说明关于紧缩与扩张货币政策的相机抉择原理内容。

3. 明确央行的“最终贷款人”与货币创造功能，央行的主要货币政策手段包括公开市场活动，贴现率与再贴现率，法定准备金率。

关于货币政策实施的原则是，“稳定政策，适度微调，把握大局，着力协调，突出重点，统筹兼顾，关注民生，积极稳妥，留有余地”。

指出适度从紧的货币政策（紧缩性政策）以及扩张性货币政策的内容：降低利率、减少存款储蓄、降低存款准备紧率、增加货币供应量、刺激投资和消费。

4. 明确基本的财政政策手段包括：财政支出、税收（财政收入）、国债和政府投资。

明确经济自动稳定器是调节经济波动的第一道防线，以及它的适用性和功能的实现机制。

导入案例

余额宝迅猛增长

半年多时间，华夏基金公募基金霸主的位子就被天弘基金因为余额宝轻易超越。2014 年 1 月 15 日，余额宝规模突破 2500 亿元，如果加上其他产品的规模，天弘基金总资产超过 2600 亿元，客户数量超过 4900 万户。截至 1 月 22 日的七日年化收益率仍高达 6.398%。

“我们也没有想到余额宝增长得这么迅猛。”天弘基金人士坦承。

与此同时，受冲击最大的当属各家商业银行。在利率市场化的加速推进下，各种银行版、基金版、支付平台版、互联网版本的类“余额宝”涌现，加速了各家银行的存款大搬家。1 月银行贷款增速放缓，与存款不升反降，银行无钱可贷有相当关系。近期，五大行已悉数推出新政策，对达到一定限额的存款，利率上浮到顶，即在官方存款利率基础上上浮 10%，并把此权限下放到省级分行。此前，为避免存款大战过于激烈，央行曾窗口指导大行暂不上浮到顶。“现在存款搬家压力太大，控制不住。”一位大行人士坦承。银监会高层近日在内部会议上表示，以互联网金融为代表的新金融业迅速崛起，部分机构已由信息中介变为事实上的信用中介，“对银行体系发展提出了新的挑战，必须引起足够重视”。

第一节　经济政策目标

经济政策分为计划与市场调控两种类型。计划类型是通过行政命令手段予以执行。例如,对企业兼并政策的制定及实施,对金融机构的管理等。市场调控类型,即对市场机制进行干预,通过市场机制的作用来达到政策目标。一般说来,各个具体政策往往不能完全脱离行政命令手段或市场机制的作用,差别在于使用程度的不同。

一、宏观经济政策与目标

经济政策是指国家或政府为了增进社会经济福利而制定的解决经济问题的指导原则和措施。它是政府为了达到一定的经济目的而对经济活动有意识的干预。任何一项经济政策的制定都是根据一定的经济目标而进行的。

宏观经济政策的目标主要有四种,即充分就业、价格稳定、经济持续均衡增长和国际收支平衡。宏观经济政策就是为了达到这些目标而制定的手段和措施。

二、充分就业

充分就业是宏观经济的第一目标。充分就业是指一切生产要素(包含劳动)都有机会以自己愿意的报酬参加生产的状态。通常以失业率作为衡量充分就业的尺度。

降低失业率,实现充分就业,常常成为宏观经济政策首要或重要的目标。凯恩斯认为"非自愿失业"已消除,失业仅限于摩擦失业和自愿失业的话,就是实现了充分就业。充分就业并不排除像摩擦失业这样的失业情况存在。在目前,大多数西方经济学家认为存在4%~6%的失业率是正常的,此时社会经济处于充分就业状态。

三、价格稳定

价格稳定是宏观经济政策的第二个目标。价格稳定是指价格总水平的稳定,它是一个宏观经济概念。由于各种商品价格变化的繁杂,统计的困难,一般用价格指数来表达一般价格水平的变化。

价格指数有消费物价指数(CPI)、批发物价指数(PPI)和GDP平减指数三种。价格稳定成为宏观经济政策的目标,是由于通货膨胀对经济有不良影响。为了控制通货膨胀对经济的冲击,西方国家把价格稳定作为宏观经济政策的另一目标。值得注意的是,价格稳定不是指每种商品的价格固定不变,而是指价格指数的相对稳定,即不出现通货膨胀。实践表明,西方国家的通货膨胀已经无法完全消除,因此大部分西方国家已把一般的轻微通货膨胀的存在，看作是基本正常的经济现象。

四、经济增长

经济增长是指在一个特定时期内经济社会所产生的人均产量和人均收入的持续增长，通常用一定时期内实际国内生产总值年均增长率来衡量。

五、国际收支平衡

国际收支对现代开放型经济国家是至关重要的。一国的国际收支状况不仅反映了这个国家的对外经济交往情况，还反映出该国经济的稳定程度。当一国国际收支处于失衡状态时，就必然会对国内经济形成冲击，从而影响该国国内就业水平、价格水平及经济增长。

西方学者认为，要实现既定的经济政策目标，政府运用的各种政策手段，必须相互配合，协调一致。如果财政当局与货币当局的政策手段和目标发生冲突，就达不到理想的经济效果，甚至可能偏离政策目标更远；政府在制定目标时，不能追求单一目标，应该综合考虑。因为经济政策目标相互之间不但存在互补性，也存在一定的冲击，如充分就业与价格稳定之间就存在两难选择。

此外，还要考虑到政策本身的协调和对时机的把握程度。上述这些都关系到政府经济目标实现的可能性和实现的程度。因此，政府在制定经济目标和经济政策时应该做整体性的宏观战略考虑和安排。

第二节　凯恩斯理论的基本框架

一、凯恩斯经济理论体系的阐述

凯恩斯的经济理论奠定了宏观经济学的基础，认为总需求由产品市场与货币市场构成与决定，如图 11-1，这是把产品市场和货币市场联系起来，两个市场的均衡才是反映了总需求的决定。凯恩斯经济理论能够分析财政政策和货币政策对总需求的影响。

产品市场的均衡、货币市场的均衡、两大市场的共同均衡实际上是西方学者对凯恩斯经济理论体系的标准阐述。

凯恩斯认为，由于边际消费倾向递减规律、资本边际效率递减规律和流动偏好三大心理规律的作用，造成消费需求和投资需求不足，使得总需求不足，资本主义经济出现萧条。为解决有效需求不足，必须发挥政府的作用，

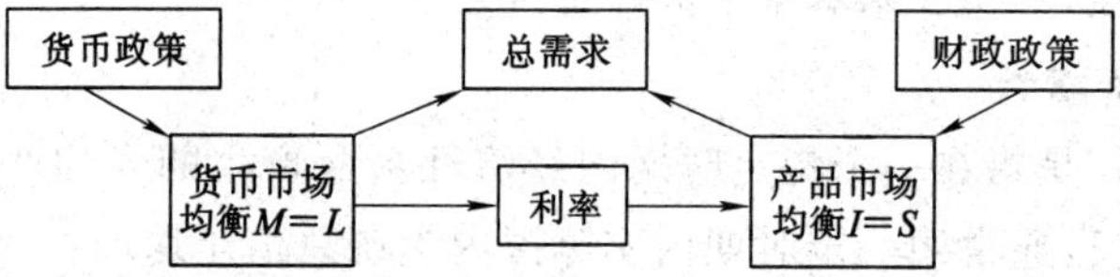

图 11-1　产品市场与货币市场关系

动用财政政策和货币政策来实现充分就业 。由于存在“流动性陷阱”，因此货币政策效果有限，增加收入主要靠财政政策。

二、凯恩斯理论与罗斯福新政

1929～1933 年，美国经济出现了大危机。“看不见的手”没有自动地把经济从低谷中拉起来。整个 30 年代，劳动力失业率平均 18%，高峰时达 25%。人们在经济危机的黑暗中看不到尽头。1934 年，英国经济学家凯恩斯来到华盛顿。其时，罗斯福总统已经着手采取与自由主义经济学家不同的政策：运用国家机器干预社会再生产。这就是罗斯福新政。自由主义经济理论认为，国家不干预经济的政策是最好的政策。按这种理论，罗斯福的政策就不是好政策了。新政要求新理论的支持。

凯恩斯本来就不相信市场经济可以通过自我调节实现充分就业，他主张国家必须干预经济。他发表了大量文章支持罗斯福新政。1936 年《就业、利息与货币的通论》出版时，已经有了罗斯福新政的实践依据。凯恩斯认为，市场需求不足，政府必须想办法提高居民的购买力，刺激消费；企业没有办法扩大投资，政府必须担当起投资的责任。政府从哪里弄钱来投资呢？靠赤字财政。他认为，在出现萧条时政府应当减少税收，增加支出，有意识地使预算出现赤字；当通货膨胀加剧时，政府增加税收，紧缩财政开支，取得财政结余，偿还萧条时发出的债券。

1929 年，美国政府的总开支约为 100 亿美元，1933 年，增加为 130 亿美元，1936 年增加到 150 亿美元。美国经济在第二次世界大战以后进入了黄金时代，其原因是多方面的，不全是、甚至主要不是凯恩斯学说的功劳，但凯恩斯学说的影响是深远的。

罗斯福新政运用财政、信贷两个杠杆对宏观经济进行调节，医治市场经济自发机制所造成的生产过剩、供过于求的痼疾。政策重点是用需求带动生产。办法之一是实行赤字财政和发行债券，调动闲置资本用于生产和消费。办法之二是增加货币供应量,降低利率以刺激投资。在政府投资的带动下,民间投资也有起色。

[**案例 11-1**]　凯恩斯理论在中国的遭遇

1997 年夏天,市场疲软,连续几次降息对刺激消费毫无成效,中国的经济学家大概想起了凯恩斯当时说过的话:为了刺激经济,货币政策作用不大,得靠财政政策,因为你能"用绳子拉动,却不能用绳子推动"。于是,中国经济学家表示:在目前情况下"货币政策的作用有限,只能首先用财政政策"。他们拿来了凯恩斯的办法:"运用财政或'准财政'手段加大政府对公共基础设施的投资",公共性投资主要靠政府发行债券筹集资金。这就是积极的财政政策。从 1997 年 10 月开始,物价水平开始负增长,经济不景气进一步增加。1998 年春天,积极的财政政策的主张被政府采纳。

凯恩斯终于被请到中国。从 1998 年下半年开始,扩张性财政政策已付诸实施,当年国家财政直接投资 1000 亿元,1999 年进一步扩大了财政直接投资。为此,政府大量举债:1998 年年初计划发行国债 2808.5 亿元,下半年又追加了 1002.5 亿元。1999 年初计划发行国债 3415 亿元,后又增加 600 亿元。政府在扩大投资的同时,又努力提高居民收入以刺激消费:1999 年国家财政为增加居民收入共支出 540 亿元,使全国 8400 万人受益。

应当说,凯恩斯理论对治理中国的通货紧缩起了一定的作用,它阻止了经济继续下滑。但是,国家经济还没有走出不景气的阴影。失业率居高不下,物价连续 26 个月负增长,企业经济困难,凯恩斯的根本目标是扩大投资,刺激消费,恰恰在这两点上效果不佳。

第三节　中央银行与货币创造

在现代银行制度下,中央银行的地位和作用是其他商业银行所不能替代的。当同业救助等方式不足以向商业银行提供防范流动性冲击的保障时,为防止单个银行的流动性危机向系统性银行危机甚至整个市场转化,中央银行作为最终贷款人,将向其提供流动性支持和救助。

一、中央银行

中央银行,即央行,是中央政府的一个组成部分,对内负责发行货币、接受商业银行的存款,但不接受个人的存款。中央银行产生的第一天就具有不以盈利为目的的特点，但不以盈利为目的并不意味着不盈利，因为央行发行钞票，只与商业银行、政府打交道，不与个人、企业直接有业务关系。

中国的央行是中国人民银行，它的利润上缴国家财政。商业银行是企业，而央行不是企业，是管理当局机构，有人称为货币当局。

（一）央行的职能

（1）发行的银行，即代表政府发行货币。

（2）银行的银行，是指服务商业银行、管理商业银行、充当最后的贷款人；央行是银行的银行，只要是银行就要有“存贷汇”业务，为商业银行办理“存贷汇”业务的是央行——自然央行会产生盈利效果。

（3）国家的银行。我国的中央银行在国务院的领导下，执行相对独立的货币政策。

［案例11-2］ 最终贷款人是银行的银行的问题之一

银行的倒闭会消失掉一大部分货币量，引起连锁反应，波及面非常广，形成金融恐慌，后果不堪设想。因此要保证银行不倒闭。

最后贷款人的功能主要是针对银行临时的资金周转不灵，并非不让该破产的银行不破产。现在西方银行很少运用最后贷款人的功能，因为西方国家建立了存款保险制度，可以一定程度上取代最后贷款人的功能。

在我国，商业银行大量向央行借款，国有商业银行很难实现“自主平衡”。因此我们最后贷款人功能并非是为了解决临时性资金流动性不足问题，与西方有很大不同，主要是借来盈利。虽然我们已经提出了央行的贷款要用于周转不灵，但仍主要是借给商业银行盈利。因此我们最后贷款人功能并非真正意义上的最后贷款人。

存款保证金制度在西方起到一定的效果，并不断运行。但中国应不应该建立这种制度？有人提出建立存款保险金制度，能减轻央行最后贷款人的压力，但我们并非真正意义上的最后贷款人，因此建立存款保险制度与切断央行最后贷款人与商业银行的关系不是一回事。我们建立存款保险制度，也是由国家出面建立，最后还是由国家兜着，其实并没有改变。于是有人提出为中小金融机构建立存款保险制度。我们中小金融机构的资不抵债是由央行来解决的，因此单靠存款保险制度的保费，并不能承担中小金融机构资不抵债的问题。而且存款保险制度建立，会使中小金融机构行为严重异化，更趋于高风险的业务。

（二）最终贷款人

最终贷款人功能是中央银行最基本的制度特征，而货币政策功能和金融监管功能则是最终贷款人功能的进一步引申。

中央银行作为最终贷款人，当一些商业银行有清偿能力但暂时流动性不足时，中央银行可以通过贴现窗口或公开市场购买两种方式，向这些银行发放紧急贷款，条件是他们有良好的抵押品并缴纳惩罚性利率。最后贷款人若宣布将对流动性暂不足商业银行进行融通，就可以在一定程度上缓和公众对现金短缺的恐惧，以制止公众因恐慌而采取的行动。

在实践中，最终贷款人难以判断一家银行是仅无流动性而有清偿力，还是既无流动性又无清偿力。最终贷款人对出现危机的银行究竟进行救助还是将其清盘，还需谨慎的判断。

中央银行作为最终贷款人，其通过实施包括扩张货币政策和紧缩货币政策，以及其他政策与手段，改变了货币供给量，影响国民收入和利率，达到修正商业银行的经营行为，保持金融稳定。货币政策包括扩张货币政策和紧缩货币政策，扩张货币政策是导致货币供给量增加的政策。相反，称为紧缩货币政策。

二、货币的种类与货币供求

（一）货币的种类

货币有狭义和广义之分。前者是指硬币、纸币和活期存款，后者还包括短期存款。M 表示名义货币，P 指物价水平。

M_0＝流通中现金；$M_1=M_0$＋商业银行活期存款；$M_2=M_1$＋商业银行定期存款＋商业银行储蓄存款；$M_3=M_2$＋其他金融机构存款；$M_4=M_3$＋除银行存款外的短期流动性金融资产。

其中，① 活期存款：指支票存款，要与活期储蓄存款分开，其随时可用于购买和支付；② 定期存款：企事业单位的定期存款；③ 储蓄存款：居民的存款。储蓄存款和定期存款都不是现实货币，是准货币。

货币与准货币流动性上有微小差异。货币可随时购买和支付，准货币不是这样。定期存款、储蓄存款要购买，必须先转化为现金和活期存款。这个转化过程大大降低了准货币的流动性。

信用卡存款包括在活期存款范围内。但中国个人用活期存款购买商品的人很少。活期存款主要由企事业单位持有。定期存款、储蓄存款占总存款的大部分，各国大致一样。

定期存款、储蓄存款比重越来越大是生产发展的必然趋势。

商业银行的重要性在于其创造了活期存款这种货币。日、美国家规定商业银行以外的金融机构不能吸收活期存款，不能办理转账结算、清算业务，只有商业银行可以。虽然目前西方国家已放弃，货币创造不再是商业银行的特权，中国仍是严格规定只能由银行办理转让、吸收活期存款。

M_1反映着经济中的现实购买力；M_2不仅反映现实的购买力，还反映潜在的购买力。若M_1增速较快，则消费和终端市场活跃；若M_2增速较快，则投资和中间市场活跃。中央银行和各商业银行可以据此判定货币政策。M_2过高而M_1过低，表明投资过热、需求不旺，有危机风险；M_1过高M_2过低，表明需求强劲、投资不足，有涨价风险。

（二）货币的供求

一定时期货币的供应量M是根据当时的物价水平来确定的，是相对固定的。人们对货币的需求是由于其流动性引起的，因为货币能够交易、预防可能的需要、投机得利。

货币的交易动机，是人们为了交易而愿意持有货币的行为。货币的预防动机，是人们为了防备不时之需，而愿意持有货币的行为。货币的投机动机，通过持有的货币，在考虑利率与债券价格的高低时，在资本市场式牟取财富的行为。

一般而言，货币的交易动机和预防动机形成的对货币的需要量，与收入的状况是正向变化的，用L_1表示。

满足人们对投机动机的需求用L_2表示，人们持有货币是因为证券市场上有利可图。原因是，当市场利息下降，人们认为持有股票或债券有利，股票或者债券价格提高；当市场的利率上升，人们倾向于抛出手中持有的股票或者债券，这时股票或者债券的价格下降。可见人们持有股票或者债券，对货币形成需求L_2，这种货币需求与市场利率的高低是反向变化的。

一个极端的情形是，利率不断地下降，当人们认为不可能再降了，换句话说，这时有价证券的价格达到最高点，人们会认为持有这种有价证券的风险极大，要把所有的证券全部换成货币，形成了对流动性偏好的“陷阱”。

人们对货币的需求包括L_1与L_2两部分。当货币需求等于货币的供给时，整个货币市场均衡，这时货币供给 $M=L_1+L_2$。

三、货币的创造

（一）存款准备金和超额准备金

所谓存款准备金（Deposit Reserve）是指金融机构为保证客户提取存款和资金清算需要，而准备的在中央银行的存款。中央银行要求的存款准备金占其存款总额的比例，就是存款准备金率（Deposit Reserve Ratio）。自 20 世纪 30 年代以后，存款准备金制度还成为国家调节经济的重要手段，是中央银行对商业银行的信贷规模进行控制的一种制度。

金融机构的准备金分为两部分，一部分以现金的形式保存在自己的业务库，另一部分则以存款形式存储于央行，后者即为存款准备金。

存款准备金由“存款准备金”和“超额准备金”两部分构成。央行在国家法律授权中规定，金融机构必须将自己吸收的存款按照一定比率交存央行，这个比率就是存款准备金率。按这个比率交存央行的存款为“存款准备金”存款，而金融机构在央行存款超过存款准备金存款的部分为超额准备金存款。超额准备金存款与金融机构自身保有的库存现金，构成超额准备金（习惯上称为备付金）。超额准备金与存款总额的比例是超额准备金率（即备付率）。金融机构缴存的“存款准备金”，一般情况下是不准动用的。而超额准备金，金融机构可以自主动用，其保有金额也由金融机构自主决定。

准备金本来是为了保证支付的，但它却带来了一个意想不到的“副产品”，就是赋予了商业银行创造货币的职能，可以影响金融机构的信贷扩张能力，从而间接调控货币供应量。现已成为中央银行货币政策的重要工具，是传统的三大货币政策工具之一。

（二）商业银行存款货币的创造过程

（1）什么是基础货币。所有的货币都是由基础货币创造的。基础货币，也称货币基数、强力货币或始初货币，因其具有使货币供应总量成倍放大或收缩的能力，又被称为高能货币。高能货币是中央银行发行的债务凭证，表现为商业银行的存款准备金和公众持有的通货。

基础货币是整个商业银行体系借以创造存款货币的基础，是整个商业银行体系的存款得以倍数扩张的源泉。

货币是怎样创造为数倍的存款货币？简单地说就是，如果货币原来的所有者A向B买，B向C买，C向D买，这样的购买可以一直持续下去。若没有信用介入，这时货币是作为单纯流通手段，但是，如果B把A付给他的货币存到他的开户银行C那里，这个银行C用汇票贴现，向D买，D把他存到他的开户银行那里，再把它贷给E，这样一直持续下去。货币作为单纯流通手段(购买手段)的速度本身，取决于这中间的多次信用活动。这些信用活动，同一货币就在一定时间内依次完成多次购买。

(2) 银行货币的生成过程。我们以四家银行A、B、C、D的多次信用活动，来说明货币是如何创造出来的。

[**例题 11-1**] 假设某个经济体系有A、B、C、D四家银行。假定客户将从银行的贷款全部存入银行；银行的存款准备金率20%。(以下表中的单位均为元)

A银行接受客户存入的10000元，因为存款准备金率20%，则A将2000元作为准备金，其余的8000元可以贷款，得到表11-1。

表 11-1　　A银行资产负债表

资产		负债	
现金准备	2000	现金存款	10000
贷款与投资	8000		
总额	10000	总额	10000

接着，客户将8000元存入自己的开户行——B银行，B银行按照存款准备金率20%，将1600元作为准备金，其余的6400元可以贷款，得到表11-2。

表 11-2　　B银行资产负债表

资产		负债	
现金准备	1600	现金存款	8000
贷款与投资	6400		
总额	8000	总额	8000

以此类推，A、B、C、D等银行存款、现金准备与贷款汇总起来可以表示为表11-3。

表 11-3　　ABCD 等银行存款、现金准备与贷款汇总表

银行	存款	现金准备	贷款
A	10000	2000	8000
B	8000	1600	6400
C	6400	1280	5120
D	5120	1024	4096
…	…	…	
合计	50000	10000	40000

以 R 表示原始存款 10000 元，D 表示存款总额，r 表示准备金率 20%，则：

$$
\begin{aligned}
D &= 10000+8000+6400+5120+\cdots \\
&= 10000(1+0.8+0.8^2+0.8^3+\cdots+0.8^{n-1}+\cdots) \\
&= R(1+0.8+0.8^2+0.8^3+\cdots+0.8^{n-1}+\cdots)=R/(1-0.8) \\
&= 10000/0.2=50000(\text{元})
\end{aligned}
$$

这时，可以得到货币创造公式：

$$D=R/r$$

存款货币的创造也不是无限的，前面提到它受存款准备金率、现金漏损率的制约。但经过多次存贷后，银行的存款货币总量可以得到成倍增长。例如，例题 11-1 中创造的货币 50000 元是原来 10000 元的 5 倍。

第四节　货币政策

货币政策指政府通过中央银行对货币供应量、信贷量、利率等进行调节和控制而采取的政策措施。

[案例 11-3]　什么是量化宽松

所谓量化宽松，主要是指中央银行在实行零利率或近似零利率政策后，通过购买国债等中长期债券，增加基础货币供给，向市场注入大量流动性的干预方式。与利率杠杆等传统工具不同，量化宽松被视为一种非常规的工具。

量化宽松一词由日本央行于 2001 年提出，是指央行刻意通过向银行体

系注入超额资金，包括大量印钞或者买入政府、企业债券等让基准利率维持在零的途径，为经济体系创造新的流动性，以鼓励开支和借贷。一般来说，只有在利率等常规工具不再有效的情况下，货币当局才会采取这种极端的做法。

央行可以通过改变货币价格（即利率）或改变货币数量放松银根。多年以来，正统的货币政策一直以前一个政策杠杆为中心。然而，随着通胀率回落、短期名义利率逼近零点，从原则上说，央行可以后一种方式、即数量杠杆来实施扩张性货币政策。影响经济活动的是实际利率而非名义利率。如果经济处于通缩状态，那么即使名义利率为零，实际利率也会保持正值。2000年日本面临的情况就是如此——名义利率已降至零点，但在实际利率为正值的情况下，低迷的货币需求仍不足以令货币政策发挥效力。

一、央行的主要货币政策手段

（一）公开市场活动

公开市场活动是指中央银行通过在国债市场上公开买卖国债，来调节货币供给量。

例如，中央银行向商业银行或公众购买国债，这样会增加他们手中的基础货币（基础货币是现金加银行储备金，这两者都是由中央银行可以控制的）；如果相反，中央银行是出售国债，则会减少他们手中的基础货币。我们知道货币又是通过乘数效用发挥作用。

（二）贴现率与再贴现率

贴现率是企业向商业银行贷款时的利率。

再贴现率是商业银行向中央银行贷款时的利率。再贴现率是中央银行的货币政策的公告牌和晴雨表，商业银行的利率水平随着中央银行的再贴现率的变化而变化。

这是美国中央银行最早运用的货币政策工具。再贴现率是中央银行对商业银行及其他金融机构的放款利率。本来，这种贴现是指商业银行把商业票据出售给当地的联邦储备银行（美国中央银行），联邦储备银行按贴现率扣除一定利息后再把所贷款项加到商业银行的准备金账户上作为增加的准备金。现在都把中央银行给商业银行的借款称“贴现”。

在美国，中央银行作为最后贷款者，主要是为了协助商业银行及其他存款机构对存款备有足够的准备金。如果一家存款机构（主要指商业银行）的准备金临时不足，比方说某一银行客户要把一大笔存款转到其他银行时，出现准备金不够的困难，这时该银行就可用它持有的政府债券或合格的客户票据向当地的联邦储备银行的贴现窗口（办理这类贴现业务的地点）办理再贴现或申请借款。当这种贴现或借款增加时，它意味着商业银行准备金增加，进而引起货币供给量多倍增加。当这种贴现减少时，会引起货币供给量多倍减少。贴现率政策是中央银行通过变动给商业银行及其他存款机构的贷款利率来调节货币供应量。贴现率提高，商业银行向中央银行借款就会减少，准备金从而货币供给量就会减少；贴现率降低，向中央银行借款就会增加，准备金从而货币供给量就会增加。

根据联储规定，银行不能依赖贴现窗口进行超过一个较短时期的借款，在贴现窗口的借款多数期限很短，但它们确实需要时可续借。对于超过一个较短的时期的借款，银行可以向有超额储备的其他银行去拆借。正因为贴现窗口主要用于满足银行临时准备金不足，因此，目前变动贴现率在货币政策中的重要性和早先相比已大大减弱。事实上，银行和其他存款机构也尽量避免去贴现窗口借款，只将它作为紧急求援手段，平时少加利用，以免被人误认为自己财务状况有问题。

还需指出，通过变动贴现率控制货币供给本身也存在一些问题，例如，当银行十分缺乏准备金时，即使贴现率很高，银行依然会从联储贴现窗口借款。可见，通过贴现率变动来控制银行准备金效果是相当有限的。事实上，再贴现率政策往往作为补充手段而和公开市场业务政策结合在一起执行。

（三）法定准备金率

由中央银行规定法定准备金率。

所谓活期存款，是指不用事先通知就可随时提取的银行存款。虽然活期可随时提取，但很少会出现所有储户在同一时间里取走全部存款的现象。因此，银行可以把绝大部分存款用来从事贷款或购买短期债券等营利活动，只需要留下一部分存款作为应付提款需要的准备金就可以了。这种经常保留的供支付存款提取用的一定金额，称为存款准备金。

在现代银行制度中，这种准备金在存款中起码应当占的比率是由政府（具体由中央银行）规定的。这一比率称为法定准备率。按法定准备率提留的准备金是法定准备金。法定准备金一部分是银行库存现金，另一部分存放在中央银行的存款账户上。由于商业银行都想赚取尽可能多的利润，它们会把法定准备金以上的那部分存款当作超额准备金贷放出去或用于短期债券投资。商业银行通过吸纳存款，发放贷款，从而具备了货币创造的功能。而且正是这种比较小的比率的准备金来支持活期存款的能力，使得银行体系得以创造货币。

中央银行有权决定商业银行和其他存款机构的法定准备率，如果中央银行认为需要增加货币供给，就可以降低法定准备率，使所有的存款机构对每一笔客户的存款只要留出更少的准备金，或反过来说，让每一元的准备金可支撑更多的存款。

从理论上说，变动法定准备率是中央银行调整货币供给最简单的办法。然而，中央银行一般不愿轻易使用变动法定准备率这一手段。这是因为，银行去向中央银行报告它们的准备金和存款状况时有一个时滞，因此，今天变动的准备率一般要过一段日子以后（比方说两周以后）才起作用。再说，变动法定准备率的作用十分猛烈，一旦准备率变动，所有银行的信用都必须扩张或收缩。因此，这一政策手段很少使用，一般几年才改变一次准备率。如果准备率变动频繁，会使商业银行和所有金融机构的正常信贷业务受到干扰而感到无所适从。

当然上述三大货币政策工具常常需要配合使用。例如，当中央银行在公开市场操作中出售政府债券使市场利率上升（即债券价格下降）后，正如上面已经说过的那样，再贴现率必须相应提高，以防止商业银行增加贴现。于是商业银行向它的顾客的贷款利率也将提高，以免产生亏损。相反，当中央银行认为需要扩大信用时，在公开市场操作中买进债券的同时，也可以同时降低再贴现率。贴现率政策和公开市场业务虽然都能使商业银行准备金变动，但变动方式和作用还是有区别的。

当中央银行在市场出售证券时，一般能减少银行准备金，但究竟哪个银行会减少，以及减少多少，无法事先知道，因而究竟会给哪些银行造成严重影响也无法事先知道。原来超额准备金多的银行可能没有什么影响，即使其客户提取不少存款去买证券时，也只会使超额准备金减少一些而已。然而，那些本来就没有什么超额准备金的银行马上会感到准备金不足，因此，其客户提取存款后，准备金就会降到法定准备率以下。这其中的道理就是说货币政策的三大工具通常要相互配合着来进行使用，以使货币政策能对国家总体的经济运行起到较好的调控作用。

二、货币政策实施

货币政策实施的原则是,"稳定政策,适度微调,把握大局,着力协调,突出重点,统筹兼顾,关注民生,积极稳妥,留有余地"。

(1) 适度从紧的货币政策(紧缩性政策):提高利率、增加储蓄、提高存款准备紧率、减少货币供应量、控制货币信贷、抑制投资和消费。

(2) 扩张性货币政策:降低利率、减少存款储蓄、降低存款准备金率、增加货币供应量、刺激投资和消费。

我国实施稳健的货币政策主要是指,介入扩张性政策和紧缩性政策中间的货币政策,主要是服从服务于改革开放发展大局,服从服务于中央宏观调控大局。其特点是,合理控制货币信贷总量,既要支持经济发展,又要防止通货膨胀和防范通货紧缩的风险;既要坚持控制投资需求膨胀,又要努力扩大消费需求;既要对投资过热的行业降温,又要着力支持经济社会发展中的薄弱环节,促进国民经济的平稳较快发展。

第五节 财政政策

[案例 11-4] 财政政策也许会更加有效

在通货膨胀上升而经济增长滑落的情况下,货币政策的独立性和操作空间不足,甚至陷于左右为难的境地,突显了财政政策的作用。在这种矛盾面前,恰当的财政政策也许会更加有效。

要减轻通货膨胀的影响,稳定人们的通货膨胀预期,首先,应当增加财政转移支付和对低收入群体的补贴,保证他们的生活不因通货膨胀而降低。因为,低收入群体是受通胀影响最大而又抵御能力最差的。其次,增加教育、医疗、住房保障等社会性支出,建立和完善社会保障体系,这是稳定预期最重要的措施。如果这方面的改革滞后和扭曲,支出的不确定性会增大,受预防性储蓄动机支配,人们消费会随着通货膨胀进一步提高,形成某种恐慌心理。再次,针对供给明显不足,价格上涨过快、对人们生活影响较大的产品,采取一些鼓励措施,提高生产者价格,增加生产者收益,以增加这些产品的投资和产出。最后,可以采取一系列减税措施,一是个人所得税改革,二是印花税,三是增值税转型。

财政政策是指国家根据一定时期政治、经济、社会发展的任务而规定的财政工作的指导原则，通过财政支出与税收政策来调节总需求。

增加国民收入的财政政策称为扩张性财政政策（又称积极的财政政策），是通过财政分配活动来增加和刺激社会的总需求，以及增加国债、支出大于收入，出现财政赤字。相反，紧缩性财政政策是通过财政分配活动来减少和抑制总需求。

政府增加财政支出，可以刺激总需求，从而增加国民收入；反之则压抑总需求，减少国民收入。税收对国民收入是一种收缩性力量，增加政府税收，可以抑制总需求从而减少国民收入；反之，则刺激总需求增加国民收入。

一、财政政策构成

基本的财政政策手段包括：财政支出、税收（财政收入）、国债和政府投资。

（一）财政支出政策

财政支出分为购买性支出和转移支付，是政府为满足公共需要的一般性支出（或称经常项目支出）。

购买性支出从最终用途看，是必不可少的社会公益性事业的开支，如行政管理支出、国防支出、文教科卫支出等。

转移支付，是政府通过把一部分货币无偿转移出去，对国家进行宏观调控与管理。转移支付是调节社会总供求平衡特别重要的工具。例如，社会保障支出和财政补贴在社会生活里发挥着“安全阀”和“润滑剂”的作用。出现经济萧条失业增加时，政府通过增加社会保障支出和财政补贴，增加了社会购买力，有助于恢复供求平衡；反之，则减少这两种支出，避免需求过旺。

（二）税收（财政收入）

税收是国家凭借政治权力参与社会产品分配的重要形式，具有无偿性、强制性、固定性、权威性等特点。

税收是通过适当设置税种、税目及调整税率来实现。

适当设置税种、税目，形成合理的税收体系；确定税率，明确税收调节的数量界限，这是税收作为政策手段发挥导向作用的核心。如一些商品的消费税率高，直接影响总需求。税率也影响厂商的收益。也包括规定必要的税收减免和加成。

调整税率和增减税种可以调节产业结构，实现资源的优化配置；通过累进的个人所得税、财产税等来调节个人收入和财富，可以实现公平分配。

（三）国债和政府投资

国债是国家按照信用有偿的原则筹集财政资金的一种形式，同时也是实现宏观调控和财政政策的一个重要手段。

政府投资是指财政用于资本项目的建设性支出，它最终将形成各种类型的固定资产。

政府的投资项目主要是指那些具有自然垄断特征、外部效应大、产业关联度高，具有示范和诱导作用的基础性产业、公共设施，以及新兴的高科技主导产业。这种投资是经济增长的推动力，而且具有乘数作用。

二、自动稳定器

自动稳定器是指经济系统本身所具有的能自动抑制经济波动的作用，即在经济繁荣时期能自动地抑制通货膨胀，在经济衰退时自动地减轻萧条，而不需要政府采取任何行动。这是调节经济波动的第一道防线，适用于轻微经济波动。

自动稳定器的功能的实现机制是：

（一）政府税收的变化

整个经济衰退时，国民收入水平下降，个人收入减少。在实行累进制所得税的情况下，个人收入所在的纳税等级也较低，所以收入的下降比税收下降幅度要大一些。

（二）政府转移支付的变化

经济不景气时需要救济的人增加，支付的救济金和社会福利也增加，缓解了由于经济衰退造成的人们收入下降，而降低的消费，即增加了需求，抑制了经济衰退，减少了失业。

（三）农产品价格维持制度

农产品价格保护支出自动变化。

三、财政政策的“挤出效应”

财政政策的“挤出效应”，是指政府支出的增加所引起的私人消费和投资的降低的作用。

充分就业时，当政府支出增加，货币供应量增加，刺激了经济，商品和劳务竞争激烈，这时物价会上涨，货币实际价值减少，人们手中的实际货币少，当然只好满足对货币的预防需求和交易需求，投机的需求小，债券的价格下降，利率上升，这样投资减少了，人们的消费也减少，好比是政府支出增加

“挤占”了私人投资和消费。

例如,国债对经济的调节作用就具有多种效应:

一是发行国债,使民间部门的投资或消费资金减少,即“挤出效应”发生。即通过发行国债起到调节消费和投资的作用。

二是发行国债,引起货币供求变动,即发生货币效应。它一方面可能使“潜在货币”变为现实流通货币,另一方面可能将存于民间的货币转移到政府或由中央银行购买国债而增加货币的投放。

三是通过国债利率水平的调整以及对资本市场的供求变化来影响市场利率水平。这种利率效应对经济会产生扩张或紧缩效应。

因为政府支出的“挤出效应”的大小取决于:① 支出乘数的大小,乘数越大、挤出效应越大;② 货币需求对产出水平的敏感程度,乘数越大,挤出效应越大;③ 货币需求对利率变动的敏感程度越大,较大的货币需求变动只能导致较小利率变动,挤出效应越小;④ 投资需求对利率变动的敏感程度越大,挤出效应越大。

四、财政政策的局限性

在竞争性部门中,政府投资效率不如民间投资,影响社会总投资效率。长期使用财政政策,会抑制民间投资的积极性。

财政政策发挥作用具有一定的时滞性,乘数的大小及达到政策效果所需要的时间都具有不确定性。

第六节　财政政策与货币政策的选择

虽然经济增长、物价稳定、充分就业和国际收支平衡等都是财政政策和货币政策的宏观经济目标,但各有侧重。

一、财政政策与货币政策的区别

(1) 货币政策侧重于货币稳定,而财政政策多侧重于其他更广泛的目标。

(2) 在供给与需求结构的调整中,财政政策起着货币政策所不能取代的作用,调节产业结构,促进国民经济结构的合理化。在调节收入分配公平方面,货币政策也往往显得无能为力,只能通过税收、转移支付等财政政策手段来解决。

(3) 货币政策是通过对利率的影响来间接影响总需求。财政政策是直接起影响作用。例如,支出增加使总需求和国民收入增加;消费水平提高,会导致利率水平上升,不利于投资。

二、财政政策与货币政策的联系

财政政策与货币政策对经济生活的作用各有特点,一般条件下,财政政策与货币政策是相互配合起作用的。

在货币政策收效不明显的严重萧条局面下,财政政策则显得比较有力,如扩大财政赤字,支持大规模的公共工程建设,本身可以吸收一部分失业人员,又可以带动相关部门的发展。

在抑制经济过热方面则相反,因改变税法或采用增税等财政政策都需要时间,这就使财政政策不可能具备货币政策所具有的灵活性和及时性。

三、财政政策与货币政策的选择

当均衡的国民收入低于充分就业的国民收入时,两种政策都可以增加总需求。

(1) 货币政策通过利率工具影响总需求。在经济萧条时增加货币供给,降低利息率,刺激私人投资,进而刺激消费,使生产和就业增加。反之,在经济过热通货膨胀率太高时,可紧缩货币供给量以提高利率,抑制投资和消费,使生产和就业减少些或增长慢一些。前者是扩张性货币政策,后者是紧缩性货币政策。

(2) 财政政策对经济生活的影响是直接的。

支出增加使总需求和国民收入增加,消费水平提高,但会导致利率水平上升,不利于投资。

所得税的减少和转移支付的增加会使消费水平提高,总需求和国民收入增加。但投资仍然会由于利率的上升而减少。这时对投资补贴,才会使投资增加。不过这样做利率仍然要上升,但是先有投资增加,后是利率上升。

选择货币政策还是财政政策,要考虑是刺激总需求的哪一部分。

如果刺激私人投资,可以采取投资补贴的办法。如果降低利率,则债券价格上升,需要人们手中的投机货币充足。

如果刺激消费,可以采取减少所得税和增加转移支付;如果刺激投资中的住房投资,由于这是一种长期投资,受利率的变动影响大,就采取货币政策。

无论是财政政策还是货币政策，都是通过影响利率、消费、投资，进而影响总需求，使就业和国民收入得到调节。

思考与练习

一、名词解释

财政政策　货币政策　挤出效应　自动稳定器　公开市场业务

二、单项选择题

1. 政府的财政收入政策通过(　　)对国民收入产生影响。

A. 政府转移支付

B. 政府购买

C. 消费支出

D. 出口

2. 政府支出的增加与政府转移支付的减少相同时，收入水平会(　　)。

A. 不变

B. 增加

C. 减少

D. 不相关

3. 扩张性财政政策对经济的影响是(　　)。

A. 缓和了经济萧条但增加了政府债务

B. 缓和了萧条也减轻了政府债务

C. 加剧了通货膨胀但减轻了政府债务

D. 缓和了通货膨胀但增加了政府债务

4. “挤出效应”发生于(　　)。

A. 货币供给减少使利率提高，挤出了对利率敏感的私人部门支出

B. 私人部门增税，减少了私人部门的可支配收入和支出

C. 所得税的减少，提高了利率，挤出了对利率敏感的私人部门支出

D. 政府支出减少，引起消费支出较少

5. 商业银行之所以会有超额储备，是因为(　　)。

A. 吸收的存款太多

B. 未找到那么多合适的贷款对象

C. 向中央银行申请的贴现太多

D. 以上几种情况都有可能

6. 通常认为紧缩货币的政策是(　　)。

A. 提高贴现率

B. 增加货币供给

C. 降低法定准备率

D. 中央银行增加购买政府债券

7. 市场利率提高,银行的准备金会(　　)。

A. 增加

B. 减少

C. 不变

D. 以上几种情况都可能

8. 银行向中央银行申请贴现的贴现率提高,则(　　)。

A. 银行要留的准备金会增加

B. 银行要留的准备金会减少

C. 银行要留的准备金仍不变

D. 以上几种情况都有可能

9. 下列不属于中央银行扩大货币供给的手段是(　　)。

A. 降低法定准备率以变动货币乘数

B. 降低再贴现率以变动基础货币

C. 公开市场业务买入国债

D. 向商业银行卖出国债

10. 财政部向(　　)出售政府债券时,基础货币会增加。

A. 居民

B. 企业

C. 商业银行

D. 中央银行

11. 如果中央银行认为通货膨胀压力太大,其紧缩政策为(　　)。

A. 在公开市场购买政府债券

B. 迫使财政部购买更多的政府债券

C. 在公开市场出售政府债券

D. 降低法定准备率

三、判断题

1. 自动稳定器不能完全抵消经济的不稳定。(　　)

2. 通货膨胀缺口可以通过增加政府支出和减少税收来加以解决。(　　)

3. 失业保险制度如果能根据国民收入变化及时地调整失业人口的消费水平,那么对经济就具有内在稳定作用。(　　)

4. 准备金要求的提高是为了增加银行的贷款量。(　　)

5. 提高贴现率可以刺激银行增加贷款。(　　)

6. 如果中央银行希望降低利率,那么,它就可以在公开市场上出售政府债券。(　　)

7. 改变再贴现率是中央银行经常使用的货币工具。(　　)

8. 中央银行提高再贴现率,提高法定准备率和在公开市场上卖出债券对信贷规模的影响是相同的。(　　)

9. 中央银行能够控制商业银行准备金而不是活期存款规模。(　　)

四、简答题

1. 中央银行的货币政策工具主要有哪些?

2. 财政政策的工具主要有哪些?

3. 什么是自动的或内在的稳定器?主要包括哪几种?

4. 试述财政政策的乘数效应和挤出效应。

5. 中央银行控制货币供给的三大政策工具是什么?

五、计算题

1. 某商业银行拥有500亿元存款和60亿元储备。如果法定准备率是10%,计算银行的超额储备。银行可以贷出多少?如果法定准备率是8%,计算银行的超额储备。银行可以贷出多少?由此可以得出什么结论?

2. 银行的存款准备金率10%。银行接受客户存入的10000元,则将1000元作为准备金,其余的9000元可以贷款。这10000元的存款能够创造多少货币?

参考文献

[1] (美)奥利维尔·布兰查德.宏观经济学[M].第4版.刘新智,等,译.北京:清华大学出版社,2010.
[2] (美)保罗·萨缪尔森,威廉·诺德豪斯.经济学[M].第16版.萧琛,等,译.北京:华夏出版社,1999.
[3] (美)保罗·萨缪尔森,威廉·诺德豪斯.宏观经济学[M].第16版.萧琛,等,译.北京:华夏出版社,麦格劳·希尔出版公司,1999.
[4] 高鸿业.西方经济学(宏观部分)[M].北京:中国人民大学出版社,2014.
[5] 高鸿业.西方经济学(微观部分)[M].北京:中国人民大学出版社,2014.
[6] 何章.国际金融[M].北京:中国金融出版社,2006.
[7] 矫立军.经济学基础[M].成都:西南财经大学出版社,2014.
[8] 历以宁.西方经济学[M].北京:高等教育出版社,2014.
[9] 黎诣远.微观经济分析[M].北京:清华大学出版社,1999.
[10] 欧阳明,袁志刚.宏观经济学[M].上海:上海人民出版社,1997.
[11] 宋承先.现代西方经济学(宏观经济学)[M].上海:复旦大学出版社,1994.
[12] 王晓明.经济学基础[M].成都:西南交通大学出版社,2012.
[13] 魏埙,蔡继明,等.现代西方经济学教程[M].天津:南开大学出版社,2005.
[14] 袁志刚,欧阳明.宏观经济学[M].上海:上海人民出版社,2004.
[15] 周惠中.微观经济学[M].上海:上海人民出版社,1997.